24.12.04

Pflanzen im Wandel der Jahreszeiten
Anleitung für phänologische Beobachtungen

Les plantes au cours des saisons
Guide pour observations phénologiques

D1725191

Pflanzen im Wandel der Jahreszeiten

Anleitung für phänologische Beobachtungen

Les plantes au cours des saisons

Guide pour observations phénologiques

Texte und Photos
Textes et photos

Robert Brügger, Astrid Vassella

Zeichnungen
Dessins

Nicole Näf

MeteoSchweiz
Bundesamt für Meteorologie und Klimatologie
MétéoSuisse
Office fédéral de météorologie et climatologie

Bundesamt für Umwelt, Wald und Landschaft BUWAL
Office fédéral de l'environnement, des forêts et du paysage OFEFP

Geographisches Institut der Universität Bern
Institut de géographie de l'Université de Berne

2003

Impressum

Auftraggeber
MeteoSchweiz, Bundesamt für Meteorologie
und Klimatologie, Zürich
Bundesamt für Umwelt, Wald und Landschaft
BUWAL / Eidg. Forstdirektion, Bern

Projektleitung und Redaktion
Dr. François Jeanneret, Geographisches Institut
der Universität Bern GIUB, Bern

Begleitung
Dr. Claudio Defila, MeteoSchweiz
Dr. Richard Volz, Bundesamt für Umwelt,
Wald und Landschaft BUWAL /
Eidg. Forstdirektion, Bern

Übersetzung
Virginie Linder, Ins

Gestaltungskonzept und Layout
Edy Fink, Bern

Druck
Coloroffset R. Grolimund, Bern

**Der Druck wurde durch folgende Institutionen
unterstützt:**
Stiftung
Marchese Francesco Medici del Vascello

Arbeitsgemeinschaft
Geographica Bernensia, Bern

© 2003 by GEOGRAPHICA BERNENSIA
Geographisches Institut der Universität Bern
ISBN 3-906151-62-X

Umschlagbild: Blattentfaltung und Blüte, Buche
(Photo Robert Brügger)

Impressum

Mandataires
MétéoSuisse, Office fédéral de météorologie
et climatologie, Zurich
Office fédéral de l'environnement, des forêts
et du paysage OFEFP / Direction fédérale des
forêts, Berne

Direction du projet et rédaction
Dr François Jeanneret, Institut de géographie
de l'Université de Berne IGUB, Berne

Conseillers
Dr. Claudio Defila, MétéoSuisse
Dr. Richard Volz, Office fédéral de
l'environnement, des forêts et du paysage
OFEFP / Direction fédérale des forêts, Berne

Traduction
Virginie Linder, Ins

Maquette et mise en page
Edy Fink, Bern

Impression
Coloroffset R. Grolimund, Bern

**Imprimé avec l'appui des institutions
suivantes:**
Fondation
Marchese Francesco Medici del Vascello

Groupe de travail
Geographica Bernensia, Berne

© 2003 by GEOGRAPHICA BERNENSIA
Institut de géographie de l'Université de Berne
ISBN 3-906151-62-X

Couverture: Déploiement et floraison du hêtre
(photo Robert Brügger)

Inhaltsverzeichnis

5

Sommaire

6

Artenliste

Kurzbeschreibung in Kap. 3: *Phänophasen in Wort und Bild*
Ausführliche Beschreibung in Kap. 4: *Artenbeschreibung und phänologische Entwicklung*

Liste des espèces

Description sommaire au chapitre 3: *Phases phénologiques en paroles et images*
Description détaillée au chapitre 4: *Description des espèces et évolution phénologique*

Vorwort

Exaktes Beobachten steht am Anfang jeder Erfahrung und jeder wissenschaftlichen Erkenntnis. Dank gewissenhaften Aufzeichnungen aus früheren Jahrhunderten können wir heute Veränderungen und Entwicklungen in der Natur feststellen und studieren, für deren Erfassung ein einzelnes Menschenleben zu kurz wäre. Die Entwicklung der Pflanzen im Verlaufe eines Jahres hat die Menschen schon seit je fasziniert. Sie hielten fest, wann die wichtigsten Pflanzen blühten, die Früchte reiften und die Winterruhe eintrat. Damit waren sie die Wegbereiter der Phänologie.

Mit dem Aufkommen von immer aufwändigeren technischen Mess- und Analysesystemen ging das Interesse an einfachen Beobachtungen zurück. Heute erlebt die Phänologie jedoch wieder einen Aufschwung. Die Problematik der globalen Klimaerwärmung hat ihr weltweit Auftrieb gegeben. Da die jahreszeitliche Entwicklung der Pflanzen stark von der Temperatur abhängig ist, lassen sich anhand von phänologischen Beobachtungen die Auswirkungen der Klimaerwärmung auf die Vegetation feststellen.

Die vorliegende Anleitung für pflanzenphänologische Beobachtungen will dazu anregen, die Natur besser und bewusster zu beobachten. Den zahlreichen Beobach-

Préface

L'observation minutieuse est au début de toute expérience et de toute découverte scientifique. Aujourd'hui, grâce aux enregistrements soigneusement consignés durant les siècles passés, nous pouvons constater et étudier des changements et modifications dans la nature qu'une seule vie humaine ne permettrait pas de saisir. De tout temps, les hommes ont été fascinés par le développement de la végétation au cours des saisons. Ils ont relevé la date de floraison des principales plantes, de maturation des fruits et le début de la pause hivernale. Ceci en a fait les précurseurs de la phénologie.

Avec l'apparition de techniques de mesure et d'analyse de plus en plus compliquées, les observations simples ont perdu de leur intérêt. Cependant, la phénologie vit actuellement un renouveau. La problématique du réchauffement climatique global lui a redonné un nouvel élan dans le monde entier. Comme le développement saisonnier des plantes dépend fortement de la température, les observations phénologiques permettent de détecter les répercussions du réchauffement climatique sur la végétation.

Ce guide d'observations phénologiques veut inciter les lecteurs et lectrices à mieux observer la nature de manière consciente. Le travail des nombreux observateurs et

terinnen und Beobachtern, die mit viel Einsatz wertvolle Daten für die Forschung liefern, soll damit die Arbeit erleichtert werden. Eine genaue Beschreibung der zu beobachtenden Pflanzen und deren Phänophasen sowie der Arbeitsmethoden soll die Qualität der Beobachtungen verbessern und die nationale und internationale Vergleichbarkeit gewährleisten. Das Buch gibt Anleitungen für die «Allgemeine Phänologie» und die «Waldphänologie» und ist abgestimmt auf nationale und internationale Programme wie etwa das europäische Programm zur Erfassung des Waldzustandes. Die Publikation entstand in Zusammenarbeit von MeteoSchweiz, dem BUWAL und dem Geographischen Institut der Universität Bern. Der Autorin, dem Autor und der Zeichnerin sei für ihre grosse Arbeit gedankt.

Wir hoffen, dass dieses Buch dazu beiträgt, die Natur besser wahrzunehmen, und wünschen allen Benutzerinnen und Benutzern spannende Entdeckungen und viel Freude bei der Anwendung.

Dr. Claudio Defila   Dr. Willy Geiger
Leiter Bio- und Umweltmeteorologie   Vizedirektor
MeteoSchweiz   Bundesamt für Umwelt, Wald und
Bundesamt für Meteorologie und Klimatologie   Landschaft (BUWAL)

observatrices, qui s'engagent beaucoup pour fournir de précieuses données à la recherche, s'en trouvera facilité. Les plantes à observer, leurs phénophases ainsi que les méthodes de travail sont décrites en détail pour améliorer la qualité des observations et garantir la comparabilité des résultats au niveau national et international. Les instructions sont destinées à la « Phénologie générale » et à la « Phénologie forestière » ; elles sont harmonisées aux programmes nationaux et internationaux, tel le programme européen de relevé de l'état des forêts. Cette publication est née grâce à la collaboration de MétéoSuisse, de l'OFEFP et de l'Institut de géographie de l'Université de Berne. Nous remercions les auteurs et la dessinatrice de leur important travail.

En espérant que ce livre contribuera à une meilleure perception de la nature, nous souhaitons à tous ses utilisateurs et utilisatrices de passionnantes découvertes et beaucoup de plaisir.

Dr Claudio Defila   Dr Willy Geiger
Chef de la section Biométéorologie et   Vice-directeur
météorologie de l'environnement   Office fédéral de
MétéoSuisse   l'environnement, des forêts et
Office fédéral de météorologie et climatologie   du paysage (OFEFP)

1. Einführung in die Pflanzenphänologie
1.1 Definitionen und Begriffe

In vielen Bauernregeln werden von Generation zu Generation Erfahrungen über Zusammenhänge zwischen Pflanzenwachstum und Umwelteinflüssen weitergegeben. Darin werden nicht nur Naturerscheinungen beschrieben, sondern auch Regeln für die Zukunft abgeleitet, die auf Erfahrungen in der Vergangenheit beruhen und der Wetter- oder Ernteprognose dienen. Mit dem Aufschreiben der Kalendertage, an denen sich auffällige, sich wiederholende Naturerscheinungen ereignen, begann die Phänologie als Wissenschaft.

1.1.1 Allgemeine Definition

Die Definition von Fritz Schnelle ist allgemein anerkannt:
«Pflanzenphänologie ist die Wissenschaft der im Jahresablauf periodisch wiederkehrenden Wachstums- und Entwicklungserscheinungen der Pflanzen» (SCHNELLE 1955).

1.1.2 Phänophasen und phänologische Entwicklungsstadien

Phänologische Zeitreihen bestehen in der Regel aus sogenannten Eintrittsdaten. Es wird der Tag festgehalten, an dem z.B. die ersten Blüten eines Kirschbaumes vollständig geöffnet oder an dem 50% der Buchenblätter eines Waldbestandes ent-

1. Introduction à la phénologie végétale
1.1 Définitions et concepts

De nombreux dictons transmettent de génération en génération un important savoir sur les relations existant entre la croissance des végétaux et les influences de l'environnement. On y trouve non seulement la description de phénomènes naturels, mais on peut aussi en tirer des règles pour le futur : basées sur les expériences du passé, celles-ci sont utiles pour prévoir le temps ou pour estimer les récoltes. La phénologie est devenue une science lorsqu'on a commencé à relever les dates auxquelles certains phénomènes naturels se reproduisaient chaque année.

1.1.1 Définition générale

On admet généralement la définition de Fritz Schnelle :
« La phénologie végétale est la science des phénomènes périodiques de croissance et de développement des plantes » (traduit de SCHNELLE 1955).

1.1.2 Phénophases et stades phénologiques de développement

En règle générale, les séries chronologiques phénologiques se composent de ce qu'on appelle des «dates d'apparition». On relève par exemple la date à laquelle les

faltet sind. Solche Ereignisse werden «phänologische Phasen» oder «Phänophasen», der Tag des Ereignisses «Phänophaseneintritt» genannt.

Die an der Pflanze zu beobachtenden Entwicklungserscheinungen werden «phänologische Entwicklungsstadien» genannt.

1.2 Phänologische Beobachtungen in der Schweiz

1.2.1 Historische Beobachtungen

Die Pflanzenphänologie ist eine alte Wissenschaft. Weltweit reichen die ältesten bisher bekannten Reihen bis ins Jahr 812 zurück (Eintritt der Kirschblüte in Kyoto, Japan). Das erste phänologische Beobachtungsnetz in der Schweiz wurde 1760 von der Ökonomischen Gesellschaft Bern ins Leben gerufen. Etwa 100 Jahre später, von 1869 bis 1882, führte die Forstdirektion des Kantons Bern ein phänologisches Beobachtungsprogramm im Wald durch, welches mit Wetterbeobachtungen und Klimamessungen kombiniert war. Der Blattausbruch der Rosskastanie in Genf (seit 1808) und die allgemeine Blüte der Kirsche in Liestal (seit 1894) sind die am weitesten zurück reichenden, heute noch erhobenen phänologischen Daten in der Schweiz (Defila & Clot 2001, Pfister 1999, Vassella 1997).

premières fleurs d'un cerisier sont entièrement épanouies ou à laquelle 50 % des feuilles de hêtre d'un peuplement forestier sont déployées. De tels événements sont appelés « phases phénologiques » ou « phénophases », le jour de l'événement « apparition de la phénophase ».

Les phénomènes de développement qu'il s'agit d'observer sur la plante sont appelés « stades phénologiques de développement ».

1.2 Observations phénologiques en Suisse

1.2.1 Observations historiques

La phénologie végétale est une science ancienne. Les séries les plus anciennes connues jusqu'ici dans le monde remontent à l'an 812 (floraison des cerisiers à Kyoto, au Japon). Le premier réseau d'observations phénologiques de Suisse fut établi en 1760 par la Société économique de Berne. Une centaine d'années plus tard, de 1869 à 1882, le service forestier du canton de Berne dirigea un programme d'observations phénologiques en forêt associé à des observations météorologiques et à des mesures climatiques. L'éclosion des bourgeons du marronnier de la Treille à Genève (dès 1808) et la floraison générale des cerisiers de Liestal (dès 1894) constituent les séries phénologiques les plus anciennes encore poursuivies actuellement en Suisse (Defila & Clot 2001, Pfister 1999, Vassella 1997).

1.2.2 Nationale und internationale Netze

1951 gründete die MeteoSchweiz (damals noch Schweizerische Meteorologische Zentralanstalt) ein phänologisches Beobachtungsnetz, das heute rund 160 Stationen umfasst. Beobachtet werden wildwachsende Pflanzen und Kulturpflanzen. 1998 wurde im Auftrag der Eidgenössischen Forstdirektion das Phänologische Monito-ringprogramm im Wald (PMW) initiiert, mit dem Ziel, phänologische Daten speziell von Waldbäumen zu erhalten. Über die Landesgrenzen hinaus ist die Schweiz eingebunden in das Europäische Phänologienetz (EPN) und in die zwei europaweit bestehenden phänologischen Beobachtungsprogramme: die «Internationalen Phänologischen Gärten» (IPG) und die «Europäische Waldzustandserhebung» (*ICP Forests, International Co-operative Programme on Assessment and Monitoring of Air Pollution Effects on Forests operating under UN/ECE, UNECE 1999*). Im Schulbereich besteht mit GLOBE (*Global Learning and Observations to Benefit the Environment*) ein weltweites Programm, das unter anderem auch mit phänologischen Beobachtungen Forschung und Bildung im Bereich Umwelt miteinander verknüpft.

1.2.3 Lokale und regionale Netze

Vielerorts wurden aus verschiedenen Gründen lokale und regionale Netze gegrün-det: in Agglomerationen als Beitrag zur Stadtklimatologie, in ländlichen Gebieten mit agronomischer Ausrichtung, in Planungsregionen mit geländeklimatischer Ziel-setzung und im alpinen Raum.

13

1.2.2 Réseaux nationaux et internationaux

En 1951, l'Institut suisse de météorologie (actuellement MétéoSuisse) mit sur pied un réseau d'observations phénologiques ; celui-ci regroupe aujourd'hui quelque 160 stations qui observent les plantes sauvages et cultivées. La Direction fédérale des forêts est à l'origine du Programme de surveillance phénologique en milieu forestier, lancé en 1998 dans le but de recueillir des données phénologiques concernant spécialement les arbres forestiers. Au-delà de ses frontières, la Suisse est intégrée au Réseau européen de phénologie (EPN) ainsi qu'aux deux programmes européens d'observations phénologiques : les Jardins phénologiques internationaux (IPG) et le Relevé européen de l'état des forêts (*ICP-Forests, the International Cooperative Programme on Assessment and Monitoring of Air Pollution Effects on Forests operating under UN/ECE, UNECE 1999*). Dans le domaine scolaire, le programme mondial GLOBE (*Global Learning and Observations to Benefit the Environment*) rapproche la recherche et l'enseignement dans le domaine de l'environnement, en proposant entre autres des observations phénologiques.

1.2.3 Réseaux locaux et régionaux

Des réseaux locaux et régionaux ont été créés à divers endroits. Leurs buts sont variés : dans les agglomérations, ils peuvent contribuer à la climatologie urbaine ; dans les zones rurales, ils ont plutôt une orientation agronomique alors qu'ils

Im Kanton Bern und angrenzenden Gebieten werden zum Beispiel seit 1970 phänologische Beobachtungen mit Erhebungen der Nebelverbreitung und der Dauer der Schneebedeckung kombiniert, während im Schweizerischen Nationalpark seit 1994 von den Parkwächtern regelmässige Beobachtungen angestellt werden (HEGG 1977, VOLZ 1978, JEANNERET 1996, DEFILA 1999).

1.3 Welche Faktoren beeinflussen die phänologische Entwicklung?

Die Eintrittstermine der phänologischen Phasen variieren von Jahr zu Jahr und von Ort zu Ort sehr stark. Die erblichen Voraussetzungen, aber auch Standort und Umwelt bestimmen und beeinflussen die pflanzliche Entwicklung und mit ihr die phänologischen Ereignisse (siehe Abb. 1). Pflanzen können sich bis zu einem gewissen Grad an ihre Umwelt und deren Veränderungen anpassen. Diese Anpassung ist in der Regel ein Kompromiss zwischen verschiedenen Bedürfnissen der Pflanze. So haben sich zum Beispiel die Bäume unserer Breitengrade über Generationen hinweg so an die lokalen klimatischen Gegebenheiten angepasst, dass beispielsweise bei der Blattentfaltung das Risiko von Frostschäden an den frisch ausgetriebenen Blättern möglichst gering ist, gleichzeitig aber die Vegetationsperiode maximal ausgenutzt werden kann. Die Anpassungsfähigkeit der verschiedenen Arten ist dabei unterschiedlich (BRÜGGER 1998, DEFILA 1991, KRAMER 1996).

fournissent des indications topoclimatiques dans les zones d'aménagement. Par exemple, dans le canton de Berne et les régions avoisinantes, les observations phénologiques sont combinées depuis 1970 avec les relevés de la répartition du brouillard et de la durée de l'enneigement ; aux Grisons, les gardes du Parc national effectuent régulièrement des observations depuis 1994 (HEGG 1977, VOLZ 1978, JEANNERET 1996, DEFILA 1999).

1.3 Quels facteurs influencent le développement phénologique ?

Les phases phénologiques apparaissent à des dates qui varient fortement selon les années et les endroits. Le développement de la végétation et donc les événements phénologiques dépendent des facteurs héréditaires, mais aussi de la station et de l'environnement (voir fig. 1). Les plantes peuvent s'adapter jusqu'à un certain point à leur environnement et aux variations qu'il subit. Cette adaptation est en général un compromis entre leurs différents besoins. Ainsi, par exemple, les arbres de nos latitudes ont survécu aux conditions climatiques locales de sorte que, tout en profitant au maximum de la période de végétation, leurs feuilles fraîchement écloses ne souffrent pas trop du gel en se déployant. La faculté d'adaptation de la végétation varie donc d'une espèce à l'autre (BRÜGGER 1998, DEFILA 1991, KRAMER 1996).

Abb. 1: Pflanze und Umwelt (verändert, nach DEFILA *1988)*
Einflussfaktoren auf das phänologische Verhalten der Pflanze.

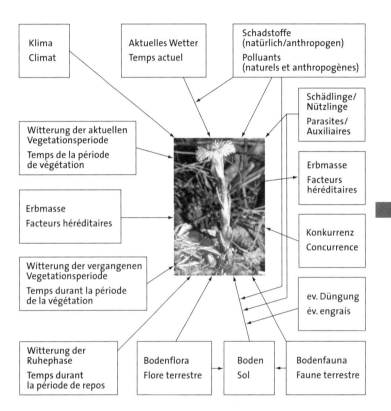

15

Figure 1: Plante et environnement (adapté selon DEFILA *1988)*
Facteurs influençant le comportement phénologique de la plante.

2 Beobachtungsrichtlinien
2.1 Zwei Beobachtungsprogramme

Die vorliegende Buch ist die Anleitung zu zwei verschiedenen Beobachtungs-
programmen. Das erste ist das «Phänologische Beobachtungsprogramm der
MeteoSchweiz», das zweite das «Phänologische Monitoring im Wald», welches seit
Herbst 2000 ebenfalls von der MeteoSchweiz koordiniert wird.

Damit die beiden Programme namentlich leichter unterschieden werden können,
wird in dieser Anleitung das erste «Allgemeine Phänologie» ✽, das zweite
«Waldphänologie» ♠ genannt. Die Besonderheiten der beiden Programme werden
in den Kap. 2.2. bzw. 2.3. beschrieben.

Es gibt Beobachtungen, die werden nur im Programm «Allgemeine Phänologie»
gemacht, andere nur im Programm «Waldphänologie». Überschneidungen gibt es
im Bereich der Waldbäume.

2.2 Programm «Allgemeine Phänologie» ✽

Das Programm «Allgemeine Phänologie» hat zum Ziel, den Einfluss von Umwelt-
veränderungen (z.B. Klimaerwärmung) auf die Vegetationsentwicklung aufzuzei-
gen. Eine wichtige Grundlage dazu sind möglichst lange phänologische Zeitreihen.
Als Beobachtungsobjekte ausgewählt wurden Pflanzenarten, die in der Schweiz entweder seit langem kultiviert werden, wie z.B. die Rosskastanie oder die Rebe, oder

2 Instructions pour les observations
2.1 Deux programmes d'observations

Ce guide est destiné à deux programmes d'observations différents : le « Programme
d'observations phénologiques » de MétéoSuisse et le « Programme de surveillance
phénologique en milieu forestier », également coordonné par MétéoSuisse depuis
l'automne 2000.

Pour des raisons de clarté, le premier d'entre eux est dénommé ici « Phénologie
générale » ✽, le second « Phénologie forestière » ♠. Leurs particularités sont décrites
aux chapitres 2.2 et 2.3.

Certaines observations sont spécifiques à l'un ou l'autre des programmes, d'autres
sont communes aux deux. Les listes des plantes des deux programmes se chevauchent, notamment dans le domaine des arbres forestiers.

2.2 Programme « Phénologie générale » ✽

Le but du programme « Phénologie générale » est de mettre en évidence l'influence
des changements environnementaux (comme le réchauffement climatique) sur le
développement de la végétation. Cela nécessite des séries qui soient les plus longues
possible.

natürlicherweise vorkommen, wie der schwarze Holunder oder das Wiesen-Knaul-gras. Die Beobachtungsstationen sind über verschiedene Höhenstufen und Regionen der ganzen Schweiz verteilt.

Seit 1996 besteht ein überarbeitetes Beobachtungsprogramm, das 14 Baum- und Straucharten, 8 krautige Pflanzen, 3 Obstbaumarten, die Weinrebe und die Heuernte umfasst. An diesen 27 Arten (die Heuernte mit eingerechnet) werden insgesamt 69 Phänophasen beobachtet.

Die vorliegende Anleitung ersetzt die 3. Auflage des phänologischen Atlas von 1971 (PRIMAULT 1971).
Folgendes ist neu:
- Die Pflanzenarten sind genau beschrieben.
- Die zu beobachtenden Entwicklungsmerkmale sind auf Zeichnungen und Photos dargestellt.
- Der Begriff «Vollblüte» wird ersetzt durch den standardisierten Begriff «allgemeine Blüte». Gemeint ist weiterhin dasselbe, nämlich der Zeitpunkt, an dem 50% der Blüten das erforderliche Entwicklungsstadium erreicht haben. Entsprechend werden für die Blattentfaltung, die Fruchtreife, die Blattverfärbung und für den Blattfall die Begriffe «allgemeine Blattentfaltung», «allgemeine Fruchtreife» usw. verwendet.

Les espèces choisies pour les observations sont soit des espèces cultivées depuis longtemps en Suisse comme le marronnier d'Inde ou la vigne, soit des espèces spontanées comme le sureau noir ou le dactyle aggloméré. Les stations d'observation se répartissent sur l'ensemble du territoire helvétique, à divers étages altitudinaux et dans différentes régions.

Il existe depuis 1996 un programme d'observations qui a été remanié et qui regroupe actuellement 14 espèces d'arbres et arbustes, 8 plantes herbacées, 3 espèces d'arbres fruitiers ainsi que la vigne et la fenaison. En tout, 69 phénophases sont observées sur ces 27 espèces (fenaison comprise).

Ce guide remplace la 3ᵉ édition de l'Atlas phénologique de 1971 (PRIMAULT 1971). Les points suivants sont nouveaux :
- Les espèces sont décrites avec précision.
- Des dessins et des photographies représentent les caractères à observer.
- Le terme « pleine floraison » est remplacé par le terme standardisé « floraison générale ». Cela désigne toujours la même date, à savoir celle à laquelle 50% des fleurs ont atteint le stade de développement requis. De même, les termes « déploiement général des feuilles », « maturité générale des fruits », « coloration générale des feuilles » et « chute générale des feuilles » sont utilisés respectivement pour le déploiement des feuilles, la maturité des fruits, etc.

2.3 Programm «Waldphänologie» ♠

Ziel des «Waldphänologie»-Programms ist, das Wissen über die Zusammenhänge zwischen dem Baumwachstum und den klimatischen Verhältnissen, aber auch dem Zustand der Bäume und den ökologischen Bedingungen im Wald zu mehren. Jeder Beobachter kann sich gemäss seiner Fragestellung aus den im Index aufgelisteten Arten und Phänophasen des Programms «Waldphänologie» (Index im Anhang) ein geeignetes Beobachtungsprogramm zusammenstellen.

Es werden in der Regel Einzelbäume und von jeder Baumart mehrere Individuen beobachtet. Es können aber auch Bestandesdaten einzelner Arten erfasst werden. Einzelbaumbeobachtungen erfordern mehr Aufwand, ermöglichen aber Aussagen über den individuellen Zustand einzelner Bäume. Der Vergleich der Bäume untereinander gibt einen Einblick in die Variabilität des phänologischen Verhaltens im Bestand.

Als weitere Möglichkeit können nicht nur einzelne Phaseneintritte, sondern auch der Verlauf der phänologischen Entwicklung der Bäume (z.B. der Verlauf des Blattaustriebes) erfasst werden. Die dafür erweiterte Beobachtungsmethode ist im Kapitel 2.8.3 beschrieben.

2.3 Programme « Phénologie forestière » ♠

Le programme « Phénologie forestière » vise à multiplier les connaissances sur les relations qui existent entre la croissance de l'arbre et le climat, mais aussi entre l'état des arbres et les conditions écologiques régnant en milieu forestier. En fonction de sa problématique, chaque observateur peut se composer un programme d'observations personnel en opérant un choix parmi les espèces et phénophases figurant dans l'index (annexe).

Dans le programme « Phénologie forestière », on observe généralement des arbres isolés et plusieurs individus de chaque essence, mais on peut aussi récolter des données sur les peuplements entiers. En comparant les arbres, on peut se rendre compte des variations du comportement phénologique au sein du peuplement.

Les observations d'arbres isolés demandent un plus grand investissement, mais elles permettent de juger l'état de chacun d'entre eux. Une autre possibilité est d'enregistrer non seulement les différentes apparitions des phases, mais aussi l'évolution du développement phénologique des arbres (déroulement de l'éclosion des feuilles par exemple), en utilisant la méthode d'observation élargie décrite au chapitre 2.8.3.

2.4 Beobachterinnen und Beobachter

2.4.1 Allgemeine Anforderungen

Phänologische Erhebungen erfordern eine gute Beobachtungsgabe. Die genaue Kenntnis der Pflanzen dieser Anleitung und die sichere Unterscheidung von ähnlichen Arten ist unerlässlich. Die Personen sollten das Beobachtungsgebiet gut kennen und regelmässig besuchen können.

2.4.2 Aus- und Weiterbildung, Beobachterwechsel

Auch mit einer detaillierten Anleitung variieren die Beobachtungsergebnisse von Person zu Person. Es ist deshalb sinnvoll, dass sich die Teilnehmer eines Beobachtungsprogramms von Zeit zu Zeit zu einem Gedanken- und Erfahrungsaustausch treffen und dabei gemeinsame Beobachtungen durchführen.

Beobachterwechsel verringern die Konstanz der Schätzungen und sollten möglichst vermieden werden. Die erfahrene, abtretende Person sollte den neuen Beobachter bei einem Wechsel in das Gebiet und die Methodik einführen. Jeder Wechsel muss schriftlich festgehalten werden.

20

2.4 Observatrices et observateurs

2.4.1 Exigences générales

Les relevés phénologiques nécessitent un bon don d'observation. Il est indispensable de bien connaître les plantes de ce guide et de pouvoir différencier les espèces qui se ressemblent. Les personnes devraient bien connaître le périmètre d'observation et pouvoir s'y rendre régulièrement.

2.4.2 Formation de base et formation continue, changement d'observateur

Même si les observations se font d'après des instructions détaillées, leurs résultats varient d'une personne à l'autre. Il est donc souhaitable que les personnes qui participent à un programme se rencontrent de temps en temps pour échanger leurs idées et leurs expériences, en profitant de l'occasion pour procéder ensemble à des observations communes.

On évitera autant que possible les changements d'observateur qui entravent la constance des estimations. Toutefois, en cas de changement, la personne qui se retire, plus expérimentée, se chargera de former son remplaçant (introduction pratique). Chaque changement sera documenté par écrit.

2.5 Wahl des Beobachtungsgebietes

Jeder Beobachter bzw. jede Beobachterin wählt das Beobachtungsgebiet auf Grund der persönlichen Interessen und Möglichkeiten aus. Es sollte gut und mit möglichst geringem Zeitaufwand erreicht und langfristig betreut werden können. Das Gebiet sollte genügend gross sein und insbesondere im Programm «allgemeine Phänologie» nicht extreme, sondern typische Standorte umfassen und eine möglichst geringe Höhenausdehnung (+/- 50 m) aufweisen.

Im Programm «Waldphänologie» können auch besondere Standorte (z.B. Moorböden) oder spezielle Pflanzenbestände (z.B. Bäume mit verschieden stark ausgeprägter Kronenverlichtung) ausgewählt werden.

Es wird empfohlen, Förster, Waldbesitzer und Landwirte bei der Auswahl des Beobachtungsgebietes mit einzubeziehen.

2.6 Auswahl der Pflanzen

Es sind Pflanzen auszuwählen, die gesund sind und standortgerecht wachsen. Gefragt sind nicht Rekorde oder Exoten, wie zum Beispiel ein sehr früh blühender Haselstrauch oder eine möglichst auffällige, aber einzeln stehende Buche. Die Beobachtungen sind während des ganzen Jahres an denselben Pflanzen oder Beständen durchzuführen. Daten von wenigen, exakt bestimmten Pflanzen, die regelmässig und über eine lange Zeit beobachtet werden, sind in jedem Fall wertvoller als ein umfangreiches Programm, das viel Aufwand erfordert und bald wieder abgebrochen wird.

2.5 Choix du périmètre d'observation

Chaque observateur ou observatrice choisit son périmètre en fonction de ses intérêts personnels et de ses possibilités. Ce périmètre sera assez accessible pour pouvoir être suivi à long terme. En outre, il sera suffisamment vaste et regroupera, en particulier dans le programme « Phénologie générale », des stations typiques et non extrêmes ; sa dénivellation ne dépassera pas +/- 50 m.

Le programme « Phénologie forestière » peut aussi inclure des stations particulières, tels les sols marécageux, ou des peuplements spéciaux (regroupant par exemple des arbres souffrant d'une défoliation plus ou moins avancée).

Il est conseillé de consulter les forestiers, les propriétaires de forêts et les agriculteurs lors du choix du périmètre d'observation.

2.6 Choix des plantes

On choisira des plantes saines et typiques de la station. Les plantes « records » ou exotiques, comme un noisetier fleurissant très tôt ou un hêtre spectaculaire mais isolé, seront laissées de côté. Les observations s'effectueront toute l'année sur les mêmes plantes ou peuplements.

Des données récoltées sur quelques plantes déterminées avec précision et observées régulièrement durant une longue période sont plus précieuses qu'un programme exhaustif qui demande un grand investissement et ne dure pas longtemps.

2.6.1 Programm «Allgemeine Phänologie» ✱ *Waldbäume, Sträucher und Obstbäume*

Waldbäume und Sträucher sollen an den für sie typischen Orten beobachtet werden. Bei Obstbäumen sind freistehende Exemplare (wenn möglich Hochstamm) zu beobachten. Da das phänologische Verhalten zwischen verschiedenen Sorten stark variieren kann, ist die gewählte Sorte jeweils anzugeben. Es sollten jeweils mehrere Exemplare beobachtet werden.

Kräuter und Gräser

Als einzige Phänophase wird die «allgemeine Blüte» beobachtet. Die Kräuter werden nicht als einzelne Individuen, sondern im Bestand angesprochen. Die «allgemeine Blüte» der Wiesenblumen (z.B. Löwenzahn, Wiesenschaumkraut) soll in Mähwiesen beobachtet werden, für das Buschwindröschen hingegen wird ein typisches Waldareal ausgewählt. Genaue Angaben zum Standort sind bei der Beschreibung der einzelnen Arten zu finden (Kap. 4).

2.6.1 Programme « Phénologie générale » ✱ *Arbres forestiers, arbustes et arbres fruitiers*

On observera les arbres forestiers ainsi que les arbustes dans les emplacements typiques pour leur espèce. Les arbres fruitiers seront des exemplaires isolés, si possible hautes-tiges. Puisque le comportement phénologique peut varier fortement selon les variétés, celles-ci seront toujours spécifiées. On en observera à chaque fois plusieurs exemplaires.

Plantes herbacées et graminées

La seule phénophase à observer est la « floraison générale ». Les plantes herbacées ne sont pas considérées individuellement, mais dans leur peuplement. La « floraison générale » des fleurs des champs (pissenlit et cardamine des près par exemple) sera observée dans des prairies fauchées ; pour l'anémone des bois, on choisira par contre une zone de forêt typique. La partie décrivant les différentes espèces (chapitre 4) donne des indications précises sur leur habitat.

2.6.2 Programm «Waldphänologie» 🌲

Für Beobachtungen sollen Einzelbäume oder Bestände im Waldinnern (nicht am Waldrand) ausgewählt werden.

Stichprobenumfang

Einzelbäume: In einer Untersuchung im Kanton Bern aus dem Jahre 1991 betrug der Unterschied zwischen der sich am frühsten und der sich am spätesten belaubenden Buche desselben Standortes 17 Tage (BRÜGGER 1997). Um solche Unterschiede erfassen zu können, sollten von jeder Art, wenn vorhanden, jeweils zehn Individuen beobachtet werden. Diese Anzahl gibt eine gute Einsicht in die Bandbreite des phänologischen Verhaltens einzelner Arten. Damit sind auch einfache statistische Aussagen über Mittelwert und Streuung der Daten möglich.
Bestände: Der Bestand sollte mindestens zehn Bäume der zu beobachtenden Art umfassen und als Ganzes beurteilt werden.

Kroneneinsicht

Einzelbäume: Es sind Individuen mit einer möglichst ungehinderten Sicht auf die Krone auszuwählen. Für jeden Baum ist der Ort, von wo aus dieser beurteilt wird, so lang wie möglich genau beizubehalten. Markierungen vor Ort und auf dem Beobachtungsplan erleichtern das Wiederfinden.

23

2.6.2 Programme « Phénologie forestière » 🌲

On observera des arbres isolés ou des peuplements croissant en pleine forêt et non en lisière.

Ampleur de l'échantillonnage

Arbres isolés : dans une étude menée en 1991 dans le canton de Berne (BRÜGGER 1997), le hêtre qui s'est couvert de feuilles le plus tôt avait 17 jours d'avance par rapport à celui qui s'est couvert de feuilles le plus tardivement (bien que situés dans une même station). Pour faire ressortir de telles différences, on observera si possible dix individus de chaque essence. Ce nombre donne une bonne idée de la variabilité du comportement phénologique de différentes essences. Il permet également d'obtenir des statistiques simples sur la moyenne et la dispersion des données.
Peuplements : le peuplement comptera au moins 10 arbres de l'essence à observer et sera jugé comme un tout.

Visibilité de la couronne

Arbres isolés : on choisira des individus dont les couronnes sont les plus visibles. Aussi longtemps que possible, chaque arbre sera observé exactement à partir du même emplacement. On le retrouvera plus facilement en le marquant sur le terrain et sur le plan d'observation.

Bestände: Baumbestände sind idealerweise von ausserhalb des Waldes zu beobachten, z.B. vom Gegenhang aus.

Alter, soziale Stellung

Die phänologische Entwicklung eines Baumes wird von dessen Alter und sozialer Stellung im Bestand beeinflusst. Junge Bäume treiben in der Regel früher aus als alte, manche Arten belauben sich unter Schirm früher als freistehend.

Einzelbäume: Eine Veränderung der sozialen Stellung eines Beobachtungsbaumes sollte festgehalten werden, z.B. wenn benachbarte Bäume gefällt werden. Ist man nicht am speziellen Verhalten junger Bäume interessiert, sollen vorzugsweise Bäume beobachtet werden, welche bereits bis in das Kronendach reichen.

Bestände: Innerhalb von Beständen darf die soziale Stellung einzelner Bäume ändern, sofern die gesamte soziale Struktur des Bestandes erhalten bleibt. Die Altersstruktur der Bestände sollte über die Jahre möglichst konstant bleiben. Jüngere Bäume, welche nicht in das Kronendach reichen, werden nicht beobachtet.

Markieren und Pläne erstellen

Im Wald ist es erfahrungsgemäss nicht immer einfach, die ausgewählten Bäume wiederzufinden. Deshalb sollten Einzelbäume im Wald auffällig nummeriert und ihre Lage auf Plänen festgehalten werden. Bei Beständen sind zudem die Grenzen

Peuplements : l'idéal serait de pouvoir observer les peuplements à partir de l'extérieur de la forêt, par exemple à partir du versant opposé.

Âge, situation sociale

Le développement phénologique d'un arbre dépend de son âge et de sa situation sociale dans le peuplement. Les jeunes arbres débourrent généralement plus tôt que les vieux et de nombreuses essences se couvrent de feuilles plus tôt lorsqu'elles sont abritées que lorsqu'elles poussent isolément.

Arbres isolés : on notera si un arbre a changé de situation sociale, par exemple suite à l'abattage de ses voisins. Si on ne s'intéresse pas au comportement particulier des jeunes arbres, on observera de préférence des individus atteignant déjà l'étage des couronnes.

Peuplements : la situation sociale des différents arbres peut changer au sein d'un peuplement pour autant que la structure sociale globale soit maintenue. La structure d'âge des peuplements devrait rester la plus constante possible. Les jeunes arbres n'atteignant pas encore l'étage des couronnes seront laissés de côté.

Marquage et relevés

En forêt, par expérience, ce n'est pas toujours facile de retrouver les arbres choisis. Les arbres isolés en forêt seront donc numérotés visiblement et leur emplacement

des Beobachtungsgebietes zu markieren. Markierungen und Abgrenzungen sind vorzeitig mit dem zuständigen Förster abzusprechen.

2.6.3 Ersatzpflanzen, Ersatzbestände

Falls Einzelpflanzen oder Pflanzenbestände nicht mehr weiterbeobachtet werden können, sollten so früh wie möglich geeignete Ersatzindividuen oder -bestände in der Nähe bestimmt werden. Idealerweise sind während einiger Jahre parallele Beobachtungen an den alten und neuen Beobachtungsexemplaren bzw. Beständen durchzuführen. Auf dem Protokollblatt sind solche Änderungen in der Spalte Bemerkungen zu notieren.

2.7 Durchführung der Beobachtungen

Phänologische Beobachtungen sollten langfristig, das heisst möglichst über Jahrzehnte hinweg, durchgeführt werden. Wichtige Fragestellungen der Phänologie können erst anhand längerer Zeitreihen beantwortet werden.

2.7.1 Material für die Beobachtungen

Der materielle Aufwand für phänologische Beobachtungen ist gering. Unentbehrlich sind Feldstecher und Beobachtungsformulare. Zum Einrichten der Waldphänologie-Standorte sind zusätzlich Notizmaterial und Landeskarten bzw. Übersichts-

relevé sur des plans. Pour les peuplements, on reportera également les limites du périmètre d'observation. Le marquage et les démarcations seront préalablement discutés avec le forestier responsable.

2.6.3 Plantes et peuplements de remplacement

S'il devait arriver que des plantes ou des peuplements disparaissent, il faudrait alors les remplacer dès que possible par d'autres poussant dans les environs. L'idéal serait de suivre en parallèle les anciens et les nouveaux exemplaires ou peuplements durant quelques années. Dans le formulaire, ces changements seront signalés dans la colonne des remarques.

2.7 Conduite des observations

Les observations phénologiques dureront une longue période, plusieurs décennies si possible. En effet, seules de longues séries peuvent apporter des réponses aux principales problématiques de la phénologie.

2.7.1 Matériel

Les observations phénologiques ne requièrent que peu de matériel. Il est indispensable de disposer de jumelles et de formulaires d'observation. Pour l'installation des

pläne nötig. Mit Forstmarkierfarbe, Markierbändern und -pflöcken können die Bäume und Beobachtungsstandpunkte gekennzeichnet werden.

2.7.2 Zeitpunkt und Häufigkeit der Besuche

Sobald im Frühjahr die Vegetationsruhe zu Ende geht, ist es sinnvoll, den Entwicklungszustand der ausgewählten Pflanzen im Beobachtungsgebiet etwa einmal pro Woche zu überprüfen. Die Beobachtungen sind zu intensivieren, sobald die ersten grünen Spitzen aus den Blattknospen hervortreten oder erste Blütenknospen erkennbar sind. Bei rasch ablaufenden Entwicklungsprozessen, wie der Blattentfaltung und der Blüte, sind zwei bis drei Besuche pro Woche sinnvoll, bei langsamer ablaufenden Prozessen, wie der Fruchtreife und der Blattverfärbung, mindestens ein, besser zwei Besuche pro Woche. Der Phaseneintritt muss auf den Tag genau erfasst werden.
Wird mit Hilfe der Prozent-Schätzmethode (siehe Kap. 2.8.3) der Verlauf der Entwicklung erhoben, sind wöchentliche Besuche ideal.

2.7.3 Beobachtungsverhältnisse

Die Licht- und Sichtverhältnisse, insbesondere Nebel, tiefer Sonnenstand und die allgemeine Helligkeit verändern das Farbempfinden unserer Augen. Bei der Beurteilung des verfärbten Laubes – etwas weniger ausgeprägt auch bei der Beurteilung der

postes de phénologie forestière, on emportera encore du matériel pour prendre des notes ainsi que des cartes topographiques ou des plans de situation. Les arbres ainsi que les postes d'observation peuvent être marqués à l'aide de couleurs pour marquage forestier, de banderoles et de piquets.

2.7.2 Date et fréquence des visites

Dès que la végétation achève sa phase de repos au printemps, il est judicieux de contrôler environ une fois par semaine l'état de développement des plantes choisies dans le périmètre d'observation. Les observations s'intensifieront dès que les premières pointes vertes émergeront des bourgeons foliaires ou dès qu'apparaîtront les premiers bourgeons floraux. Les processus de développement rapides comme le déploiement des feuilles et la floraison nécessitent deux à trois visites par semaine ; par contre, une à deux visites par semaine suffisent pour les processus plus lents comme la maturation des fruits et la coloration des feuilles. On notera la date précise de l'apparition des phases.
L'utilisation de la méthode d'estimation du pourcentage (voir chapitre 2.8.3) nécessite idéalement des visites hebdomadaires.

2.7.3 Conditions d'observation

La lumière et la visibilité, notamment le brouillard, un soleil bas dans le ciel et la luminosité générale, modifient notre perception des couleurs. Lorsqu'on estimera la

Menge offener Blüten und der Blattentfaltung – ist deswegen auf einheitliche Sicht-verhältnisse zu achten. Es hat sich gezeigt, dass einerseits bei diffusem, hellem Ta-geslicht (etwa bei einer regelmässigen, durchgehenden Bewölkung), andererseits bei hohem Sonnenstand, mit der Sonne im Rücken, die Farben der Blätter am besten zu beurteilen sind. Beobachtungen mit Blick Richtung Sonne sind ebenso ungeeignet wie Beobachtungen bei niedrigem Sonnenstand. Ein festgelegter Ablauf des Beob-achtungsrundganges zu einer bestimmten Tageszeit garantiert ein hohes Mass an Einheitlichkeit.

2.8 Beurteilen des phänologischen Zustandes der Pflanzen
2.8.1 Zwei Schätzmethoden

Im «Waldphänologie»-Programm können die Beobachtungen entweder mit der Da-tumsmethode oder mit der Prozent-Schätzmethode durchgeführt werden. Die ein-mal gewählte Methode sollte möglichst langfristig beibehalten werden. Im Programm «Allgemeine Phänologie» soll ausschliesslich die Datumsmethode verwendet werden.

coloration du feuillage – et de façon un peu moins marquée la quantité des fleurs épanouies ainsi que le déploiement des feuilles – on veillera à ce que les conditions de visibilité soient homogènes. La couleur des feuilles est plus facile à juger quand la lumière est diffuse et claire (par exemple quand les nuages forment une couver-ture continue régulière) ou quand le soleil est haut dans le ciel et qu'on lui tourne le dos. Par contre, il est impossible de faire de bonnes observations en regardant dans sa direction ou lorsqu'il est trop bas. On peut garantir une très bonne homogénéité en effectuant les tournées d'observation à un moment fixe de la journée.

2.8 Estimation de l'état phénologique des plantes
2.8.1 Deux méthodes d'estimation

Dans le programme « Phénologie forestière », on peut utiliser soit la méthode de la date, soit la méthode d'estimation du pourcentage. Mais une fois qu'on a choisi l'une des deux, il ne faut si possible plus en changer. Par contre, seule la méthode de la date peut être utilisée dans le programme « Phénologie générale ».

2.8.2 Datumsmethode

Mit dieser Methode werden die Eintrittstage bestimmter phänologischer Phasen erfasst. Auf dem Beobachtungsformular wird das genaue Datum des jeweiligen Eintrittstages festgehalten. Angaben von Zeitspannen, wie z.B. 'Anfang März' sind später nicht auswertbar und müssen vermieden werden. Fällt der Phaseneintritt zwischen zwei Beobachtungsgänge, wird anhand der vorhandenen Schätznotizen das am ehesten mögliche Datum interpoliert. Bei der Blattentfaltung, Blüte, Fruchtreife und Blattverfärbung sind in der Regel zwei Phänophasen zu erfassen: der Beginn der Entwicklung und der Zeitpunkt des allgemeinen Eintritts. Der Beginn der Entwicklung wird festgehalten, weil damit eine Zeit erhöhter Empfindlichkeit beginnt (z.B. gegenüber Spätfrösten). Die allgemeinen Phasen hingegen markieren die Zeitpunkte von mittleren phänologischen Ereignissen.

Der Beginn der Entwicklung: Bei der Blattentfaltung, der Blüte und der Fruchtreife ist das Datum zu notieren, an dem die ersten paar Blätter bzw. Blüten oder Früchte so weit entwickelt sind, wie in den Definitionen des Kap. 3 bez. Kap. 4 beschrieben. Bei der Blattverfärbung ist das Datum zu notieren, an dem 10% der Blätter entsprechend den Definitionen verfärbt sind.

Allgemeiner Eintritt: Bei allen Phänophasen, die den allgemeinen Eintritt bestimmter Entwicklungserscheinungen festhalten, müssen zu diesem Zeitpunkt jeweils 50% der Organe definitionsgemäss entwickelt sein.

2.8.2 Méthode de la date

Cette méthode permet de relever les dates d'apparition de phénophases déterminées. La date exacte à laquelle chaque phénophase apparaît est notée sur le formulaire d'observation. On évitera d'indiquer des périodes comme « début mars », car ces données ne peuvent pas être mises en valeur par la suite. Si la phase apparaît entre deux tournées d'observation, il faut interpoler la date la plus probable à l'aide des estimations disponibles. En règle générale, deux phénophases sont à relever pour le déploiement des feuilles, la floraison, la maturité des fruits et la coloration des feuilles : le début du développement et la date de l'apparition générale. On observe le début du développement, parce qu'il correspond au commencement d'une période où les plantes sont plus sensibles, au gel tardif par exemple. Les phases générales marquent quant à elles les dates de phénomènes phénologiques moyens.

Début du développement : pour le déploiement des feuilles, la floraison ainsi que la maturité des fruits, on indiquera la date à laquelle le développement des premières feuilles, respectivement des premières fleurs ou fruits, a atteint le point décrit dans les définitions du chapitre 3 et 4. Pour la coloration des feuilles, on notera la date à laquelle 10 % des feuilles se sont parées des couleurs précisées par les définitions.

Apparition générale : pour toutes les phénophases, pour lesquelles on observe l'apparition générale de certains phénomènes de développement, 50 % des organes doivent avoir atteint l'état de développement précisé par les définitions.

Au niveau national et international, les observations ne se font pas encore toutes selon les mêmes instructions. Dans de nombreux programmes, c'est le début de la

National und international wird noch nicht überall nach denselben Richtlinien beobachtet. In manchen Programmen wird der Beginn, in anderen der allgemeine Eintritt festgehalten. Werden beide Phänophasen beobachtet, sind Vergleiche mit anderen Programmen besser möglich. Zudem erhalten wir auf diese Art Informationen zum Ablauf der untersuchten Entwicklungen, und Fehler in den Beobachtungsprotokollen können leichter erkannt werden.

2.8.3   Prozent-Schätzmethode

Im Programm «Waldphänologie» können die Daten ergänzend zur Datumsmethode oder als Ersatz dafür mit der Prozent-Schätzmethode erhoben werden. Während jeder Begehung wird hier der jeweilige Anteil der Blätter, Blüten oder Früchte im gesuchten Entwicklungsstadium geschätzt und festgehalten. Die Schätzung soll wöchentlich (immer am gleichen Wochentag) durchgeführt werden und erfolgt in 5 Klassen:

Klasse	Menge in %
1	0 %
2	1-33 %
3	34-66 %
4	67-99 %
5	100 %

Die Prozent-Schätzmethode bietet den Vorteil, dass mit wenig Zusatzaufwand der Verlauf der Entwicklung erfasst wird.

29

phase qui est relevé, dans d'autres, c'est l'apparition générale. En observant ces deux phénophases, on peut comparer les résultats avec ceux d'autres programmes. De plus, cette méthode fournit des informations sur l'évolution des développements étudiés et permet de retrouver plus facilement les erreurs dans les formulaires d'observation.

2.8.3   Méthode d'estimation du pourcentage

Dans le programme « Phénologie forestière », on peut relever les données avec la méthode d'estimation du pourcentage qui complète ou remplace la méthode de la date. Cette méthode consiste à estimer et à relever lors de chaque inspection le pourcentage des feuilles, fleurs ou fruits ayant atteint le stade de développement recherché. On procédera à cette estimation une fois par semaine, toujours le même jour, en utilisant les cinq classes qui suivent :

Classe	Quantité en %
1	0 %
2	1-33 %
3	34-66 %
4	67-99 %
5	100 %

L'avantage de cette méthode est qu'un petit effort supplémentaire permet de saisir l'évolution du développement.

2.9 Vorgehen beim Schätzen

Sowohl für die Prozent-Schätzmethode als auch für die Datumsmethode ist die Beurteilung des Entwicklungszustandes von Blättern, Blüten oder Früchten und das Abschätzen des Anteils im gesuchten Entwicklungszustand sehr wichtig. Mit Zeichnungen, Photos und genauen Beschreibungen in diesem Handbuch soll diese Beurteilung erleichtert werden. Im Folgenden wird Schritt für Schritt beschrieben, wie bei der Schätzung vorgegangen werden soll. Notizen über auffällige Einzelheiten und Besonderheiten fördern die Orientierung und können die Arbeit erleichtern.

2.9.1 Klassieren

Beim ersten Schritt wird der Entwicklungszustand der einzelnen Blätter bzw. Blüten oder Früchte der Pflanzen mit den Skizzen und Beschreibungen im Handbuch verglichen. Es ist sehr hilfreich, sich zu Beginn der Beobachtungen auf einzelne Blätter bzw. Blüten oder Früchte zu konzentrieren und genau zu beurteilen, ob diese sich im gewünschten Entwicklungsstadium oder in einem Vor- oder Nachstadium befinden. Mit dem Bild dieser «Prototypen» im Kopf, kann danach der ganze Baum oder die gesamte Wiese nach entsprechenden Blättern bzw. Blüten und Früchten abgesucht werden.

2.9 Comment procéder aux estimations

Pour la méthode d'estimation du pourcentage comme pour la méthode de la date, il est très important de bien évaluer l'état de développement des feuilles, fleurs ou fruits et d'estimer correctement le pourcentage ayant atteint l'état de développement recherché. Cette opération, décrite étape par étape dans ce qui suit, devrait être facilitée par les dessins, photographies et descriptions précises du guide. Des remarques sur des détails et particularités frappants simplifieront le travail de l'observateur en l'aidant à s'orienter.

2.9.1 Classer

Une première étape consiste à comparer l'état de développement des différentes feuilles, fleurs ou fruits des plantes aux esquisses et descriptions du guide. Il est conseillé de se concentrer au début des observations sur différentes feuilles, fleurs ou fruits et de juger exactement si ceux-ci se trouvent dans le stade de développement souhaité ou dans une phase préliminaire ou ultérieure. En gardant ces « prototypes » en tête, on peut ensuite prospecter l'arbre ou la prairie en observant leurs feuilles, fleurs ou fruits.

2.9.3 Auszählen

Im zweiten Schritt muss man sich einen Überblick über die Menge der zu beobachtenden Organe verschaffen. So werden zum Beispiel bei den Blühphasen am Baum die Anzahl Blüten pro Kurztrieb (z.B. Kirschblüte), auf der Wiese die Blüten pro Pflanze (z.B. Wiesenschaumkraut) gezählt. Da es nicht möglich ist, die Anzahl Blätter in einer geschlossenen Knospe abzuzählen, sind für den Blattaustrieb Erfahrungswerte angegeben, auf die zu Beginn der Beobachtungen zurückgegriffen werden kann. Nach dem ersten Beobachtungsjahr können diese Angaben durch die Werte der eigenen Beobachtungen ersetzt werden.

An einem überblickbaren Teil der Pflanze oder des Bestandes (z.B. an einem Ast des Baumes oder auf einem Quadratmeter Wiese) wird nun abgeschätzt, wie gross der Anteil der Organe ist, die den nötigen Entwicklungszustand erreicht haben. Stichprobenartig soll dieses Vorgehen für verschiedene Teile der Pflanze bzw. des Bestandes wiederholt werden. Bei vielen Kräutern muss dabei berücksichtigt werden, dass sich die Blütenköpfe täglich öffnen und wieder schliessen. Die Beobachtungen sollten deshalb weder zu früh am Morgen noch zu spät am Abend erfolgen.

2.9.3 Hochrechnen

Beim letzten Schritt wird anhand der Resultate aus Schritt 2 hochgerechnet, wie gross der Anteil der Blätter, Blüten oder Früchte im gesuchten Entwicklungszustand in Bezug auf die ganze Pflanze bzw. den ganzen Bestand ist. Oft sind einzelne Teile

2.9.2 Compter

Dans une deuxième étape, il s'agit de se faire une idée de la quantité des organes à observer. Ainsi, pour les phases de floraison par exemple, on comptera sur un arbre (un cerisier par exemple) le nombre de fleurs par rameau court ou, dans une prairie, le nombre de fleurs par plante (une cardamine des près par exemple). Puisqu'il est impossible de savoir combien de feuilles contient un bourgeon fermé, des valeurs empiriques sont données pour le débourrement ; elles servent de référence au début des observations, mais l'observateur peut les remplacer après la première année par les valeurs qu'il a obtenues lui-même.

Sur une partie visible de la plante ou du peuplement (sur une branche d'arbre ou sur un mètre carré de prairie par exemple), on estime ensuite le pourcentage des organes ayant atteint l'état de développement requis. Cette procédure sera répétée pour diverses parties de la plante ou du peuplement (échantillons). Il faut se souvenir que les capitules de nombreuses plantes herbacées s'ouvrent de jour et se referment en fin de journée, et donc qu'on ne peut pas les observer trop tôt le matin ni trop tard le soir.

2.9.3 Calculer

La dernière étape consiste à calculer, à l'aide des résultats obtenus dans la deuxième, le pourcentage des feuilles, fleurs ou fruits ayant atteint dans l'état de développement requis sur la plante entière ou dans tout le peuplement. Il peut arriver que des plantes ou des groupes de plantes présentent des parties plus développées que

der Pflanzen (z.B. einzelne Kronenteile) oder Teile der Pflanzengruppen weiter entwickelt als andere. Ein Beispiel: Bei der Abschätzung der Anzahl verfärbter Blätter wurde festgestellt, dass in der oberen Baumhälfte 60%, in der unteren Hälfte jedoch erst 20% der Blätter verfärbt sind. Auf die ganze Baumkrone bezogen sind also 40% der Blätter verfärbt. Ein Beobachter, der mit der Prozent-Schätzmethode arbeitet, notiert sich die Schätzklasse 3 (34-66% verfärbt), wer die Datumsmethode verwendet, schreibt sich das Resultat höchstens als Notiz auf, denn die Phänophase «Allgemeine Blattverfärbung» (= 50% der Blätter verfärbt) ist noch nicht eingetreten.

2.10 Zusätzliche Beobachtungen

2.10.1 Beobachtungen in beiden Programmen ✹ ♣
Beobachtungen von Schäden

Sind an den zu beobachtenden Pflanzen Schäden sichtbar (durch Frost, Hagel, Trockenheit, Schädlinge, Krankheiten, etc.), so soll dies notiert werden.

Extreme Eintrittsdaten

Extreme Beobachtungstermine sollen als solche bezeichnet werden, z.B. mit der Bemerkung «sehr früh» oder «sehr spät», damit sie bei der Auswertung nicht fälschlicherweise als Fehler betrachtet werden.

d'autres (certaines parties de la couronne par exemple). Un exemple : en estimant le nombre de feuilles colorées, on constate que 60 % des feuilles ont changé de couleur dans la moitié supérieure de l'arbre, mais 20 % seulement dans la moitié inférieure. Par rapport à l'ensemble de la couronne, cela représente une moyenne de 40 %. Un observateur utilisant la méthode d'estimation du pourcentage indiquera la classe 3 (34-66 % des feuilles colorées), mais un autre travaillant avec la méthode de la date inscrira au mieux ce résultat comme remarque, car la phase « coloration générale des feuilles » (50 % des feuilles colorées) n'est pas encore atteinte.

2.10 Observations supplémentaires

2.10.1 Pour les deux programmes ✹ ♣
Observations de dégâts

On notera si les plantes à observer souffrent de dégâts visibles (dus au gel, à la grêle, à la sécheresse, à des parasites, à des maladies, etc.).

Dates d'apparition extrêmes

Pour éviter qu'elles ne soient prises à tort pour des erreurs lors de la mise en valeur, les dates extrêmes seront indiquées comme telles, par exemple par la remarque « très précoce » ou « très tardive ».

Extreme Witterungsereignisse

Extreme Witterungsereignisse, wie starke Stürme, Hagelschläge, heftige Gewitter, Früh- oder Spätfröste, können die phänologische Entwicklung lokal stark beeinflussen und sollten nach Möglichkeit beobachtet und notiert werden.

2.10.2 Zusätzliche Angaben im Programm «Waldphänologie» ♣

Blühstärke

Die Blühstärke schwankt bei Waldbäumen von Jahr zu Jahr und beeinflusst den Zustand des Baumes. Deshalb wird die Blühstärke anhand einer groben, dreiteiligen Skala angegeben (nach BRÜGGER 1997):

0 = keine Blüten oder nur ganz wenige;
1 = mittlere Blühstärke, regelmässig verteilt, aber an jedem Ast nur wenige Blüten oder nur an einzelnen Ästen viele Blüten;
2 = viele Blüten – an mehreren Ästen ist die Blütenbildung stark.

Conditions météorologiques extrêmes

Localement, les conditions météorologiques extrêmes comme les tempêtes, la grêle, les orages violents, les gels précoces ou tardifs peuvent fortement influencer le développement phénologique des plantes ; elles devraient donc si possible être observées et relevées.

2.10.2 Observations supplementaires du programme « Phénologie forestière » ♣

Intensité de la floraison

La floraison des arbres forestiers varie d'une année à l'autre, Comme son intensité influence l'état des arbres on indique à l'aide de l'échelle approximative à trois degrés (d'après BRÜGGER 1997) :

0 = pas de fleurs ou quelques-unes seulement ;
1 = intensité moyenne répartie régulièrement, mais quelques fleurs seulement sur chaque branche ou beaucoup de fleurs sur quelques branches seulement ;
2 = nombreuses fleurs – formation abondante de fleurs sur plusieurs branches.

Baumumfang

Jedes Jahr wird während dem ersten Beobachtungsgang der Baumumfang in Brusthöhe (1,3 m über Boden) auf 1 cm genau gemessen. Am Hang muss die Brusthöhe bergseits bestimmt werden.

Soziale Stellung im Bestand

Die soziale Stellung beschreibt die Position eines Baumes in Beziehung zu seinen Nachbarn. Die soziale Stellung der Beobachtungsbäume wird in 4 Klassen angegeben:

1 = Vorherrschend/herrschend: Baum, der über den oberen Kronenschirm hinausragt und die Nachbarn deutlich dominiert.
2 = Mitherrschend: Baum, der am oberen Kronenschirm beteiligt ist, dessen Krone im Vergleich zu den herrschenden Bäumen schwächer und weniger gut entwickelt ist.
3 = Beherrscht: Baum, der am oberen Kronenschirm nicht beteiligt ist. Der Kronenwipfel ist überdeckt und nicht mehr im Genuss des direkten Lichtes. Er steht jedoch in Berührung mit den Kronen des Hauptbestand.
4 = Unterdrückt: Baum, dessen Gipfel nicht mehr in Berührung mit der Kronenschicht des Hauptbestandes steht.

34

Circonférence de l'arbre

Chaque année, lors de la première tournée d'observation, la circonférence de l'arbre est mesurée à hauteur de poitrine (1.3 m au-dessus du sol) à 1 cm de près. Sur les pentes, la hauteur de poitrine est déterminée en amont.

Situation sociale au sein du peuplement

La situation sociale d'un arbre décrit sa position par rapport à ses voisins. Les arbres observés peuvent être classés dans les quatre catégories qui suivent :

1 = prédominant/dominant : arbre dépassant de la canopée et dominant nettement ses voisins ;
2 = co-dominant : arbre atteignant la canopée, dont la couronne est un peu moins bien développée que celles des arbres dominants ;
3 = dominé : arbre n'atteignant pas la canopée, dont la cime est recouverte et ne jouit plus de la lumière directe. Cependant, elle touche les couronnes du peuplement principal ;
4 = réprimé : arbre dont la cime n'est plus en contact avec la strate formée par les couronnes du peuplement principal.

3. Phänophasen in Wort und Bild

Die Beschreibungen der Pflanzen und die Definitionen der Phänophasen sind das Herzstück dieser Anleitung. In Kapitel 3 sind die Definitionen ohne die begleitenden Erläuterungen gestrafft zusammengestellt. Dies soll dem geübten Beobachter ermöglichen, schnell die entscheidenden Merkmale nachschlagen zu können, wenn im Einzelnen Unsicherheiten auftauchen. In Kapitel 4 sind neben den Definitionen wichtige Erläuterungen und Erklärungen zu jeder Art zusammengestellt. Es empfiehlt sich, die ausführlichen Beschreibungen genau durchzulesen, auch wenn die einzelnen Pflanzen bekannt sind.

Die Arten sind getrennt aufgeführt nach Waldbäumen und Sträuchern, nach Kulturpflanzen und nach Kräutern. Innerhalb jeder Gruppe sind sie geordnet nach der Nomenklatur von LAUBER & WAGNER (2001). Die Definitionen der Phänophasen (für die Datumsmethode) und die Beschreibung für die Prozent-Methode sind gruppiert nach den phänologischen Prozessen, z.B. alle Definitionen zum Blattaustrieb zuerst, danach alle zur Blüte usw.

Die Beobachtungen des Programmes «Allgemeine Phänologie» sind mit der Blume ✹, diejenigen des Programmes «Waldphänologie» mit der Tanne ♣ gekennzeichnet.

35

3. Les phases phénologiques en paroles et images

La description des plantes et les définitions des phénophases constituent le cœur de ce guide. Le chapitre 3 regroupe les définitions sous forme condensée (sans les explications), afin de permettre à l'observateur expérimenté de trouver rapidement les caractéristiques déterminantes en cas de doute. Dans le chapitre 4, on trouve non seulement les définitions, mais aussi des explications importantes pour chaque espèce. Il est recommandé de bien lire en détail toutes les descriptions, y compris celles des plantes que l'on connaît déjà.

Les espèces sont présentées en trois groupes : arbres forestiers et arbustes, plantes cultivées et plantes herbacées. A l'intérieur de chaque groupe, elles sont classées d'après la nomenclature de LAUBER & WAGNER (2001). Les définitions des phénophases (pour la méthode de la date) et la description de la méthode d'estimation du pourcentage sont regroupées selon les processus phénologiques, p. ex. toutes les définitions du déploiement des feuilles, de la floraison etc.

Les observations du programme «Phénologie générale» sont marquées d'une fleur ✹, celles du programme «Phénologie forestière» d'un sapin ♣.

Weisstanne

Tanne, Edeltanne

Nadelaustrieb

Datumsmethode
- *Beginn des Nadelaustriebes:* Die jungen Nadelbüschel von drei Knospen des Einzelbaumes, bzw. von jeweils drei Knospen an drei Bäumen des Bestandes, beginnen sich aufzulockern und zu spreizen.
- *Allgemeiner Nadelaustrieb:* 50% der jungen Nadelbüschel des Einzelbaumes bzw. des Baumbestandes beginnen sich aufzulockern und zu spreizen.

Prozent-Schätzmethode
- Der aktuelle Anteil der sich auflockernden und zu spreizen beginnenden Nadelbüschel ist abzuschätzen.

---

36   **ABIES ALBA MILLER**   *abete bianco, abete pettinato, abezzo*

Sapin

Sapin (blanc, pectiné), vuargne, ouargne

Déploiement des aiguilles

Méthode de la date
- *Début du déploiement des aiguilles :* sur l'arbre observé, les jeunes faisceaux d'aiguilles de trois bourgeons commencent à se dégager et à se déployer. Dans un peuplement, cela doit être le cas sur trois arbres.
- *Déploiement général des aiguilles :* 50 % des jeunes faisceaux d'aiguilles de l'arbre ou du peuplement commencent à se dégager et à se déployer.

Méthode d'estimation du pourcentage
- Il s'agit d'estimer le pourcentage actuel des jeunes faisceaux d'aiguilles qui commencent à se dégager et à se déployer.

Abbildung 2: Nadelaustrieb der Weisstanne
Knospen im Vorstadium (Fig. A),
im zu beobachtenden phänologischen Entwicklungsstadium (Fig. B) und im Nachstadium (Fig. C).
Fig. B zeigt junge Nadelbüschel, die sich gerade zu spreizen beginnen.

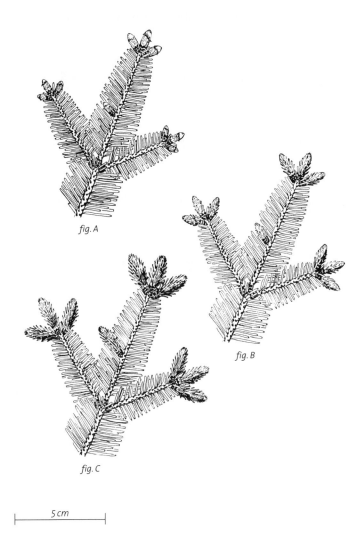

fig. A

fig. B

fig. C

5 cm

37

Figure 2 : Déploiement des aiguilles du sapin
Bourgeons au stade préliminaire (figure A),
au stade de développement phénologique à observer (figure B) et au stade ultérieur (figure C).
La figure B montre les jeunes faisceaux d'aiguilles qui commencent juste à se déployer.

Fichte

Rottanne

Nadelaustrieb

Datumsmethode

- ⚑   *Beginn des Nadelaustriebes:* Die jungen Nadelbüschel von drei Knospen des Einzelbaumes, bzw. von jeweils drei Knospen an drei Bäumen des Bestandes, beginnen sich aufzulockern und zu spreizen.
- ✳⚑   *Allgemeiner Nadelaustrieb:* 50% der jungen Nadelbüschel des Einzelbaumes bzw. des Baumbestandes beginnen sich aufzulockern und zu spreizen.

Prozent-Schätzmethode

- ⚑   Der aktuelle Anteil der sich auflockernden und zu spreizen beginnenden Nadelbüschel ist abzuschätzen.

---

38   PICEA ABIES (L.) KARST.   *abete rosso, peccia, pezzo*

Épicéa

sapin rouge, pesse

Déploiement des aiguilles

Méthode de la date

- ⚑   *Début du déploiement des aiguilles:* sur l'arbre observé, les jeunes faisceaux d'aiguilles de trois bourgeons commencent à se dégager et à se déployer. Dans un peuplement, cela doit être le cas sur trois arbres.
- ✳⚑   *Déploiement général des aiguilles:* 50 % des jeunes faisceaux d'aiguilles de l'arbre ou du peuplement commencent à se dégager et à se déployer.

Méthode d'estimation du pourcentage

- ⚑   Il s'agit d'estimer le pourcentage actuel des jeunes faisceaux d'aiguilles qui commencent à se dégager et à se déployer.

Abbildung 3: Nadelaustrieb der Fichte
Knospen im Vorstadium (Fig. A),
im zu beobachtenden phänologischen Entwicklungsstadium (Fig. B) und im Nachstadium (Fig. C).
Fig. B zeigt junge Nadelbüschel, die sich gerade zu spreizen beginnen.

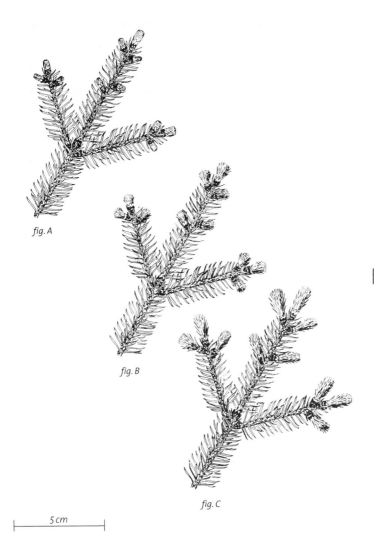

fig. A

fig. B

39

fig. C

5 cm

Figure 3 : Déploiement des aiguilles de l'épicéa
Bourgeons au stade préliminaire (figure A),
au stade de développement phénologique à observer (figure B) et au stade ultérieur (figure C).
La figure B montre les jeunes faisceaux d'aiguilles qui commencent juste à se déployer.

Lärche

europäische Lärche

Nadelaustrieb

Datumsmethode
⚑   *Beginn des Nadelaustriebes:* Die jungen Nadelbüschel von drei Knospen des Einzelbaumes, bzw. von jeweils drei Knospen an drei Bäumen des Bestandes, beginnen sich aufzulockern und zu spreizen.
✾⚑   *Allgemeiner Nadelaustrieb:* 50% der jungen Nadelbüschel des Einzelbaumes bzw. des Baumbestandes beginnen sich aufzulockern und zu spreizen.
Prozent-Schätzmethode
⚑   Der aktuelle Anteil der sich auflockernden und zu spreizen beginnenden Nadelbüschel ist abzuschätzen.

40   LARIX DECIDUA MILLER   *larice (europeo)*

Mélèze

mélèze européen

Déploiement des aiguilles

Méthode de la date
⚑   *Début du déploiement des aiguilles :* sur l'arbre observé, les jeunes faisceaux d'aiguilles de trois bourgeons commencent à se dégager et à se déployer. Dans un peuplement, cela doit être le cas sur trois arbres.
✾⚑   *Déploiement général des aiguilles :* 50 % des jeunes faisceaux d'aiguilles de l'arbre ou du peuplement commencent à se dégager et à se déployer.
Méthode d'estimation du pourcentage
⚑   Il s'agit d'estimer le pourcentage actuel des jeunes faisceaux d'aiguilles qui commencent à se dégager et à se déployer.

Abbildung 4: Nadelaustrieb der Lärche
Knospen im Vorstadium (Fig. A),
im zu beobachtenden phänologischen Entwicklungsstadium (Fig. B) und im Nachstadium (Fig. C).
Fig. B zeigt junge Nadelbüschel, die sich gerade zu spreizen beginnen.

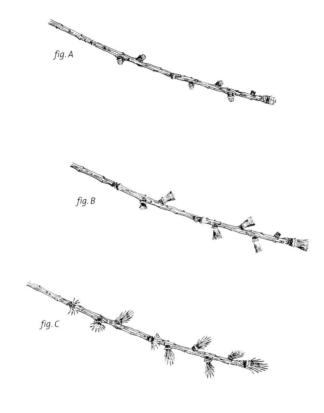

fig. A

fig. B

fig. C

5 cm

Figure 4 : Déploiement des aiguilles du mélèze
Bourgeons au stade préliminaire (figure A),
au stade de développement phénologique à observer (figure B) et au stade ultérieur (figure C).
La figure B montre les jeunes faisceaux d'aiguilles qui commencent juste à se déployer.

Nadelverfärbung (Farbbilder 1A, 1B, 1C;, S. 97)

Datumsmethode

⚫︎ *Beginn der Nadelverfärbung:* 10% der Nadeln des Einzelbaumes bzw. des Baumbestandes (einschliesslich der bereits abgefallenen Nadeln) sind herbstlich verfärbt, d.h. nicht mehr grün sondern grüngelb bis goldgelb. Nicht gemeint sind Verfärbungen, die als Folge grosser Hitze- und Dürreperioden oder anderer Einflüsse wesentlich früher eintreten. Diese sind speziell zu vermerken.

⚫︎⚫︎ *Allgemeine Nadelverfärbung:* 50% der Nadeln des Einzelbaumes bzw. des Baumbestandes sind herbstlich verfärbt, d.h. grüngelb bis goldgelb, oder bereits abgefallen.

Prozent-Schätzmethode

⚫︎ Der Anteil der grüngelb bis goldgelb verfärbten oder bereits abgefallenen Nadeln an der gesamten sommerlichen Nadelmenge ist abzuschätzen.

---

42   LARIX DECIDUA MILLER   *larice (europeo)*

Coloration des aiguilles (Photos couleur 1A, 1B, 1C ; p. 97)

Méthode de la date

⚫︎ *Début de la coloration des aiguilles :* 10 % des aiguilles de l'arbre ou du peuplement ont changé de couleur ; (jaune-vert à jaune d'or) ou sont déjà tombées. La coloration des aiguilles due à la sécheresse sera notée à part. Elle a lieu bien plus tôt suite, entre autres, à de longues périodes de chaleur.

⚫︎⚫︎ *Coloration générale des aiguilles :* 50 % des aiguilles de l'arbre ou du peuplement ont changé de couleur (jaune-vert à jaune d'or) ou sont déjà tombées.

Méthode d'estimation du pourcentage

⚫︎ Il s'agit d'estimer le pourcentage des aiguilles jaune-vert à jaune d'or ou déjà tombées par rapport à la quantité totale d'aiguilles que l'arbre portait en été.

Nadelfall

Datumsmethode

✱   *Allgemeiner Nadelfall:* 50% der Nadeln am Baum bzw. im Bestand sind abgefallen. Entnadelung auf Grund von Hagelschlag, Sturmwinden, Trockenheit oder Schädlingen ist speziell zu vermerken.

Prozent-Schätzmethode

Der Anteil der bereits abgefallenen Nadeln an der gesamten sommerlichen Nadelmenge ist abzuschätzen.

Chute des aiguilles

Méthode de la date

✱   *Chute générale des aiguilles :* 50 % des aiguilles de l'arbre ou du peuplement sont tombées. La chute des aiguilles provoquée par la grêle, les tempêtes, la sécheresse ou les parasites sera notée à part.

Méthode d'estimation du pourcentage

Il s'agit d'estimer le pourcentage des aiguilles déjà tombées par rapport à la quantité totale d'aiguilles que l'arbre portait en été.

Edelkastanie

Kastanie, Esskastanie

Blattentfaltung

Datumsmethode

✹   *Allgemeine Blattentfaltung:* Die allg. Blattentfaltung ist erreicht, sobald bei
      50% der Blätter am Einzelbaum bzw. im Bestand, d.h. bei durchschnittlich
      drei pro Knospe, die Blattspitzen nicht mehr kahnförmig aufstehen und die
      ganze Blattfläche sichtbar ist.

Prozent-Schätzmethode

Bei der Kastanie entfalten sich durchschnittlich sechs Blätter pro Knospe.
Das Blatt gilt als entfaltet, sobald die Blattspitzen nicht mehr kahnförmig
aufstehen und die ganze Blattfläche sichtbar ist. Der aktuelle Anteil entfalteter Blätter ist abzuschätzen.

---

44   CASTANEA SATIVA MILLER   *castagno, castagno domestico*

Châtaignier

châtaignier cultivé

Déploiement des feuilles

Méthode de la date

✹   *Déploiement général des feuilles :* 50 % des feuilles de l'arbre ou du peuple-
      ment, soit en moyenne trois par bourgeon, n'ont plus une pointe dressée
      comme un canot et leur surface entière apparaît.

Méthode d'estimation du pourcentage

Chez le châtaignier, un bourgeon donne en moyenne six feuilles. Il s'agit
d'estimer le pourcentage actuel des feuilles déployées (feuilles dont la pointe ne se dresse plus comme une barque et dont la surface entière apparaît).

Abbildung 5: Blattentfaltung der Edelkastanie
Die Entfaltung der Blätter im Vorstadium (Fig. A),
im zu beobachtenden phänologischen Entwicklungsstadium (Fig. B) und im Nachstadium (Fig. C).
Fig. B zeigt zwei Knospen mit je zwei entfalteten Blättern (Pfeile).
Sie sind noch deutlich kleiner als im Sommer.

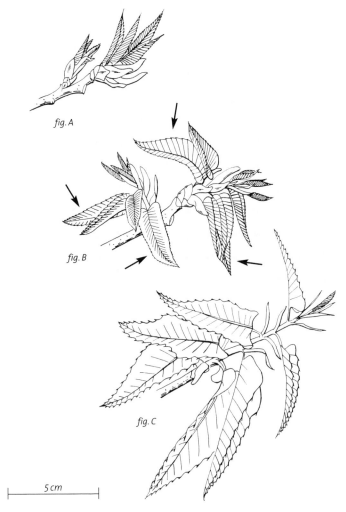

fig. A

fig. B

45

fig. C

5 cm

Figure 5 : Déploiement des feuilles du châtaignier
Le déploiement des feuilles au stade préliminaire (figure A),
au stade de développement phénologique à observer (figure B) et au stade ultérieur (figure C).
La figure B montre deux bourgeons avec deux feuilles entièrement déployées (flèches).
Elles sont encore nettement plus petites qu'en été.

Blüte

Datumsmethode

✳   *Beginn der Blüte:* An drei der langen männlichen Blütenständen des Einzelbaumes sind die ersten Staubfäden sichtbar. Im Bestand soll dies an drei
Bäumen der Fall sein.

✳   *Allgemeine Blüte:* Bei 50% der männlichen Blüten am Baum bzw. im Bestand
sind die Staubfäden sichtbar oder bereits wieder verwelkt.

Prozent-Schätzmethode

Der aktuelle Anteil der offenen männlichen Blüten mit sichtbaren bzw.
bereits wieder verwelkten Staubfäden ist abzuschätzen.

Fruchtreife (Farbbild 2; S. 99)

Datumsmethode

✳   *Allgemeine Fruchtreife:* 50% der Früchte vom Baum bzw. von den Bäumen im
Bestand sind reif, d.h. sie sind entweder einzeln oder mit dem bereits leicht
geöffneten Fruchtbecher vom Baum gefallen.

Prozent-Schätzmethode

Der aktuelle Anteil der reifen Früchte, die entweder einzeln oder in dem
bereits leicht geöffneten Fruchtbecher vom Baum gefallen sind, ist abzuschätzen.

---

46   CASTANEA SATIVA MILLER   *castagno, castagno domestico*

Floraison

Méthode de la date

✳   *Début de la floraison :* sur l'arbre observé, les premiers filets de trois longues
inflorescences mâles apparaissent. Dans un peuplement, cela doit être le cas
sur trois arbres.

✳   *Floraison générale :* chez 50 % des fleurs mâles de l'arbre ou du peuplement,
les filets sont visibles ou déjà fanés.

Méthode d'estimation du pourcentage

Il s'agit d'estimer le pourcentage actuel des fleurs mâles ouvertes chez lesquelles les filets sont visibles ou déjà fanés.

Maturité des fruits (photo couleur 2 ; p. 99)

Méthode de la date

✳   *Maturité générale des fruits :* 50 % des fruits de l'arbre ou du peuplement
sont mûrs ; tombés de l'arbre soit individuellement, soit dans leur bogue
déjà entrouverte.

Méthode d'estimation du pourcentage

Il s'agit d'estimer le pourcentage actuel des fruits mûrs tombés de l'arbre soit
individuellement, soit dans leur bogue déjà entrouverte.

Abbildung 6: Blüte der Edelkastanie
Die männlichen Blütenstände sind lang und aufrecht. Im Bild sind bei drei Ähren
ca. 95% der Blüten offen und die Staubfäden deutlich sichtbar (Pfeile),
bei einer Ähre sind die Blüten noch geschlossen.

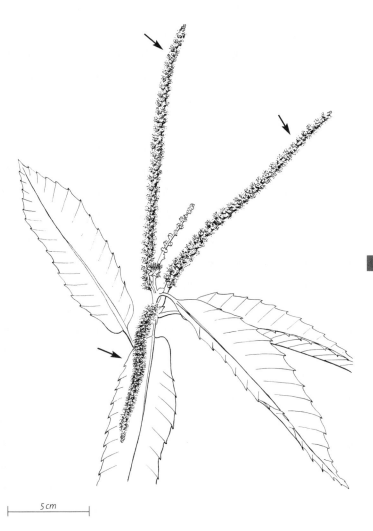

5 cm

47

Figure 6 : Floraison du châtaignier
Les inflorescences mâles sont longues et en position verticale. Sur l'image, 95% des
fleurs de trois épis sont ouvertes et leurs filets apparaissent nettement (flèche) ;
les fleurs d'un épis sont encore fermées.

Blattverfärbung (Farbbilder 3A, 3B; S. 99)

Datumsmethode

✴   *Allgemeine Blattverfärbung:* 50% der sommerlichen Blattfläche am Einzelbaum bzw. im Bestand ist herbstlich verfärbt, d.h. gelb bis braun oder bereits
abgefallen.

Prozent-Schätzmethode

Der Anteil der herbstlich verfärbten (d.h. gelben bis braunen) oder bereits
abgefallenen Blattfläche an der gesamten sommerlichen Blattfläche ist
abzuschätzen.

---

48   CASTANEA SATIVA MILLER   *castagno, castagno domestico*

Coloration des feuilles (photos couleur 3A, 3B ; p. 99)

Méthode de la date

✴   *Coloration générale des feuilles :* 50 % de la surface foliaire estivale de l'arbre
ou du peuplement a changé de couleur ; les feuilles sont jaunes à brunes ou
déjà tombées.

Méthode d'estimation du pourcentage

Il s'agit d'estimer le pourcentage de la surface des feuilles ayant changé de
couleur (jaunes à brunes) ou déjà tombées par rapport à la surface foliaire
estivale totale.

Blattfall

Datumsmethode

* *Allgemeiner Blattfall:* 50% der Blätter am Einzelbaum bzw. im Bestand sind abgefallen. Blattfall auf Grund von Hagelschlag, Sturmwinden, Trockenheit oder Schädlingen ist speziell zu vermerken.

Prozent-Schätzmethode

Der Anteil der bereits abgefallenen Blattfläche an der gesamten sommerlichen Blattfläche ist abzuschätzen.

castagno, castagno domestico   **CASTANEA SATIVA MILLER**   **49**

Chute des feuilles

Méthode de la date

* *Chute générale des feuilles :* 50 % des feuilles de l'arbre ou du peuplement sont tombées. La chute des feuilles provoquée par la grêle, les tempêtes, la sécheresse ou les parasites sera notée à part.

Méthode d'estimation du pourcentage

Il s'agit d'estimer le pourcentage de la surface des feuilles déjà tombées par rapport à la surface foliaire estivale totale.

Buche

Rotbuche

Blattentfaltung

Datumsmethode

⚑ *Beginn der Blattentfaltung:* Aus drei Knospen des Einzelbaumes, bzw. aus jeweils drei Knospen an drei Bäumen des Bestandes, haben sich die ersten Blätter herausgeschoben und entfaltet, so dass die ganze Blattfläche sowie der Blattansatz sichtbar sind.

✶⚑ *Allgemeine Blattentfaltung:* 50% der Blätter des Einzelbaumes bzw. des Baumbestandes, d.h. im Durchschnitt etwa zwei Blätter pro Knospe, haben sich entfaltet, so dass die ganze Blattfläche sowie der Blattansatz sichtbar sind.

Prozent-Schätzmethode

⚑ Durchschnittlich treiben bei der Buche vier Blätter pro Knospe aus. Der aktuelle Anteil entfalteter Blätter, d.h. Blätter, bei denen die ganze Blattfläche sowie der Blattansatz sichtbar sind, ist abzuschätzen.

---

50   **FAGUS SILVATICA L.**   *faggio*

Hêtre

foyard

Déploiement des feuilles

Méthode de la date

⚑ *Début du déploiement des feuilles :* sur l'arbre observé, les premières feuilles ont émergé de trois bourgeons et se sont déployées en faisant apparaître leur surface entière ainsi que leur pétiole. Dans un peuplement, cela doit être le cas sur trois arbres.

✶⚑ *Déploiement général des feuilles :* 50 % des feuilles de l'arbre ou du peuplement, soit en moyenne deux par bourgeon, se sont déployées en faisant apparaître leur surface entière ainsi que leur pétiole.

Méthode d'estimation du pourcentage

⚑ Chez le hêtre, un bourgeon donne en moyenne quatre feuilles. Il s'agit d'estimer le pourcentage actuel des feuilles déployées (feuilles dont la surface entière et le pétiole apparaissent).

Abbildung 7: Blattentfaltung der Buche
Die Entfaltung der Blätter im Vorstadium (Fig. A),
im zu beobachtenden phänologischen Entwicklungsstadium (Fig. B) und im Nachstadium (Fig. C).
Fig. B zeigt Knospen mit je zwei entfalteten Blättern.

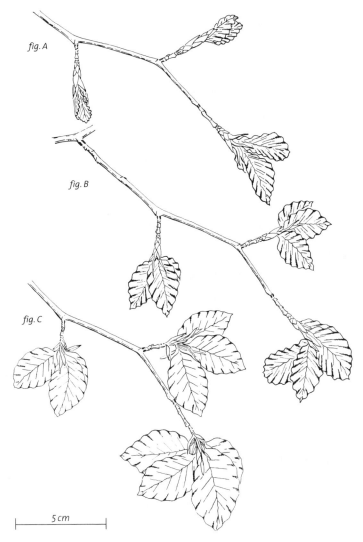

fig. A

fig. B

51

fig. C

5 cm

Figure 7 : Déploiement des feuilles du hêtre
Le déploiement des feuilles au stade préliminaire (figure A),
au stade de développement phénologique à observer (figure B) et au stade ultérieur (figure C).
La figure B montre trois bourgeons avec chacun deux feuilles dépliées.

Blattverfärbung (Farbbilder 4A, 4B, 4C; S. 101)

Datumsmethode

🔺   *Beginn der Blattverfärbung:* 10% der sommerlichen Blattfläche des Einzelbaumes bzw. des Baumbestandes ist herbstlich verfärbt, d.h. gelb oder
gelbbraun bis rotbraun, oder bereits abgefallen. Nicht gemeint ist die Dürrelaubverfärbung, die als Folge grosser Hitze- und Dürreperioden oder
anderer Einflüsse wesentlich früher eintritt. Diese ist speziell zu vermerken.

✴🔺   *Allgemeine Blattverfärbung:* 50% der sommerlichen Blattfläche des Einzelbaumes bzw. des Baumbestandes ist herbstlich verfärbt, d.h. gelb oder
gelbbraun bis rotbraun, oder bereits abgefallen.

Prozent-Schätzmethode

🔺   Der Anteil der herbstlich verfärbten, d.h. gelben oder gelb- bis rotbraunen,
oder bereits abgefallenen Blattfläche an der gesamten sommerlichen
Blattfläche ist abzuschätzen.

52   FAGUS SILVATICA L.   *faggio*

Coloration des feuilles (Photos couleur 4A, 4B, 4C ; p. 101)

Méthode de la date

🔺   *Début de la coloration des feuilles :* 10 % de la surface foliaire estivale de
l'arbre ou du peuplement a changé de couleur ; les feuilles sont jaunes, brun-
jaune à brun-rouge ou déjà tombées. La coloration du feuillage due à la
sécheresse sera notée à part. Elle a lieu bien plus tôt suite, entre autres, à de
longues périodes de chaleur.

✴🔺   *Coloration générale des feuilles :* 50 % de la surface foliaire estivale de l'arbre
ou du peuplement a changé de couleur ; les feuilles sont jaunes, brun-jaune
à brun-rouge ou déjà tombées.

Méthode d'estimation du pourcentage

🔺   Il s'agit d'estimer le pourcentage de la surface des feuilles ayant changé de
couleur (jaunes, brun-jaune à brun-rouge) ou déjà tombées par rapport à la
surface foliaire estivale totale.

Blattfall

Datumsmethode
* *Allgemeiner Blattfall:* 50% der Blätter am Baum bzw. im Bestand sind abgefallen. Blattfall auf Grund von Hagelschlag, Sturmwinden, Trockenheit oder Schädlingen ist speziell zu vermerken.

Prozent-Schätzmethode
Der Anteil der bereits abgefallenen Blattfläche an der gesamten sommerlichen Blattfläche ist abzuschätzen.

Chute des feuilles

Méthode de la date
* *Chute générale des feuilles :* 50 % des feuilles de l'arbre ou du peuplement sont tombées. La chute des feuilles provoquée par la grêle, les tempêtes, la sécheresse ou les parasites sera notée à part.

Méthode d'estimation du pourcentage
Il s'agit d'estimer le pourcentage de la surface des feuilles déjà tombées par rapport à la surface foliaire estivale totale.

Stieleiche   Sommereiche

Blattentfaltung

Datumsmethode

🔺   *Beginn der Blattentfaltung:* Aus drei Knospen des Einzelbaumes, bzw. aus jeweils drei Knospen an drei Bäumen des Bestandes, haben sich die ersten Blätter herausgeschoben und entfaltet, so dass die ganze Blattfläche sowie der Blattansatz sichtbar sind.

🔺   *Allgemeine Blattentfaltung:* 50% der Blätter des Einzelbaumes bzw. des Baumbestandes, d.h. im Durchschnitt etwa drei Blätter pro Knospe, haben sich entfaltet, so dass die ganze Blattfläche sowie der Blattansatz sichtbar sind.

Prozent-Schätzmethode

🔺   Durchschnittlich treiben bei der Stieleiche sechs Blätter pro Knospe aus. Der aktuelle Anteil entfalteter Blätter, d.h. Blätter, bei denen die ganze Blattfläche sowie der Blattansatz sichtbar sind, ist abzuschätzen.

---

54   QUERCUS ROBUR L.   *quercia farnia (penduncolato), farnia*

Chêne pédonculé

Déploiement des feuilles

Méthode de la date

🔺   *Début du déploiement des feuilles :* sur l'arbre observé, les premières feuilles ont émergé de trois bourgeons et se sont déployées en faisant apparaître leur surface entière ainsi que leur pétiole. Dans un peuplement, cela doit être le cas sur trois arbres.

🔺   *Déploiement général des feuilles :* 50 % des feuilles de l'arbre ou du peuplement, soit en moyenne trois par bourgeon, se sont déployées en faisant apparaître leur surface entière ainsi que leur pétiole.

Méthode d'estimation du pourcentage

🔺   Chez le chêne pédonculé, un bourgeon donne en moyenne six feuilles. Il s'agit d'estimer le pourcentage actuel des feuilles déployées (feuilles dont la surface entière et le pétiole apparaissent).

Abbildung 8: Blattentfaltung der Stieleiche
Die Entfaltung der Blätter im Vorstadium (Fig. A),
im zu beobachtenden phänologischen Entwicklungsstadium (Fig. B) und im Nachstadium (Fig. C).
Fig. B: Bei der Endknospe sind vier, bei der Seitenknospe zwei der drei Blätter entfaltet.

fig. A

fig. B

fig. C

55

5 cm

Figure 8 : Déploiement des feuilles du chêne pédonculé
Le déploiement des feuilles au stade préliminaire (figure A),
au stade de développement phénologique à observer (figure B) et au stade ultérieur (figure C).
La figure B montre le bourgeon terminal avec quatre feuilles déployées,
le bourgeon latéral deux des trois feuilles.

Blattverfärbung (Farbbilder 5A, 5B, 5C; S. 103)

Datumsmethode

♦   *Beginn der Blattverfärbung:* 10% der sommerlichen Blattfläche des Einzelbaumes, bzw. des Baumbestandes, ist herbstlich verfärbt (d.h. gelb oder
braun) oder bereits abgefallen. Nicht gemeint ist die Dürrelaubverfärbung,
die als Folge grosser Hitze- und Dürreperioden oder anderer Einflüsse
wesentlich früher eintritt. Diese ist speziell zu vermerken.

♦   *Allgemeine Blattverfärbung:* 50% der sommerlichen Blattfläche des Einzelbaumes, bzw. des Baumbestandes, ist herbstlich verfärbt (d.h. gelb oder
braun) oder bereits abgefallen.

Prozent-Schätzmethode

♦   Der Anteil der herbstlich verfärbten (d.h. gelben oder braunen) oder bereits
abgefallenen Blattfläche an der gesamten sommerlichen Blattfläche ist
abzuschätzen.

56   QUERCUS ROBUR L.   *quercia farnia (penduncolato), farnia*

Coloration des feuilles (photos couleur 5A, 5B, 5C ; p. 103)

Méthode de la date

♦   *Début de la coloration des feuilles :* 10 % de la surface foliaire estivale de
l'arbre ou du peuplement a changé de couleur ; les feuilles sont jaunes à
brunes ou déjà tombées. La coloration du feuillage due à la sécheresse sera
notée à part. Elle a lieu bien plus tôt suite, entre autres, à de longues périodes
de chaleur.

♦   *Coloration générale des feuilles :* 50 % de la surface foliaire estivale de l'arbre
ou du peuplement a changé de couleur ; les feuilles sont jaunes à brunes ou
déjà tombées.

Méthode d'estimation du pourcentage

♦   Il s'agit d'estimer le pourcentage de la surface des feuilles ayant changé de
couleur (jaunes à brunes) ou déjà tombées par rapport à la surface foliaire
estivale totale.

quercia farnia (penduncolato), farnia   **QUERCUS ROBUR L.**   **57**

Hängebirke

Birke, Warzenbirke, Weissbirke, Sandbirke, Harzbirke

Blattentfaltung

Datumsmethode

❋   *Allgemeine Blattentfaltung:* 50% der Blätter des Einzelbaumes bzw. des Baumbestandes, d.h. im Durchschnitt etwa zwei Blätter pro Knospe, haben sich entfaltet, so dass die ganze Blattfläche sowie der Blattansatz sichtbar sind.

Prozent-Schätzmethode

Durchschnittlich treiben bei der Birke vier Blätter pro Knospe aus. Der aktuelle Anteil entfalteter Blätter, d.h. Blätter, bei denen die ganze Blattfläche sowie der Blattansatz sichtbar sind, ist abzuschätzen.

---

58   BETULA PENDULA ROTH   *betulla bianca, betulla, betulla d'argento*

Bouleau pendant

bouleau verruqueux, bouleau commun

Déploiement des feuilles

Méthode de la date

❋   *Déploiement général des feuilles :* 50 % des feuilles de l'arbre ou du peuplement, soit en moyenne deux par bourgeon, se sont déployées en faisant apparaître leur surface entière ainsi que leur pétiole.

Méthode d'estimation du pourcentage

Chez le bouleau pendant, un bourgeon donne en moyenne quatre feuilles. Il s'agit d'estimer le pourcentage actuel des feuilles déployées (feuilles dont la surface entière et le pétiole apparaissent).

Abbildung 9: Blattentfaltung der Hängebirke
Die Entfaltung der Blätter im Vorstadium (Fig. A),
im zu beobachtenden phänologischen Entwicklungsstadium (Fig. B) und im Nachstadium (Fig. C).
Fig. B: Vier Knospen mit je zwei entfalteten Blättern.

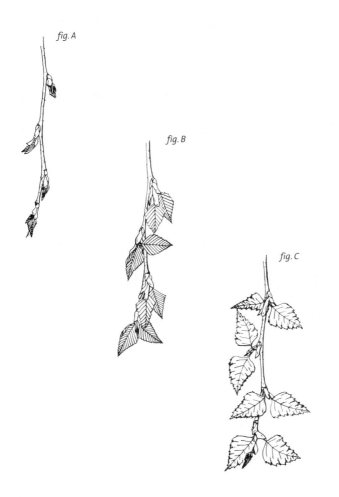

fig. A

fig. B

fig. C

5 cm

Figure 9 : Déploiement des feuilles du bouleau pendant
Le déploiement des feuilles au stade préliminaire (figure A),
au stade de développement phénologique à observer (figure B) et au stade ultérieur (figure C).
La figure B : Quatre borgeons chacun avec deux feuilles déplyoées.

Blüte

Datumsmethode
* *Beginn der Blüte:* Der Beginn der Blüte gilt als erreicht, wenn drei männliche Kätzchen pro Baum, bzw. jeweils drei männliche Kätzchen an drei Bäumen des Bestandes, sich gestreckt haben, die Blüten offen sind und stäuben.
* *Allgemeine Blüte:* 50% der männlichen Blütenkätzchen am Baum bzw. im Bestand haben sich gestreckt, die Blüten sind offen und stäuben, oder sie sind bereits wieder verwelkt.

Prozent-Schätzmethode
Der aktuelle Anteil der männlichen Blütenkätzchen mit offenen Blüten ist abzuschätzen. Offen heisst, die Kätzchen haben sich gestreckt, die Blüten sind offen und stäuben, oder sind bereits wieder verwelkt.

---

60   BETULA PENDULA ROTH   *betulla bianca, betulla, betulla d'argento*

Floraison

Méthode de la date
* *Début de la floraison :* sur l'arbre observé, trois chatons mâles sont ouverts ; ils se sont allongés et disséminent du pollen. Dans le peuplement, cela doit être le cas sur trois arbres.
* *Floraison générale :* 50 % des chatons mâles de l'arbre ou du peuplement ont les fleurs ouvertes (ils se sont allongés et disséminent du pollen) ou déjà fanés.

Méthode d'estimation du pourcentage
Il s'agit d'estimer le pourcentage actuel des chatons mâles aux fleurs ouvertes, dont les chatons se sont allongés et qui disséminent leur pollen, ou sont déjà fanés.

Abbildung 10: Blüte der Hängebirke
Die männlichen Blütenkätzchen haben sich gestreckt
und beginnen zu hängen, wenn die Blüten reif sind.
Gezeichnet sind zwei männliche Kätzchen (Pfeil)
und zwei kleine, noch aufrechte weibliche Kätzchen.

5 cm

Figure 10 : Fleur du bouleau pendant
Les chatons mâles se sont allongés et commencent
à pendre lorsque les fleurs arrivent à maturité.
Deux chatons mâles (flèche) ainsi que deux petits
chatons femelles en position verticale sont représentés.

Blattverfärbung (Farbbilder 6A, 6B, 6C; S. 105)

Datumsmethode
* *Allgemeine Blattverfärbung:* 50% der sommerlichen Blattfläche des Einzelbaumes bzw. des Baumbestandes ist herbstlich verfärbt (d.h. gelb bis braun)
oder bereits abgefallen.

Prozent-Schätzmethode
Der Anteil der herbstlich verfärbten (d.h. gelben bis braunen) oder bereits
abgefallenen Blattfläche an der gesamten sommerlichen Blattfläche ist
abzuschätzen.

---

62   BETULA PENDULA ROTH   *betulla bianca, betulla, betulla d'argento*

Coloration des feuilles (photos couleur 6A, 6B, 6C ; p. 105)

Méthode de la date
* *Coloration générale des feuilles :* 50 % de la surface foliaire estivale de l'arbre
ou du peuplement a changé de couleur ; les feuilles sont jaunes à brunes ou
déjà tombées.

Méthode d'estimation du pourcentage
Il s'agit d'estimer le pourcentage de la surface des feuilles ayant changé de
couleur (jaunes à brunes) ou déjà tombées par rapport à la surface foliaire
estivale totale.

Blattfall

Datumsmethode

❋ *Allgemeiner Blattfall:* 50% der Blätter am Einzelbaum bzw. im Bestand sind abgefallen. Blattfall auf Grund von Hagelschlag, Sturmwinden, Trockenheit oder Schädlingen ist speziell zu vermerken.

Prozent-Schätzmethode

Der Anteil der bereits abgefallenen Blattfläche an der gesamten sommerlichen Blattfläche ist abzuschätzen.

Chute des feuilles

Méthode de la date

❋ *Chute générale des feuilles :* 50 % des feuilles de l'arbre ou du peuplement sont tombées. La chute des feuilles provoquée par la grêle, les tempêtes, la sécheresse ou les parasites sera notée à part.

Méthode d'estimation du pourcentage

Il s'agit d'estimer le pourcentage de la surface des feuilles déjà tombées par rapport à la surface foliaire estivale totale.

Hasel

Haselstrauch, Haselnuss

Blattentfaltung

Datumsmethode
* *Allgemeine Blattentfaltung:* 50% der Blätter des Einzelstrauches bzw. des Bestandes, d.h. im Durchschnitt etwa drei Blätter pro Knospe, haben sich entfaltet, so dass die ganze Blattfläche sowie der Blattansatz sichtbar sind.

Prozent-Schätzmethode
Durchschnittlich treiben beim Haselstrauch sechs Blätter pro Knospe aus. Der aktuelle Anteil entfalteter Blätter, d.h. Blätter, bei denen die ganze Blattfläche sowie der Blattansatz sichtbar sind, ist abzuschätzen.

---

64   **CORYLUS AVELLANA L.**   *nocciolo comune*

Noisetier

coudrier

Déploiement des feuilles

Méthode de la date
* *Déploiement général des feuilles :* 50 % des feuilles de l'arbuste ou du peuplement, soit en moyenne trois par bourgeon, se sont déployées en faisant apparaître leur surface entière ainsi que leur pétiole.

Méthode d'estimation du pourcentage
Chez le noisetier, un bourgeon donne en moyenne six feuilles. Il s'agit d'estimer le pourcentage actuel des feuilles déployées (feuilles dont la surface entière et le pétiole apparaissent).

Abbildung 11: Blattentfaltung der Hasel
Die Entfaltung der Blätter im Vorstadium (Fig. A),
im zu beobachtenden phänologischen Entwicklungsstadium (Fig. B) und im Nachstadium (Fig. C).
Fig. B zeigt drei Knospen mit je drei entfalteten Blättern.

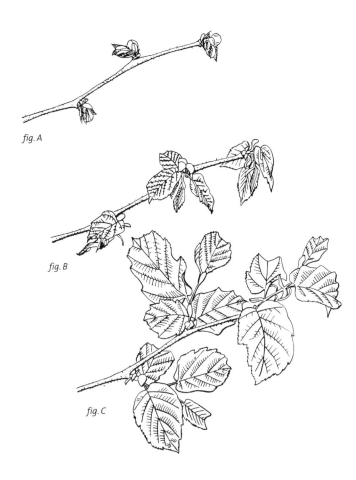

fig. A

fig. B

65

fig. C

5 cm

Figure 11 : Déploiement des feuilles du noisetier
Le déploiement des feuilles au stade préliminaire (figure A),
au stade de développement phénologique à observer (figure B) et au stade ultérieur (figure C).
La figure B montre trois bourgeons avec chacun trois feuilles déployées .

Blüte

Datumsmethode

✱▲ *Beginn der Blüte:* Drei männliche Blütenkätzchen des Einzelstrauches, bzw. jeweils drei männliche Blütenkätzchen an drei Sträuchern des Bestandes, haben sich auf 4 bis 6 cm Länge gestreckt, die Blüten sind geöffnet und geben gelben Blütenstaub ab. Ob das Stäuben schon eingetreten ist, lässt sich gut feststellen, wenn man die männlichen Kätzchen schüttelt.

✱▲ *Allgemeine Blüte:* 50% der männlichen Blütenkätzchen des Einzelstrauches bzw. des Strauchbestandes haben sich auf 4 bis 6 cm Länge gestreckt, die Blüten sind geöffnet und stäuben, wenn sie geschüttelt werden, oder sie sind bereits wieder verwelkt.

Prozent-Schätzmethode

▲ Der aktuelle Anteil der männlichen Blütenkätzchen mit offenen Blüten ist abzuschätzen. Offen heisst, die Kätzchen haben sich auf 4 bis 6 cm Länge gestreckt und die Blüten stäuben oder sind bereits wieder verwelkt.

---

66 CORYLUS AVELLANA L. *nocciolo comune*

Floraison

Méthode de la date

✱▲ *Début de la floraison :* sur l'arbuste observé, trois chatons mâles sont ouverts ou, dans un peuplement, trois chatons mâles sur trois arbustes ; ils se sont allongés et atteignent une longueur de 4 à 6 cm et disséminent du pollen jaune. En secouant les chatons mâles, on voit facilement si la pollinisation a déjà lieu.

✱▲ *Floraison générale :* 50 % des chatons mâles de l'arbuste ou du peuplement sont ouverts, ils atteignent 4 à 6 cm de long et disséminent du pollen jaune lorsqu'on les secoue, ou sont déjà fanés.

Méthode d'estimation du pourcentage

▲ Il s'agit d'estimer le pourcentage actuel des chatons mâles ouverts, qui atteignent une longueur de 4 à 6 cm et qui disséminent leur pollen, ou sont déjà fanés.

Abbildung 12: Blüte der Hasel
Die männlichen Blütenkätzchen haben sich gestreckt (Pfeil).
Die beiden weiblichen Blütenstände bleiben kurz.

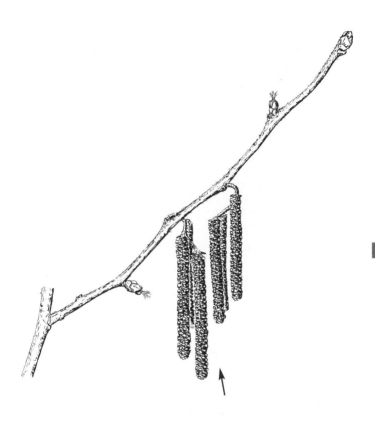

5 cm

Figure 12 : Floraison du noisetier
Les chatons mâles sont étirés (flèche).
Les deux inflorescences femelles restent courtes.

Vogelbeere

Vogelbeerbaum, Eberesche

Blattentfaltung

Datumsmethode

🔶 *Beginn der Blattentfaltung:* Aus drei Knospen des Einzelbaumes, bzw. aus jeweils drei Knospen an drei Bäumen des Bestandes, haben sich die ersten Blätter herausgeschoben und entfaltet, so dass die ganze Blattfläche und der Blattstiel sichtbar sind.

🔶🔶 *Allgemeine Blattentfaltung:* 50% der Blätter des Einzelbaumes bzw. des Baumbestandes, d.h. im Durchschnitt etwa zwei Blätter pro Knospe, haben sich entfaltet, so dass die ganze Blattfläche und der Blattstiel sichtbar sind.

Prozent-Schätzmethode

🔶 Durchschnittlich treiben bei der Vogelbeere vier Blätter pro Knospe aus. Der aktuelle Anteil entfalteter Blätter, d.h. Blätter, bei denen die ganze Blattfläche sowie der Blattansatz sichtbar sind, ist abzuschätzen.

---

68   SORBUS AUCUPARIA L.   *sorbo degli ucellatori, tamarindo, sorbo selvati*

Sorbier des oiseleurs

Déploiement des feuilles

Méthode de la date

🔶 *Début du déploiement des feuilles :* sur l'arbuste observé, les premières feuilles ont émergé de trois bourgeons et se sont déployées en faisant apparaître leur surface entière ainsi que leur pétiole. Dans un peuplement, cela doit être le cas sur trois arbustes.

🔶🔶 *Déploiement général des feuilles :* 50 % des feuilles de l'arbuste ou du peuplement, soit en moyenne deux par bourgeon, se sont déployées en faisant apparaître leur surface entière ainsi que leur pétiole.

Méthode d'estimation du pourcentage

🔶 Chez le sorbier des oiseleurs, un bourgeon donne en moyenne quatre feuilles. Il s'agit d'estimer le pourcentage actuel des feuilles déployées (feuilles dont la surface entière et le pétiole apparaissent).

Abbildung 13: Blattentfaltung der Vogelbeere
Die Entfaltung der Blätter im Vorstadium (Fig. A),
im zu beobachtenden phänologischen Entwicklungsstadium (Fig. B) und im Nachstadium (Fig. C).

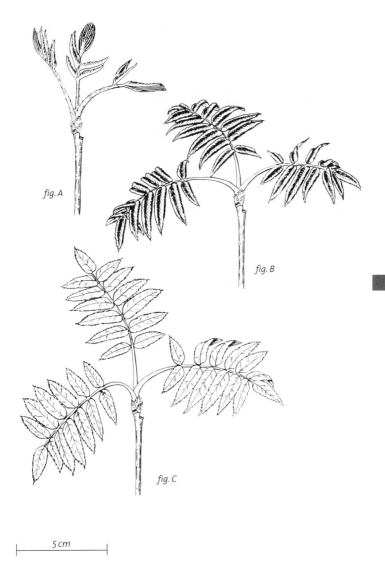

fig. A

fig. B

fig. C

5 cm

Figure 13 : Déploiement des feuilles du sorbier des oiseleurs
Le déploiement des feuilles au stade préliminaire (figure A),
au stade de développement phénologique à observer (figure B) et au stade ultérieur (figure C).

Blüte

Datumsmethode

✽ ▲   *Beginn der Blüte:* Von drei Blütenrispen des Einzelbaumes, bzw. von jeweils drei Blütenrispen an drei Bäumen des Bestandes, haben sich die ersten Blüten vollständig geöffnet. Die Staubgefässe sind zwischen den entfalteten Blütenblättern sichtbar.

✽ ▲   *Allgemeine Blüte:* 50% der Blüten am Baum bzw. im Bestand sind offen, d.h. die Kronblätter sind mehr als U-förmig geöffnet und die Staubfäden sind sichtbar, oder die Blüten sind bereits wieder verwelkt.

Prozent-Schätzmethode

▲   Der aktuelle Anteil der offenen Blüten (d.h. die Kronblätter sind mehr als U-förmig geöffnet und die Staubfäden sind sichtbar, oder die Blüten sind bereits wieder verwelkt) ist abzuschätzen.

---

70   SORBUS AUCUPARIA L.   *sorbo degli ucellatori, tamarindo, sorbo selvati*

Floraison

Méthode de la date

✽ ▲   *Début de la floraison:* sur l'arbuste observé, les premières fleurs de trois inflorescences se sont entièrement ouvertes; les étamines apparaissent entre les pétales déployés. Dans un peuplement, cela doit être le cas sur trois arbustes.

✽ ▲   *Floraison générale:* 50 % des fleurs de l'arbuste ou du peuplement sont ouvertes (l'ouverture des pétales dépasse la forme d'un U et les filets apparaissent) ou déjà fanées.

Méthode d'estimation du pourcentage

▲   Il s'agit d'estimer le pourcentage actuel des fleurs ouvertes (chez lesquelles l'ouverture des pétales dépasse la forme d'un U et les filets apparaissent) ou déjà fanées.

Abbildung 14: Blüte der Vogelbeere
Gezeichnet ist der Blütenstand bei 100% offenen Blüten.
Die Detailzeichnung stellt eine einzelne offene Blüte dar.

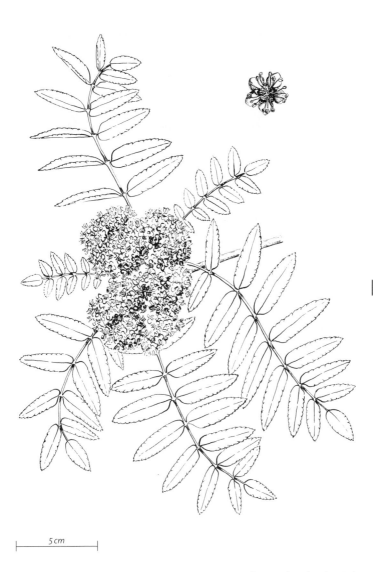

5 cm

Figure 14 : Floraison du sorbier des oiseleurs
Le dessin montre l'inflorescence au moment où 100 % de ses fleurs sont ouvertes.
Le détail représente une seule fleur ouverte.

Fruchtreife (Farbbild 7; S. 107)

Datumsmethode
- ♠   *Beginn der Fruchtreife:* Die ersten Einzelfrüchte von drei Dolden des Einzelbaumes, bzw. von jeweils drei Dolden an drei Bäumen des Bestandes, haben
ihr normales Reifestadium erreicht und damit ihre endgültige Färbung
angenommen.
- ❀ ♠   *Allgemeine Fruchtreife:* 50% der Einzelfrüchte des Einzelbaumes bzw. des
Baumbestandes haben ihr normales Reifestadium erreicht und damit ihre
endgültige Färbung angenommen.

Prozent-Schätzmethode
- ♠   Der aktuelle Anteil der reifen Früchte, die ihr normales Reifestadium erreicht
und damit ihre endgültige Färbung angenommen haben, ist abzuschätzen.

Blattverfärbung (Farbbilder 8A, 8B; S. 107)

Datumsmethode
- ♠   *Beginn der Blattverfärbung:* 10% der sommerlichen Blattfläche des Einzelbaumes bzw. des Baumbestandes ist herbstlich verfärbt (d.h. gelb, rot oder
braun) oder bereits abgefallen. Nicht gemeint ist die Dürrelaubverfärbung,
die als Folge grosser Hitze- und Dürreperioden oder anderer Einflüsse
wesentlich früher eintritt. Diese ist speziell zu vermerken.

---

72   **SORBUS AUCUPARIA L.**   *sorbo degli ucellatori, tamarindo, sorbo selvati*

Maturité des fruits (photo couleur 7 ; p. 107)

Méthode de la date
- ♠   *Début de la maturité des fruits :* sur l'arbuste observé, les premiers fruits de
trois corymbes ont atteint leur stade de maturité normal en prenant leur
coloration définitive. Dans un peuplement, cela doit être le cas sur trois
arbustes.
- ❀ ♠   *Maturité générale des fruits :* 50 % des fruits de l'arbuste ou du peuplement
ont atteint leur stade de maturité normal en prenant leur coloration
définitive.

Méthode d'estimation du pourcentage :
- ♠   Il s'agit d'estimer le pourcentage actuel des fruits mûrs ayant atteint leur
stade de maturité normal en prenant leur coloration définitive.

Coloration des feuilles (photos couleur 8A, 8B ; p. 107)

Méthode de la date
- ♠   *Début de la coloration des feuilles :* 10 % de la surface foliaire estivale de
l'arbuste ou du peuplement a changé de couleur ; les feuilles sont jaunes,
rouges à brunes ou déjà tombées. La coloration du feuillage due à la sécheresse sera notée à part. Elle a lieu bien plus tôt suite, entre autres, à de
longues périodes de chaleur.

✹ ▲ *Allgemeine Blattverfärbung:* 50% der sommerlichen Blattfläche des Einzelbaumes bzw. des Baumbestandes ist herbstlich verfärbt (d.h. gelb, rot oder
braun) oder bereits abgefallen.

Prozent-Schätzmethode

▲ Der Anteil der herbstlich verfärbten (d.h. gelben, roten oder braunen) oder
bereits abgefallenen Blattfläche an der gesamten sommerlichen Blattfläche
ist abzuschätzen.

Blattfall

Datumsmethode

✹ *Allgemeiner Blattfall:* 50% der Blattfläche am Einzelbaum bzw. im Bestand
ist abgefallen. Blattfall auf Grund von Hagelschlag, Sturmwinden, Trockenheit oder Schädlingen ist speziell zu vermerken.

Prozent-Schätzmethode

Der Anteil der bereits abgefallenen Blattfläche an der gesamten sommerlichen Blattfläche ist abzuschätzen.

✹ ▲ *Coloration générale des feuilles:* 50 % de la surface foliaire estivale de
l'arbuste ou du peuplement a changé de couleur; les feuilles sont jaunes,
rouges à brunes ou déjà tombées.

Méthode d'estimation du pourcentage

▲ Il s'agit d'estimer le pourcentage de la surface des feuilles ayant changé de
couleur (jaunes, rouges à brunes) ou déjà tombées par rapport à la surface
foliaire estivale totale.

Chute des feuilles

Méthode de la date

✹ *Chute générale des feuilles:* 50 % des feuilles de l'arbre ou du peuplement
sont tombées. La chute des feuilles provoquée par la grêle, les tempêtes, la
sécheresse ou les parasites sera notée à part.

Méthode d'estimation du pourcentage

Il s'agit d'estimer le pourcentage de la surface des feuilles déjà tombées par
rapport à la surface foliaire estivale totale.

Robinie

Gemeine Robinie, falsche Akazie, Scheinakazie

Blattentfaltung

Datumsmethode

❋   *Allgemeine Blattentfaltung:* Bei 50% der Blätter am Baum bzw. im Bestand, d.h. bei durchschnittlich drei Blättern pro Knospe, sind alle Fiederblätter (inklusive das oberste Fiederblatt) vollständig entfaltet, so dass die ganze Blattfläche sichtbar ist.

Prozent-Schätzmethode

Durchschnittlich treiben bei der Robinie sechs Blätter pro Knospe aus. Der aktuelle Anteil der Blätter ist abzuschätzen, bei denen alle Fiederblätter (inklusive das oberste Fiederblatt) vollständig entfaltet sind, so dass die ganze Blattfläche sichtbar ist.

Blüte

Datumsmethode

❋   *Beginn der Blüte:* An drei Blütenständen des Baumes, bzw. an je drei Blütenständen von drei Bäumen im Bestand, haben sich die ersten Blüten vollständig geöffnet, d.h. die Fahne steht in einem Winkel von mindestens 90° von den übrigen Kronblättern ab. (siehe Abb. 16, S. 77)

| 74 | **ROBINIA PSEUDOACACIA L.**   *robinia, falsa acacia* |

Robinier

faux acacia

Déploiement des feuilles

Méthode de la date

❋   *Déploiement général des feuilles :* chez 50 % des feuilles de l'arbre ou du peuplement, soit en moyenne chez trois feuilles par bourgeon, toutes les folioles (y compris la foliole supérieure) se sont entièrement déployées en faisant apparaître leur surface entière.

Méthode d'estimation du pourcentage

Chez le robinier, un bourgeon donne en moyenne six feuilles. Il s'agit d'estimer le pourcentage actuel des feuilles chez lesquelles toutes les folioles se sont entièrement déployées en faisant apparaître leur surface entière.

Floraison

Méthode de la date

❋   *Début de la floraison :* sur l'arbre observé, les premières fleurs de trois inflorescences se sont entièrement ouvertes ; l'étendard forme un angle d'au moins 90° avec les autres pétales. Dans un peuplement, cela doit être le cas sur trois arbres. (voir figure 16, p. 77)

Abbildung 15: Blattentfaltung der Robinie
Die Entfaltung der Blätter im Vorstadium (Fig. A),
und im zu beobachtenden phänologischen Entwicklungsstadium (Fig. B).
Fig. B zeigt drei vollständig entfaltete Blätter (Pfeile).

fig. A

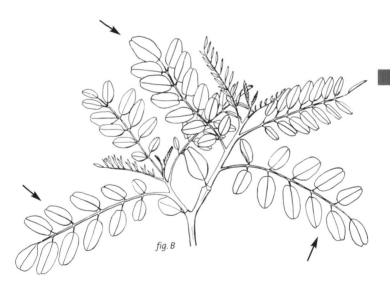

fig. B

75

├──── 5 cm ────┤

Figure 15 : Déploiement des feuilles du robinier
Le déploiement des feuilles au stade préliminaire (figure A),
et au stade de développement phénologique à observer (figure B).
La figure B montre trois feuilles complètement déployées (flèches).

* *Allgemeine Blüte:* 50% der Blüten am Baum bzw. im Bestand sind offen, d.h. die Fahne steht in einem Winkel von mindestens 90° von den übrigen Kronblättern ab, oder die Blüten sind bereits wieder verwelkt.

Prozent-Schätzmethode

Der aktuelle Anteil der offenen Blüten (d.h. die Fahne steht in einem Winkel von mindestens 90° von den übrigen Kronblättern ab, oder die Blüten sind bereits wieder verwelkt) ist abzuschätzen.

Blattfall

Datumsmethode

* *Allgemeiner Blattfall:* 50% der sommerlichen Blattfläche am Einzelbaum bzw. im Bestand ist abgefallen. Blattfall auf Grund von Hagelschlag, Sturmwinden, Trockenheit oder Schädlingen ist speziell zu vermerken.

Prozent-Schätzmethode

Der Anteil der bereits abgefallenen Blattfläche an der gesamten sommerlichen Blattfläche ist abzuschätzen.

76   ROBINIA PSEUDOACACIA L.   *robinia, falsa acacia*

* *Floraison générale :* 50 % des fleurs de l'arbre ou du peuplement sont ouvertes (l'étendard forme un angle d'au moins 90° avec les autres pétales) ou déjà fanées.

Méthode d'estimation du pourcentage :

Il s'agit d'estimer le pourcentage actuel des fleurs ouvertes (chez lesquelles l'étendard forme un angle d'au moins 90° avec les autres pétales) ou déjà fanées.

Chute des feuilles

Méthode de la date

* *Chute générale des feuilles :* 50 % des folioles de l'arbre ou du peuplement sont tombées. La chute des feuilles provoquée par la grêle, les tempêtes, la sécheresse ou les parasites sera notée à part.

Méthode d'estimation du pourcentage

Il s'agit d'estimer le pourcentage de la surface des folioles déjà tombées par rapport à la surface foliaire estivale totale.

77

Abbildung 16: Blüte der Robinie
Die attraktiven Schmetterlingsblüten wachsen in traubigen Blütenständen.
Gezeichnet ist der Blütenstand bei 95% offenen Blüten
(eine typische, offene Blüte ist mit Pfeil markiert).

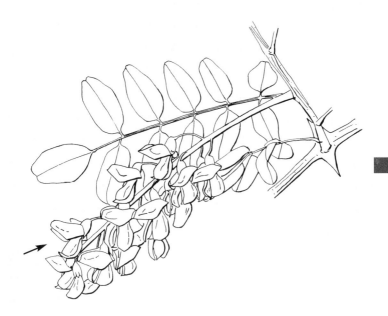

5 cm

Figure 16 : Floraison du robinier
Les belles fleurs papilionacées poussent en grappes.
Le dessin représente l'inflorescence au moment où 95 % de ses fleurs sont ouvertes
(la flèche montre une fleur typique ouverte).

Bergahorn
Weissahorn, Wald-Ahorn

Blattentfaltung

Datumsmethode

⚑ *Beginn der Blattentfaltung:* Aus drei Knospen des Einzelbaumes, bzw. aus jeweils drei Knospen an drei Bäumen des Bestandes, haben sich die ersten Blätter herausgeschoben und entfaltet, so dass die ganze Blattfläche sowie der Blattansatz sichtbar sind.

✽⚑ *Allgemeine Blattentfaltung:* 50% der Blätter des Einzelbaumes bzw. des Baumbestandes, d.h. im Durchschnitt etwa drei Blätter pro Knospe, haben sich entfaltet, so dass die ganze Blattfläche sowie der Blattansatz sichtbar sind.

Prozent-Schätzmethode

⚑ Durchschnittlich treiben beim Bergahorn sechs Blätter pro Knospe aus. Der aktuelle Anteil entfalteter Blätter, d.h. Blätter, bei denen die ganze Blattfläche sowie der Blattansatz sichtbar sind, ist abzuschätzen.

---

78   ACER PSEUDOPLATANUS L.   *acero di monte, di montagna*

Érable de montagne
érable sycomore, érable

Déploiement des feuilles

Méthode de la date

⚑ *Début du déploiement des feuilles :* sur l'arbre observé, les premières feuilles ont émergé de trois bourgeons et se sont déployées en faisant apparaître leur surface entière ainsi que leur pétiole. Dans un peuplement, cela doit être le cas sur trois arbres.

✽⚑ *Déploiement général des feuilles :* 50 % des feuilles de l'arbre ou du peuplement, soit en moyenne trois par bourgeon, se sont déployées en faisant apparaître leur surface entière ainsi que leur pétiole.

Méthode d'estimation du pourcentage

⚑ Chez l'érable de montagne, un bourgeon donne en moyenne six feuilles. Il s'agit d'estimer le pourcentage actuel des feuilles déployées (feuilles dont la surface entière et le pétiole apparaissent).

Abbildung 17: Blattentfaltung des Bergahorns
Die Entfaltung der Blätter im Vorstadium (Fig. A),
im zu beobachtenden phänologischen Entwicklungsstadium (Fig. B) und im Nachstadium (Fig. C).
Fig. B zeigt drei austreibende Knospen. Am Endtrieb sind vier,
am linken Seitentrieb zwei Blätter entfaltet.

fig. C

fig. B

fig. A

5 cm

79

Figure 17 : Déploiement des feuilles de l'érable de montagne
Le déploiement des feuilles au stade préliminaire (figure A),
au stade de développement phénologique à observer (figure B) et au stade ultérieur (figure C).
La figure B montre trois bourgeons en éclosion. Sur la pousse terminale
quatre feuilles sont déployées, sur la pousse latérale de gauche deux.

Blattverfärbung (Farbbilder 9A, 9B; S. 109)

Datumsmethode

🔺 *Beginn der Blattverfärbung:* 10% der sommerlichen Blattfläche des Einzelbaumes bzw. des Baumbestandes ist herbstlich verfärbt (d.h. nicht mehr grün sondern goldgelb bis fahlgelb) oder bereits abgefallen. Nicht gemeint ist die Dürrelaubverfärbung, die als Folge grosser Hitze- und Dürreperioden oder anderer Einflüsse wesentlich früher eintritt. Diese ist speziell zu vermerken.

🔺 *Allgemeine Blattverfärbung:* 50% der sommerlichen Blattfläche des Einzelbaumes bzw. des Baumbestandes ist herbstlich verfärbt (d.h. nicht mehr grün sondern goldgelb bis fahlgelb) oder bereits abgefallen.

Prozent-Schätzmethode

🔺 Der Anteil der herbstlich verfärbten (d.h. nicht mehr grünen sondern goldgelben bis fahlgelben) oder bereits abgefallenen Blattfläche an der gesamten sommerlichen Blattfläche ist abzuschätzen.

---

80   ACER PSEUDOPLATANUS L.   *acero di monte, di montagna*

Coloration des feuilles (photos couleur 9A, 9B ; p. 109)

Méthode de la date

🔺 *Début de la coloration des feuilles :* 10 % de la surface foliaire estivale de l'arbre ou du peuplement a changé de couleur ; les feuilles sont jaune d'or à jaune blafard ou déjà tombées. La coloration du feuillage due à la sécheresse sera notée à part. Elle a lieu bien plus tôt suite, entre autres, à de longues périodes de chaleur.

🔺 *Coloration générale des feuilles :* 50 % de la surface foliaire estivale de l'arbre ou du peuplement a changé de couleur ; les feuilles sont jaune d'or à jaune blafard ou déjà tombées.

Méthode d'estimation du pourcentage

🔺 Il s'agit d'estimer le pourcentage de la surface des feuilles ayant changé de couleur (jaune d'or à jaune blafard) ou déjà tombées par rapport à la surface foliaire estivale totale.

acero di monte,di montagna **ACER PSEUDOPLATANUS L.** 81

Rosskastanie

Gewöhnliche Rosskastanie

Blattentfaltung

Datumsmethode

*   *Allgemeine Blattentfaltung:* 50% der Blätter des Einzelbaumes bzw. des Baumbestandes, d.h. im Durchschnitt etwa zwei Blätter pro Knospe, haben sich entfaltet, d.h. die ganze Blattfläche aller Teilblätter ist sichtbar und die Spitzen der Teilblätter beginnen sich aufzurichten.

Prozent-Schätzmethode

Durchschnittlich treiben bei der Rosskastanie vier Blätter pro Knospe aus. Der aktuelle Anteil entfalteter Blätter, d.h. Blätter, bei denen die Blattfläche aller Teilblätter ganz sichtbar ist und deren Teilblätter sich aufzurichten beginnen, ist abzuschätzen.

---

82   AESCULUS HIPPOCASTANUM L.   *ippocastano, castgno d'india*

Marronnier d'Inde

Déploiement des feuilles

Méthode de la date

*   *Déploiement général des feuilles :* 50 % des feuilles de l'arbre ou du peuplement, soit en moyenne deux par bourgeon, se sont déployées en faisant apparaître la surface entière de toutes les folioles et leur pétiole commence à se dresser.

Méthode d'estimation du pourcentage

Chez le marronnier d'Inde, un bourgeon donne en moyenne quatre feuilles. Il s'agit d'estimer le pourcentage actuel des feuilles déployées (feuilles chez lesquelles la surface entière de toutes les folioles apparaît et dont les pétioles se dressent).

Abbildung 18: Blattentfaltung der Rosskastanie
Die Entfaltung der Blätter im Vorstadium (Fig. A)
und im zu beobachtenden phänologischen Entwicklungsstadium (Fig. B).
Fig. B zeigt vier nach Definition als entfaltet geltende Blätter
und noch weitere nicht entfaltete Blätter.

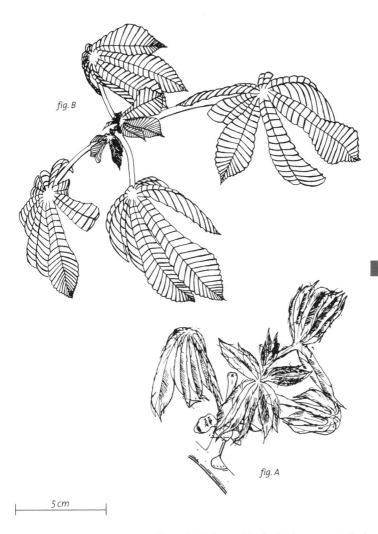

83

5 cm

Gigure 18 : Déploiement des feuilles du marronnier d'Inde
Le déploiement des feuilles au stade préliminaire (figure A)
et au stade de développement phénologique à observer (figure B).
La figure B montre quatre feuilles entièrement déployées selon la définition
et d'autres feuilles en voie de déployement.

Blüte

Datumsmethode
* *Beginn der Blüte:* Von drei Blütenständen des Einzelbaumes, bzw. von jeweils drei Blütenständen an drei Bäumen des Bestandes, haben sich die ersten Blüten vollständig geöffnet, d.h. das erste der oberen Kronblätter ist jeweils zurückgeknickt.
* *Allgemeine Blüte:* 50% der Blüten am Baum bzw. im Bestand sind offen, d.h. das erste der oberen Kronblätter ist jeweils zurückgeknickt, oder die Blüten sind bereits wieder verwelkt.

Prozent-Schätzmethode
Der aktuelle Anteil der offenen Blüten (d.h. das erste der oberen Kronblätter ist zurückgeknickt, oder die Blüte ist bereits wieder verwelkt) ist abzuschätzen.

---

84   AESCULUS HIPPOCASTANUM L.   *ippocastano, castagno d'Inda*

Floraison

Méthode de la date
* *Début de la floraison :* sur l'arbre observé, les premières fleurs de trois inflorescences se sont entièrement ouvertes ; le premier de leurs pétales supérieurs s'est replié en arrière. Dans un peuplement, cela doit être le cas sur trois arbres.
* *Floraison générale :* 50 % des fleurs de l'arbre ou du peuplement sont ouvertes (le premier de leurs pétales supérieurs s'est replié en arrière) ou déjà fanées.

Méthode d'estimation du pourcentage
Il s'agit d'estimer le pourcentage actuel des fleurs ouvertes (chez lesquelles le premier des pétales supérieurs s'est replié en arrière) ou déjà fanées.

Abbildung 19: Blüte der Rosskastanie
Die attraktiven Blüten wachsen in auffälligen Blütenständen.
Gezeichnet ist der Blütenstand bei 100% offenen Blüten.

5 cm

Figure 19 : Floraison du marronnier d'Inde
Les belles fleurs poussent sur des inflorescences frappantes.
Le dessin représente l'inflorescence au moment où 100 % de ses fleurs sont ouvertes.

85

Blattverfärbung (Farbbilder 10A, 10B; S. 109)

Datumsmethode

* *Allgemeine Blattverfärbung:* 50% der sommerlichen Blattfläche des Einzelbaumes bzw. des Baumbestandes ist herbstlich verfärbt (d.h. gelb bis braun) oder bereits abgefallen. Nicht gemeint ist die Dürrelaubverfärbung, die als Folge des Mottenbefalls oder anderer Einflüsse wesentlich früher eintritt. Diese ist speziell zu vermerken.

Prozent-Schätzmethode

Der Anteil der herbstlich verfärbten (d.h. gelben bis braunen) oder bereits abgefallenen Blattfläche an der gesamten sommerlichen Blattfläche ist abzuschätzen.

---

86   AESCULUS HIPPOCASTANUM L.   *ippocastano, castagno d'India*

Coloration des feuilles (photos couleur 10A, 10B ; p. 109)

Méthode de la date

* *Coloration générale des feuilles :* 50 % de la surface foliaire estivale de l'arbre ou du peuplement a changé de couleur ; les feuilles sont jaunes à brunes ou déjà tombées. La coloration du feuillage due à la sécheresse sera notée à part. Elle a lieu bien plus tôt suite, entre autres, à l'envahissement de l'arbre par la teigne minière.

Méthode d'estimation du pourcentage

Il s'agit d'estimer le pourcentage de la surface des feuilles ayant changé de couleur (jaunes à brunes) ou déjà tombées par rapport à la surface foliaire estivale totale.

Blattfall

Datumsmethode

❋ *Allgemeiner Blattfall:* 50% der Blattfläche am Einzelbaum bzw. im Bestand ist abgefallen. Blattfall auf Grund von Hagelschlag, Sturmwinden, Trockenheit oder Schädlingen ist speziell zu vermerken.

Prozent-Schätzmethode

Der Anteil der bereits abgefallenen Blattfläche an der gesamten sommerlichen Blattfläche ist abzuschätzen.

Chute des feuilles

Méthode de la date

❋ *Chute générale des feuilles :* 50 % des feuilles de l'arbre ou du peuplement sont tombées. La chute des feuilles provoquée par la grêle, les tempêtes, la sécheresse ou les parasites sera notée à part.

Méthode d'estimation du pourcentage

Il s'agit d'estimer le pourcentage de la surface des feuilles déjà tombées par rapport à la surface foliaire estivale totale.

| **Sommerlinde** | grossblättrige Linde, breitblättrige Linde, Frühlinde |
| **Winterlinde** | kleinblättrige Linde, herzblättrige Linde, Spätlinde |

Blattentfaltung

Datumsmethode

❋ *Allgemeine Blattentfaltung:* 50% der Blätter des Einzelbaumes bzw. des Baumbestandes, d.h. im Durchschnitt etwa drei Blätter pro Knospe, haben sich entfaltet, so dass die ganze Blattfläche sowie der Blattansatz sichtbar sind.

Prozent-Schätzmethode

Durchschnittlich treiben bei der Sommer- und Winterlinde sechs Blätter pro Knospe aus. Der aktuelle Anteil entfalteter Blätter, d.h. Blätter, bei denen die ganze Blattfläche sowie der Blattansatz sichtbar sind, ist abzuschätzen.

---

88   TILIA PLATYPHYLLOS SCOP. / TILIA CORDATA MILL.

Tilleul à grandes feuilles
Tilleul à petites feuilles

Déploiement des feuilles

Méthode de la date

❋ *Déploiement général des feuilles:* 50 % des feuilles de l'arbre ou du peuplement, soit en moyenne trois par bourgeon, se sont déployées en faisant apparaître leur surface entière ainsi que leur pétiole.

Méthode d'estimation du pourcentage

Chez les tilleuls à grandes et à petites feuilles, un bourgeon donne en moyenne six feuilles. Il s'agit d'estimer le pourcentage actuel des feuilles déployées (feuilles dont la surface entière et le pétiole apparaissent).

Abbildung 20: Blattentfaltung der Sommerlinde (ebenso Winterlinde)
Die Entfaltung der Blätter im Vorstadium (Fig. A),
im zu beobachtenden phänologischen Entwicklungsstadium (Fig. B) und im Nachstadium (Fig. C).

fig. A

fig. B

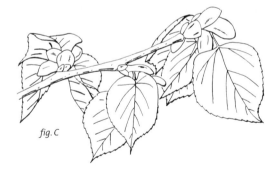

fig. C

5 cm

Figure 20 : Déploiement des feuilles du tilleul à grandes (et à petites) feuilles
Le déploiement des feuilles au stade préliminaire (figure A),
au stade de développement phénologique à observer (figure B) et au stade ultérieur (figure C).

Blüte

Datumsmethode

✱   *Beginn der Blüte:* Bei drei Blütenständen des Einzelbaumes, bzw. von jeweils drei Blütenständen an drei Bäumen des Bestandes, haben sich die ersten Blüten vollständig (d.h. mehr als U-förmig) geöffnet.

✱   *Allgemeine Blüte:* 50% der Blüten am Baum bzw. im Bestand sind offen, d.h. die Kronblätter sind mehr als U-förmig geöffnet und die Staubfäden sind sichtbar, oder die Blüten sind bereits wieder verwelkt.

Prozent-Schätzmethode

Der aktuelle Anteil der offenen Blüten (d.h. die Kronblätter sind mehr als U-förmig geöffnet und die Staubfäden sind sichtbar, oder die Blüten sind bereits wieder verwelkt) ist abzuschätzen.

90   **TILIA PLATYPHYLLOS SCOP. / TILIA CORDATA MILL.**

Floraison

Méthode de la date

✱   *Début de la floraison :* sur l'arbre observé, les premières fleurs de trois inflorescences se sont entièrement ouvertes ; l'ouverture des pétales dépasse la forme d'un U et les filets apparaissent. Dans un peuplement, cela doit être le cas sur trois arbres.

✱   *Floraison générale :* 50 % des fleurs de l'arbre ou du peuplement sont ouvertes (l'ouverture des pétales dépasse la forme d'un U et les filets apparaissent) ou déjà fanées.

Méthode d'estimation du pourcentage

Il s'agit d'estimer le pourcentage actuel des fleurs ouvertes (chez lesquelles l'ouverture des pétales dépasse la forme d'un U et les filets apparaissent) ou déjà fanées.

Abbildung 21: Blüte der Sommerlinde.
Die Blüten der Winterlinde öffnen sich ebenso.
Die Blüten wachsen in einem lockeren Blütenstand.
Gezeichnet ist der Blütenstand bei 90% offenen Blüten.

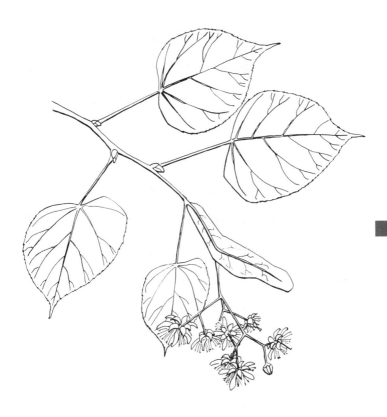

| 5 cm |

Figure 21 : Floraison du tilleul à grandes feuilles.
Les fleurs du tilleul àpetites feuilles s'ouvrent de la même façon.
Les fleurs poussent dans une inflorescence lâche.
Le dessin représente l'inflorescence au moment où 90 % de ses fleurs sont épanouies.

Blattverfärbung (Farbbilder 11A, 11B; S. 111)

Datumsmethode

✱   *Allgemeine Blattverfärbung:* 50% der sommerlichen Blattfläche des Einzelbaumes bzw. des Baumbestandes ist herbstlich verfärbt (d.h. hellgelb bis
braun) oder bereits abgefallen. Nicht gemeint ist die Dürrelaubverfärbung,
die als Folge grosser Hitze- und Dürreperioden oder anderer Einflüsse
wesentlich früher eintritt. Diese ist speziell zu vermerken.

Prozent-Schätzmethode

Der Anteil der herbstlich verfärbten (d.h. hellgelben bis braunen) oder
bereits abgefallenen Blattfläche an der gesamten sommerlichen Blattfläche
ist abzuschätzen.

---

92   **TILIA PLATYPHYLLOS SCOP. / TILIA CORDATA MILL.**

Coloration des feuilles (photos couleur 11A, 11B ; p. 111)

Méthode de la date

✱   *Coloration générale des feuilles :* 50 % de la surface foliaire estivale de l'arbre
ou du peuplement a changé de couleur ; les feuilles sont jaune clair à brunes
ou déjà tombées. La coloration du feuillage due à la sécheresse sera notée à
part. Elle a lieu bien plus tôt suite, entre autres, à de longues périodes de
chaleur.

Méthode d'estimation du pourcentage

Il s'agit d'estimer le pourcentage de la surface des feuilles ayant changé de
couleur (jaune clair à brunes) ou déjà tombées par rapport à la surface
foliaire estivale totale.

Schwarzer Holunder

Holler, Deutscher Flieder

Blüte

Datumsmethode

❋ *Beginn der Blüte:* Bei drei Blütenständen des Strauches, bzw. bei jeweils drei Blütenständen an drei Sträuchern des Bestandes, haben sich die ersten Blüten vollständig geöffnet, d.h. die Kronzipfel stehen jeweils mit einem Winkel von 90° vom Blütenstängel ab.

❋ *Allgemeine Blüte:* 50% der Blüten am Strauch bzw. im Bestand sind offen, d.h. die Zipfel der Kronblätter stehen mit einem Winkel von 90° vom Blütenstängel ab, oder die Blüten sind bereits wieder verwelkt.

Prozent-Schätzmethode

Der aktuelle Anteil der offenen Blüten (d.h. die Zipfel der Kronblätter stehen mit einem Winkel von 90° vom Blütenstängel ab, oder die Blüten sind bereits wieder verwelkt) ist abzuschätzen.

Fruchtreife (Farbbild 12, S. 111)

Datumsmethode

❋ *Allgemeine Fruchtreife:* 50% der Einzelfrüchte des Strauches bzw. des Strauchbestandes haben ihr normales Reifestadium erreicht, d.h. sie sind schwarz und platzen bei leichtem Druck auf.

Prozent-Schätzmethode

Der aktuelle Anteil der reifen Früchte, die ihr normales Reifestadium erreicht haben, d.h. schwarz sind und bei leichtem Druck aufplatzen, ist abzuschätzen.

| 94 | SAMBUCUS NIGRA L. | *sambuco nero* |

Sureau noir

grand sureau

Floraison

Méthode de la date

❋ *Début de la floraison :* sur l'arbuste observé, les premières fleurs de trois inflorescences se sont entièrement ouvertes ; les lobes de chaque corolle s'écartent perpendiculairement à la tige de la fleur. Dans un peuplement, cela doit être le cas sur trois arbustes.

❋ *Floraison générale :* 50 % des fleurs de l'arbuste ou du peuplement sont ouvertes (les lobes de chaque corolle s'écartent perpendiculairement à la tige de la fleur) ou déjà fanées.

Méthode d'estimation du pourcentage

Il s'agit d'estimer le pourcentage actuel des fleurs ouvertes (chez lesquelles les lobes de la corolle s'écartent perpendiculairement à la tige de la fleur) ou déjà fanées.

Maturité des fruits (photo couleur 12 ; p. 111)

Méthode de la date

❋ *Maturité générale des fruits :* 50 % des fruits de l'arbuste ou du peuplement ont atteint leur stade de maturité normal ; ils sont noirs et éclatent lorsqu'on les presse légèrement.

Méthode d'estimation du pourcentage

Il s'agit d'estimer le pourcentage actuel des fruits mûrs ayant atteint leur stade de maturité normal (noirs et éclatant lorsqu'on les presse légèrement).

Abbildung 22: Blüte des Schwarzen Holunders
Die kleinen Einzelblüten wachsen im Blütenstand fast auf einer Ebene dicht beisammen.
Gezeichnet ist der Blütenstand bei 50% offenen Blüten.
Die vergrösserte Detailzeichnung stellt eine geschlossene,
eine sich öffnende und eine offene Blüte dar.

5 cm

95

Figure 22 : Floraison du sureau noir
Les différentes petites fleurs de l'inflorescence poussent serrées les unes contre les autres, presque
sur un plan. Le dessin montre l'inflorescence au moment où 50 % de ses fleurs sont ouvertes.
Le détail agrandi représente une fleur fermée, une s'ouvrant et une ouverte.

Farbbild 1A:
Nadelverfärbung der Lärche
Astspitze mit 50% verfärbten Nadeln
(mit den nicht mehr sichtbaren abgefallenen Nadeln sind 65% verfärbt!).

Farbbild 1B:
Nadelverfärbung der Lärche
Kronenausschnitt mit
50% verfärbten Nadeln.

Farbbild 1C:
Nadelverfärbung der Lärche
Lärchen-Mischbestand mit
75% Nadelverfärbung.

96   LARIX DECIDUA MILLER   *larice (europeo)*

Photo en couleur 1A :
Coloration des aiguilles du mélèze
A l'extrémité de la branche, 50% des aiguilles ont changé de couleur
(en comptant les aiguilles tombées, 65% des aiguilles ont changé de couleur!).

Photo en couleur 1B :
Coloration des aiguilles du mélèze
Détail de la couronne avec
50% des aiguilles colorées

Photo en couleur 1C :
Coloration des aiguilles du mélèze
Peuplement mixte avec mélèzes dont
75% des aiguilles ont changé de couleur.

Farbbild 2:
Fruchtreife der Edelkastanie
Der Fruchtbecher mit den reifen Früchten ist leicht geöffnet.

Farbbild 3A:
Blattverfärbung der Edelkastanie
Einzelblätter: 50% der gesamten
Blattfläche ist verfärbt.

Farbbild 3B:
Blattverfärbung der Edelkastanie
Übersicht: 50% der gesamten Blattfläche
ist verfärbt oder bereits abgefallen.

98   CASTANEA SATIVA MILLER   castagno, castagno domestico

Photo couleur 2 :
Maturité des fruits du châtaignier
Les cupules renfermant les fruits mûrs sont légèrement ouvertes.

Photo couleur 3A :
Coloration des feuilles du châtaignier
Feuilles isolées : 50% de la surface
totale a changé de couleur.

Photo couleur 3B :
Coloration des feuilles du châtaignier
Vue d'ensemble : 50% de la surface
totale a changé de couleur,
feuilles déjà tombées incluses.

Farbbild 4A:
Blattverfärbung der Buche
Einzelblätter: Die Blattfläche ist zu
50% verfärbt.

Farbbild 4B:
Blattverfärbung der Buche
Kronenausschnitt mit 50% Blattverfärbung.

Farbbild 4C:
Blattverfärbung der Buche
Buchen-Mischbestand: Übersicht mit 50% Blattverfärbung.

100 FAGUS SILVATICA L.   *faggio*

Photo couleur 4A :
Coloration des feuilles du hêtre
Feuilles isolées : 50 % de la surface des feuilles
a changé de couleur.

Photo couleur 4B:
Coloration des feuilles du hêtre
Détail de la couronne avec
50% de coloration des feuilles.

Photo couleur 4C :
Coloration des feuilles du hêtre
Peuplement mixte avec hêtres : vue d'ensemble avec 50% de coloration des feuilles.

faggio **FAGUS SILVATICA L.** 101

Farbbild 5A:
Blattverfärbung der Stieleiche
Einzelblätter: 70% der Blattfläche ist verfärbt.

Farbbild 5B:
Blattverfärbung der Stieleiche
50% Blattverfärbung: Astausschnitt.

Farbbild 5C:
Blattverfärbung der Stieleiche
50% Blattverfärbung: Kronenausschnitt.

102   QUERCUS ROBUR L.   quercia farnia (penduncolato), farnia

Photo couleur 5A :
Coloration des feuilles du chêne pédonculé
feuilles isolées : 50 % de la surface des feuilles ont changé de couleur.

Photo couleur 5B :
Coloration des feuilles du chêne pédonculé
50% des feuilles ont changé de couleur :
détail d'une branche.

Photo couleur 5C :
Coloration des feuilles du chêne pédonculé
50% des feuilles ont changé de couleur :
détail de la couronne.

5A

5B

5C

Farbbild 6A:
Blattverfärbung der Hängebirke
Einzelblätter: 35% der Blattfläche ist verfärbt.
Zusammen mit den abgefallenen Blättern ist an
diesem Ast bereits 50% der Blattfläche verfärbt.

Farbbild 6B:
Blattverfärbung der Hängebirke
40% der Blattfläche ist verfärbt. Mit den
abgefallenen Blättern sind 50% verfärbt.

Farbbild 6C:
Blattverfärbung Hängebirke
Übersicht: der Baum rechts ist zu 50% verfärbt
(verfärbte und abgefallene Blätter).

104   BETULA PENDULA ROTH   betulla bianca, betulla, betulla d'argento

Photo couleur 6A :
Coloration des feuilles du bouleau pendant
Feuilles isolées : 35% de la surface des feuilles a changé de couleur.
En comptant les feuilles tombées, 50% de la surface a changé de couleur.

Photo couleur 6B :
Coloration des feuilles du bouleau pendant
40% de la surface des feuilles a changé de
couleur. En comptant les feuilles tombées,
50% de la surface a changé de couleur.

Photo couleur 6C :
Coloration des feuilles du bouleau pendant
Vue d'ensemble : l'arbre à droite
a changé de couleur à raison de 50%
(feuilles colorées et tombées).

6A

betulla bianca, betulla, betulla d'argento **BETULA PENDULA ROTH** *105*

6B

6C

Farbbild 7:
Fruchtreife und Blattverfärbung der Vogelbeere
Die Beeren verfärben sich langsam von gelb bis korallenrot. Erst die roten Beeren sind reif.
Blattverfärbung: Ein Beispiel mit schön verfärbten Blättern.

Farbbild 8A:
Blattverfärbung der Vogelbeere
Ein Beispiel mit Blättern, die sich
von Grün direkt nach Rotbraun verfärben.

Farbbild 8B:
Blattverfärbung der Vogelbeere
40% Blattverfärbung: Kronenausschnitt
(die abgefallenen Blätter mitgezählt!).

106 SORBUS AUCUPARIA L.   sorbo degli ucellatori, tamarindo, sorbo selvati

Photo couleur 7 :
Maturité des fruits du sorbier des oiseleurs
Les baies virent lentement du jaune au rouge corail. Seules les baies rouges sont mûres.
Un exemple de feuilles bien colorées.

Photo couleur 8A :
Coloration des feuilles du sorbier des oiseleurs
Un exemple avec des feuilles changeant
directement du vert au rouge-brun.

Photo couleur 8B :
Coloration des feuilles du sorbier des oiseleurs
40 % des feuilles ont changé de couleur :
détail de la couronne
(feuilles tombées incluses !).

8A

8B

Farbbild 9A:
Blattverfärbung des Bergahorn
70% Blattverfärbung: Astausschnitt.

Farbbild 9B:
Blattverfärbung des Bergahorn
50% Blattverfärbung: Kronenausschnitt
(die abgefallenen Blätter mitgezählt!)

Farbbild 10A:
Blattverfärbung der Rosskastanie
Keine Blattverfärbung!
Abgestorbene Blattteile infolge Insektenfrasses.

Farbbild 10B:
Blattverfärbung der Rosskastanie
50% Blattverfärbung: Kronenausschnitt (die
abgefallenen Blätter mitgezählt!).

108   ACER PSEUDOPLATANUS L. / AESCULUS HIPPOCASTANUM L.

Photo couleur 9A :
Coloration des feuilles de l'érable de montagne
70 % des feuilles ont changé de couleur :
extrait d'une branche.

Photo couleur 9B :
Coloration des feuilles de l'érable de montagne
50 % des feuilles ont changé de couleur :
extrait de la couronne
(feuilles tombées incluses !).

Photo couleur 10A :
Pas de coloration,
feuilles mortes dues à des insectes.

Photo couleur 10B :
Coloration des feuilles du marronnier d'Inde
50 % des feuilles ont changé de couleur : extrait de la couronne (feuilles tombées
incluses !).

Farbbild 11A:
Blattverfärbung der Sommerlinde
(gilt auch für die Winterlinde)
"Fleckenverfärbung" im Frühherbst.

Farbbild 11B:
Blattverfärbung der Sommerlinde
(gilt auch für die Winterlinde)
Kronenausschnitt mit 50% Blattverfärbung
(die abgefallenen Blätter mitgezählt!).

Farbbild 12:
Fruchtreife des schwarzen Holunders
Ein Fruchtstand mit abgefressenen/abgefal-
lenen, einer mit reifen Beeren.
Im Hintergrund sind zwei weitere mit
noch grünen, unreifen Beeren.

Farbbild 13:
Fruchtreife des roten Holunders
Auf dem Bild sind 90% der Beeren reif.

110   TILIA / SAMBUCUS

Photo couleur 11A :
Coloration des feuilles du tilleul à grandes
feuilles (également valable pour le
tilleul à petites feuilles)
50 % des feuilles ont changé de couleur :
extrait d'une branche
(coloration par taches en début d'automne).

Photo couleur 11B :
Coloration des feuilles du tilleul à grandes
feuilles (également valable pour le
tilleul à petites feuilles)
50 % des feuilles ont changé de couleur :
extrait de la couronne
(feuilles tombées incluses !).

Photo couleur 12 :
Maturité des fruits du sureau noir
Une grappe avec des baies rongées ou
tombées, une avec des baies mûres.
A l'arrière-plan deux grappes avec des
baies vertes.

Photo couleur 13 :
Maturité des fruits du sureau rouge
Sur la photo, 90% des baies sont mûres.

Roter Holunder   Trauben-Holunder, Berg-Holunder, Hirschholder

Blüte

Datumsmethode

* *Beginn der Blüte:* Bei drei Blütenständen des Strauches, bzw. bei jeweils drei
  Blütenständen an drei Sträuchern des Bestandes, haben sich die ersten
  Blüten vollständig geöffnet, d.h. die Kronzipfel stehen jeweils mit einem
  Winkel von mindestens 90° vom Blütenstängel ab.
* *Allgemeine Blüte:* 50% der Blüten am Strauch bzw. im Bestand sind offen,
  d.h. die Zipfel der Kronblätter stehen mit einem Winkel von mindestens 90°
  vom Blütenstängel ab, oder die Blüten sind bereits wieder verwelkt.

Prozent-Schätzmethode

Der aktuelle Anteil der offenen Blüten (d.h. die Zipfel der Kronblätter stehen
mit einem Winkel von mindestens 90° vom Blütenstängel ab, oder die
Blüten sind bereits wieder verwelkt) ist abzuschätzen.

---

112   **SAMBUCUS RACEMOSA L.**   *Sambuco rosso, montano*

Sureau rouge   sureau à grappes

Floraison

Méthode de la date

* *Début de la floraison :* sur l'arbuste observé, les premières fleurs de trois
  inflorescences se sont entièrement ouvertes ; les lobes de chaque corolle
  s'écartent perpendiculairement à la tige de la fleur. Dans le peuplement, cela
  doit être le cas sur trois arbustes.
* *Floraison générale :* 50 % des fleurs de l'arbuste ou du peuplement sont
  ouvertes (les lobes de chaque corolle s'écartent perpendiculairement à la
  tige de la fleur) ou déjà fanées.

Méthode d'estimation du pourcentage

Il s'agit d'estimer le pourcentage actuel des fleurs ouvertes (chez lesquelles
les lobes de la corolle s'écartent perpendiculairement à la tige) ou déjà
fanées.

Abbildung 23: Blüte des Roten Holunders
Die kleinen Einzelblüten wachsen im Blütenstand dicht traubenförmig beisammen.
Gezeichnet ist der Blütenstand bei 50% offenen Blüten. Die vergrösserte Detailzeichnung
stellt eine geschlossene, eine sich öffnende und eine offene (Pfeil) Einzelblüte dar.

113

5 cm

Figure 23 : Floraison du sureau rouge
Les différentes petites fleurs de l'inflorescence poussent en grappes denses.
Le dessin montre l'inflorescence au moment où 50 % de ses fleurs sont ouvertes. Le détail agrandi
représente une fleur fermée, une fleur en train de s'ouvrir et une fleur ouverte (flèche).

Fruchtreife (Farbbild 13; S. 111)

Datumsmethode
* *Allgemeine Fruchtreife:* 50% der Einzelfrüchte des Strauches bzw. des Strauchbestandes haben ihr normales Reifestadium erreicht, d.h. sie sind feuerrot, 4 bis 5 mm dick und auf Druck saftend.

Prozent-Schätzmethode
Der aktuelle Anteil der reifen Früchte, die ihr normales Reifestadium erreicht haben, d.h. feuerrot, 4 bis 5 mm dick und auf Druck saftend sind, ist abzuschätzen.

---

114   SAMBUCUS RACEMOSA L.   *Sambuco rosso, montano*

Maturité des fruits (photo couleur 13 ; p. 111)

Méthode de la date
* *Maturité générale des fruits :* 50 % des fruits de l'arbuste ou du peuplement ont atteint leur stade de maturité normal ; ils sont rouge feu, mesurent 4 à 5 mm de diamètre et sont juteux.

Méthode d'estimation du pourcentage
Il s'agit d'estimer le pourcentage actuel des fruits mûrs ayant atteint leur stade de maturité normal (rouge feu, 4 à 5 mm de diamètre et juteux).

Sambuco rosso, montano **SAMBUCUS RACEMOSA L.** 115

Esche

Blumenesche, gemeine Esche

Blattentfaltung

Datumsmethode

♠   *Beginn der Blattentfaltung:* Aus drei Knospen des Einzelbaumes, bzw. aus jeweils drei Knospen an drei Bäumen des Bestandes, haben sich die ersten Blätter herausgeschoben und entfaltet, so dass die ganze Blattfläche sowie der Blattstiel sichtbar sind.

♠   *Allgemeine Blattentfaltung*: 50% der Blätter des Einzelbaumes bzw. des Baumbestandes, d.h. im Durchschnitt etwa drei Blätter pro Knospe, haben sich entfaltet, so dass die ganze Blattfläche sowie der Blattstiel sichtbar sind.

Prozent-Schätzmethode

♠   Durchschnittlich treiben bei der Esche sechs Blätter pro Knospe aus. Der aktuelle Anteil entfalteter Blätter, d.h. Blätter, bei denen die ganze Blattfläche sowie der Blattstiel sichtbar sind, ist abzuschätzen.

| 116 | **FRAXINUS EXCELSIOR L.** | *frassino, frassino maggiore* |

Frêne

frêne commun

Déploiement des feuilles

Méthode de la date

♠   *Début du déploiement des feuilles :* sur l'arbre observé, les premières feuilles ont émergé de trois bourgeons et se sont déployées en faisant apparaître leur surface entière ainsi que leur pétiole. Dans le peuplement, cela doit être le cas sur trois arbres.

♠   *Déploiement général des feuilles :* 50 % des feuilles de l'arbre ou du peuplement, soit en moyenne trois par bourgeon, se sont déployées en faisant apparaître leur surface entière ainsi leur pétiole.

Méthode d'estimation du pourcentage

♠   Chez le frêne, un bourgeon donne en moyenne six feuilles. Il s'agit d'estimer le pourcentage actuel des feuilles déployées (feuilles dont la surface entière et le pétiole apparaissent).

Abbildung 24: Blattentfaltung der Esche
Die Entfaltung der Blätter im Vorstadium (Fig. A),
im zu beobachtenden phänologischen Entwicklungsstadium (Fig. B)
und im Nachstadium (Fig. C).

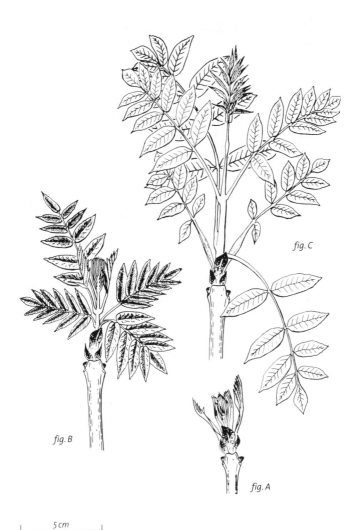

fig. C

fig. B

fig. A

5 cm

117

Figure 24 : Déploiement des feuilles du frêne
Le déploiement des feuilles au stade préliminaire (figure A),
au stade de développement phénologique à observer (figure B)
et au stade ultérieur (figure C).

Blüte

Datumsmethode

⁂   *Beginn der Blüte:* Aus drei Blütenknospen des Einzelbaumes, bzw. aus jeweils drei Blütenknospen an drei Bäumen des Bestandes, haben sich die ersten männlichen oder zwittrigen Blüten vollständig geöffnet, so dass die purpurroten Staubbeutel sichtbar sind und Blütenstaub abgeben.

⁂   *Allgemeine Blüte:* 50% der männlichen oder zwittrigen Blüten des Einzelbaumes bzw. des Baumbestandes sind offen, d.h. die purpurroten Staubbeutel sind sichtbar und geben Blütenstaub ab oder sind bereits wieder verwelkt.

Prozent-Schätzmethode

⁂   Der aktuelle Anteil der offenen männlichen oder zwittrigen Blüten mit purpurroten, stäubenden, bzw. bereits wieder verwelkten Staubbeutel ist abzuschätzen.

118   FRAXINUS EXCELSIOR L.   *frassino, frassino maggiore*

Floraison

Méthode de la date

⁂   *Début de la floraison:* sur l'arbre observé, les premières fleurs mâles ou hermaphrodites ont émergé de trois bourgeons et se sont entièrement ouvertes en faisant apparaître leurs anthères rouge pourpre qui disséminent du pollen. Dans le peuplement, cela doit être le cas sur trois arbres.

⁂   *Floraison générale:* 50 % des fleurs mâles ou hermaphrodites de l'arbre ou du peuplement sont ouvertes (leurs anthères rouge pourpre sont visibles et disséminent du pollen) ou déjà fanées.

Méthode d'estimation du pourcentage

⁂   Il s'agit d'estimer le pourcentage actuel des fleurs mâles ouvertes (chez lesquelles les anthères rouge pourpre sont visibles et disséminent du pollen) ou déjà fanées.

Abbildung 25: Blüte der Esche
Die Einzelblüten mit den purpurroten Staubbeutel wachsen in anfangs dichten, später sich
auflockernden Blütenständen. Gezeichnet sind mehrere Blütenstände mit offenen Blüten.
Die vergrösserte Detailzeichnung stellt eine weibliche,
eine männliche (Pfeil) und eine gemischt-geschlechtige Blüte dar.

5 cm

Figure 25 : Floraison du frêne
Les différentes fleurs munies de leurs anthères rouge pourpre poussent dans des inflorescences
denses au début, qui se relâchent par la suite. Le dessin montre plusieurs inflorescences ouvertes.
Le détail agrandi représente une fleur femelle, une fleur mâle (flèche) et une fleur hermaphrodite.

Blattfall

Datumsmethode

🔺   *Allgemeiner Blattfall:* 50% der Blattfläche am Einzelbaum bzw. im Bestand
       ist abgefallen. Blattfall auf Grund von Hagelschlag, Sturmwinden, Trocken-
       heit oder Schädlingen ist speziell zu vermerken.

Prozent-Schätzmethode

🔺   Der Anteil der bereits abgefallenen Blattfläche an der gesamten sommer-
       lichen Blattfläche ist abzuschätzen.

---

120   FRAXINUS EXCELSIOR L.   *frassino, frassino maggiore*

Chute des feuilles

Méthode de la date

🔺   *Chute générale des feuilles :* 50 % des feuilles de l'arbre ou du peuplement
       sont tombées. La chute des feuilles provoquée par la grêle, les tempêtes, la
       sécheresse ou les parasites sera notée à part.

Méthode d'estimation du pourcentage

🔺   Il s'agit d'estimer le pourcentage de la surface des feuilles déjà tombées par
       rapport à la surface foliaire estivale totale.

Apfelbaum

Die Beobachtungen sollen wenn möglich an der auch in höheren Lagen verbreiteten Kultursorte «Boskop» gemacht werden. Wenn eine andere Sorte gewählt wird, ist dies klar zu vermerken.

Blüte

Datumsmethode
* *Beginn der Blüte:* Bei drei Blütenständen des Einzelbaumes, bzw. bei jeweils drei Blütenständen an drei Bäumen des Bestandes, haben sich die ersten Blüten vollständig (d.h. mehr als U-förmig) geöffnet, und die Staubbeutel sind sichtbar.
* *Allgemeine Blüte:* 50% der Blüten am Baum bzw. im Bestand sind offen, d.h. die Kronblätter sind mehr als U-förmig geöffnet und die Staubbeutel sind sichtbar, oder die Blüten sind bereits wieder verwelkt.

---

122   MALUS DOMESTICA BORKH.   *mela*

Pommier

Les observations s'effectueront si possible sur la variété cultivée « Boskoop », qui apparaît également en altitude. On indiquera clairement si on a choisi une autre variété.

Floraison

Méthode de la date
* *Début de la floraison :* sur l'arbre observé, les premières fleurs de trois inflorescences se sont entièrement ouvertes ; l'ouverture des pétales dépasse la forme d'un U et les anthères apparaissent. Dans le peuplement, cela doit être le cas sur trois arbres.
* *Floraison générale :* 50 % des fleurs de l'arbre ou du peuplement sont ouvertes (l'ouverture des pétales dépasse la forme d'un U et les anthères apparaissent) ou déjà fanées.

Abbildung 26: Blüte des Apfelbaumes
Die Blüten wachsen in einem lockeren Blütenstand und
öffnen sich gleichzeitig mit der Entfaltung der ersten Blätter.
Gezeichnet ist der Blütenstand bei 50% offenen Blüten
(zwei offene Blüten sind mit Pfeil markiert).

5 cm

Figure 26 : Floraison du pommier
Les fleurs poussent dans des inflorescences lâches et s'ouvrent en même temps que les feuilles.
Le dessin représente l'inflorescence au moment où 50 % de ses fleurs sont ouvertes
(deux fleurs ouvertes sont indiquées par la flèche).

Birnbaum

Die Beobachtungen sollen wenn möglich an den beiden verbreiteten Sorten «Schweizer Wasserbirne» oder «Gelbmöstler» gemacht werden. Wenn eine andere Sorte gewählt wird, ist dies klar zu vermerken.

Blüte

Datumsmethode
* *Beginn der Blüte:* Bei drei Blütenständen des Einzelbaumes, bzw. bei jeweils drei Blütenständen an drei Bäumen des Bestandes, haben sich die ersten Blüten vollständig (d.h. mehr als U-förmig) geöffnet, und die Staubbeutel sind sichtbar.
* *Allgemeine Blüte:* 50% der Blüten am Baum bzw. im Bestand sind offen, d.h. die Kronblätter sind mehr als U-förmig geöffnet und die Staubbeutel sind sichtbar, oder die Blüten sind bereits wieder verwelkt.

124 PYRUS COMMUNIS L.   *pero*

Poirier

Les observations s'effectueront si possible sur les deux variétés répandues - « Schweizer Wasserbirne » ou « Gelbmöstler ». On indiquera clairement si on a choisi une autre variété.

Floraison

Méthode de la date
* *Début de la floraison :* sur l'arbre observé, les premières fleurs de trois inflorescences se sont entièrement ouvertes ; l'ouverture des pétales dépasse la forme d'un U et les anthères apparaissent. Dans le peuplement, cela doit être le cas sur trois arbres.
* *Floraison générale :* 50 % des fleurs de l'arbre ou du peuplement sont ouvertes (l'ouverture des pétales dépasse la forme d'un U et les anthères apparaissent) ou déjà fanées.

Abbildung 27: Blüte des Birnbaumes
Die Blüten wachsen in einem lockeren Blütenstand und
öffnen sich gleichzeitig mit der Entfaltung der ersten Blätter.
Beim oberen Blütenstand sind 50% der Blüten offen
(zwei offene Blüten sind mit Pfeil markiert).

5 cm

125

Figure 27 : Floraison du poirier
Les fleurs poussent dans des inflorescences lâches
et s'ouvrent en même temps que les feuilles.
50 % des fleurs de l'inflorescence du haut sont ouvertes
(deux fleurs ouvertes sont indiquées par la flèche).

Kirschbaum

Vogelkirsche, Süsskirsche

Die Beobachtungen sollen an der Wildform durchgeführt werden. Wenn eine Kultursorte gewählt wird, ist dies klar zu vermerken.

Blüte

Datumsmethode
* *Beginn der Blüte:* Bei drei Blütenständen des Einzelbaumes, bzw. bei jeweils drei Blütenständen an drei Bäumen des Bestandes, haben sich die ersten Blüten vollständig (d.h. mehr als U-förmig) geöffnet, und die Staubbeutel sind sichtbar.
* *Allgemeine Blüte:* 50% der Blüten am Baum bzw. im Bestand sind offen, d.h. die Kronblätter sind mehr als U-förmig geöffnet und die Staubbeutel sind sichtbar, oder die Blüten sind bereits wieder verwelkt.

---

126   **PRUNUS AVIUM L.**   *cigliegio selvatico, cigliegio montano*

Cerisier

merisier

Les observations s'effectueront si possible sur la variété sauvage. On indiquera clairement si on a choisi une variété cultivée.

Floraison

Méthode de la date
* *Début de la floraison :* sur l'arbre observé, les premières fleurs de trois inflorescences se sont entièrement ouvertes ; l'ouverture des pétales dépasse la forme d'un U et les anthères apparaissent. Dans le peuplement, cela doit être le cas sur trois arbres.
* *Floraison générale :* 50 % des fleurs de l'arbre ou du peuplement sont ouvertes (l'ouverture des pétales dépasse la forme d'un U et les anthères apparaissent) ou déjà fanées.

Abbildung 28: Blüte des Kirschbaumes
Die Blüten wachsen in einem lockeren Blütenstand und
öffnen sich kurz vor der Entfaltung der ersten Blätter.
Gezeichnet ist der Blütenstand bei ca. 90% offenen Blüten.
Die Detailzeichnung stellt eine geschlossene und eine sich öffnende Einzelblüte dar.

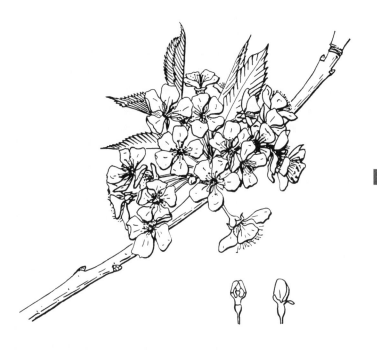

5 cm

Figure 28 : Floraison du cerisier
Les fleurs poussent dans des inflorescences lâches et s'ouvrent peu avant les feuilles.
Le dessin montre l'inflorescence au moment où environ 90 % de ses fleurs sont ouvertes.
Le détail représente une fleur fermée et une fleur en train de s'ouvrir.

Weinrebe

europäische Weinrebe, Kultur-Weinrebe

Die beobachtete Rebsorte muss angegeben werden.

Blüte

Datumsmethode

* *Allgemeine Blüte:* 50% der Blüten des Weinstocks oder der Rebparzelle sind offen, d.h. die Staubbeutel treten sichtbar aus der Blüte heraus.

Weinlese

Datumsmethode

* *Beginn der Weinlese:* Die Trauben auf der beobachteten Parzelle werden geerntet.

---

128   VITIS VINIFERA L.   *vigna*

Vigne

vigne d'Europe

Floraison

Méthode de la date

* *Floraison générale :* 50 % des fleurs du pied de vigne ou de la parcelle sont ouvertes ; les anthères émergent nettement de la fleur.

Vendanges

Méthode de la date

* Début des vendanges : le raisin de la parcelle observée est vendangé.

Abbildung 29: Blüte der Weinrebe
Gezeichnet sind offene Blüten mit sichtbaren Staubbeutel.
Die vergrösserte Detailzeichnung stellt eine geschlossene,
eine sich öffnende und eine offene Einzelblüte dar.

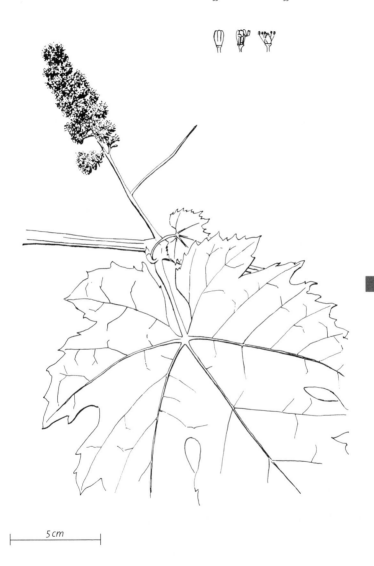

5 cm

Figure 29 : Floraison de la vigne
Le dessin montre des fleurs ouvertes aux anthères visibles.
Le détail agrandi représente une fleur fermée, une fleur en train de s'ouvrir et une fleur ouverte.

Heuernte

Heuernte

Datumsmethode

❋   *Allgemeine Heuernte:* Die Wiese wird im Frühjahr zum ersten Mal gemäht und das Gras mindestens einen Tag im Freien getrocknet. Es soll der Tag des Schneidens und nicht der Tag des Einbringens notiert werden.

Fenaison

Fenaison

Méthode de la date

❋   *Fenaison générale :* la prairie est fauchée pour la première fois au printemps et le foin est mis à sécher au moins un jour à l'air libre. On relèvera le jour de la coupe et non le jour de l'engrangement.

fienagione 131

Buschwindröschen

Busch-Windröschen

Blüte

Datumsmethode

* *Allgemeine Blüte:* 50% der Blüten im Bestand sind offen (d.h. die Kronblätter sind mehr als U-förmig geöffnet und die Staubbeutel sind sichtbar) bzw. bereits wieder verwelkt.

---

132   ANEMONE NEMOROSA L.   *anemone dei boschi, anemone dei silvia*

Anémone des bois

anémone sylvie

Floraison

Méthode de la date

* *Floraison générale :* 50 % des fleurs de la population sont ouvertes (l'ouverture des pétales et les anthères apparaissent) ou déjà fanées.

Abbildung 30: Blüte des Buschwindröschens
Die Blüte gilt als geöffnet, sobald alle Blütenblätter
(auch die inneren drei) weiter als U-förmig geöffnet sind.

5 cm

Figure 30 : Floraison de l'anémone des bois
La fleur est considérée comme ouverte, lorsque toutes les fleurs
de la corolle régulière (y compris les trois du centre) dépassent la forme d'un U.

Wald-Weidenröschen   schmalblättriges Weidenröschen

Blüte

Datumsmethode
❋   *Allgemeine Blüte:* 50% der Blüten im Bestand sind offen (d.h. die Kronblätter
      sind soweit geöffnet, dass deren Winkel zueinander grösser ist als 90°) bzw.
      bereits wieder verwelkt.

---

134   EPILOBIUM ANGUSTIFOLIUM L.   *garofanino maggiore*

Épilobe à feuilles étroites

Floraison

Méthode de la date
❋   *Floraison générale :* 50 % des fleurs de la population sont ouvertes (les lobes
      des pétales s'écartent les uns des autres avec un angle de plus de 90°) ou
      déjà fanées.

Abbildung 31: Blüte des Wald-Weidenröschens
Die einzelnen Blüten öffnen sich im Blütenstand von unten nach oben.
Dabei streckt sich der Blütenstand. Gezeichnet ist die Pflanze bei
50% offenen Blüten (d.h. 50% der Blüten sind entweder offen oder schon verblüht).

5 cm

135

Figure 31 : Floraison de l'épilobe à feuilles étroites
Les différentes fleurs dans l'inflorescence s'ouvrent de bas en haut, et l'inflorescence s'allonge.
Le dessin représente une plante avec 50% de fleurs ouvertes
(50 % des fleurs de la population sont ouvertes ou déjà fanées)

Wiesenschaumkraut

Wiesen-Schaumkraut

Blüte

Datumsmethode

✽   *Allgemeine Blüte:* 50% der Blüten im Bestand, d.h. durchschnittlich etwa zehn pro Pflanze, sind offen. Offen bedeutet, dass die Zipfel der Kronblätter in einem Winkel von mehr als 90° zueinander stehen oder die Blüten bereits wieder verwelkt sind.

---

136   CARDAMINE PRATENSIS L. S. STR.   *cardamina dei prati*

Cardamine des prés

cressonnette des prés

Floraison

Méthode de la date

✽   *Floraison générale :* 50 % des fleurs de la population, soit en moyenne une dizaine par plante, sont ouvertes (les lobes des pétales s'écartent les uns des autres avec un angle de plus de 90°) ou déjà fanées.

Abbildung 32: Blüte des Wiesenschaumkrauts
Die einzelnen Blüten öffnen sich im Blütenstand von
unten nach oben. Dabei streckt sich der Blütenstand.
Gezeichnet ist die Pflanze bei 50% offenen Blüten
(d.h. 50% der Blüten sind entweder offen oder schon verblüht).

137

5 cm

Figure 32 : Floraison de la cardamine des prés
Les différentes fleurs dans l'inflorescence s'ouvrent de bas en haut, et l'inflorescence s'allonge.
Le dessin représente une plante avec 50% de fleurs ouvertes
(50 % des fleurs de la population sont ouvertes ou déjà fanées)

Gemeine Margerite

Grosse Margerite, gemeine Wucherblume

Blüte

Datumsmethode

❇   *Allgemeine Blüte:* 50% der Blütenköpfe im Bestand sind offen, d.h. die weissen Zungenblüten stehen mit einem Winkel von 90° von der Sprossachse ab, bzw. sind bereits wieder verwelkt.

---

138   **LEUCANTHEMUM VULGARE LAM. S.STR**   *margherita comune*

Marguerite vulgaire

marguerite, grande marguerite

Floraison

Méthode de la date

❇   *Floraison générale:* 50 % des capitules de la population sont ouverts (les fleurettes ligulées blanches s'écartent perpendiculairement à l'axe de la pousse) ou déjà fanés.

Abbildung 33: Blüte der Gemeinen Margerite
Der Blütenkopf ist offen, sobald die weissen Zungenblüten im Durchschnitt
in einem Winkel von 90° vom Stängel abstehen.

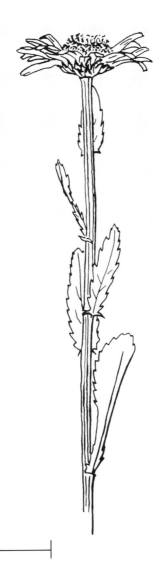

5 cm

Figure 33 : Floraison de la marguerite vulgaire
Le capitule est ouvert dès que les fleurettes ligulées blanches
s'écartent en moyenne perpendiculairement de la tige.

Huflattich

Zytröseli

Blüte

Datumsmethode

❀   *Allgemeine Blüte:* 50% der Blütenköpfe im Bestand sind offen, d.h. die gelben Zungenblüten stehen im Durchschnitt mit einem Winkel von 90° von der Sprossachse ab, bzw. sind bereits wieder verwelkt.

---

140   TUSSILAGO FARFARA L.   *farfaro*

Pas-d'âne

taconnet

Floraison

Méthode de la date

❀   *Floraison générale :* 50 % des capitules de la population sont ouverts (les fleurettes ligulées jaunes s'écartent perpendiculairement à l'axe de la pousse) ou déjà fanés.

Abbildung 34: Blüte des Huflattichs
Der Blütenkopf ist offen, sobald die gelben Zungenblüten im Durchschnitt
in einem Winkel von 90° vom Stängel abstehen.
Gezeichnet sind zwei offene (Pfeile), ein sich öffnender und drei geschlossene Blütenköpfe.

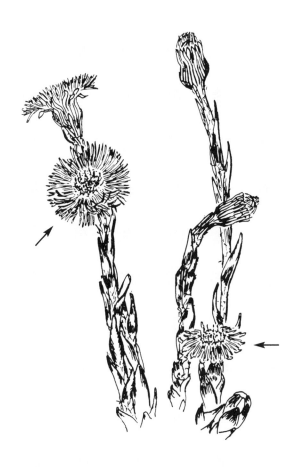

5 cm

Figure 34 : Floraison du pas-d'âne
Le capitule est ouvert dès que les fleurettes ligulées jaunes s'écartent
en moyenne perpendiculairement de la tige.
Le dessin représente deux capituless ouverts (flèches), un qui s'ouvre et trois fermés.

Wiesenlöwenzahn

Löwenzahn, Säublume, Kuhblume,
gebräuchliches Pfaffenröhrlein

Blüte

Datumsmethode

✱   *Allgemeine Blüte:* 50% der Blütenköpfe im Bestand, d.h. durchschnittlich
etwa sieben pro Pflanze, sind offen. Offen bedeutet, dass die äusseren
Zungenblüten im Durchschnitt mit einem Winkel von 90° von der Sprossachse abstehen oder die Blüten bereits wieder verwelkt sind.

---

142   TARAXACUM OFFICINALE WEBER *soffione, dente del leone, tarassaco commune*

Pissenlit officinal

dent de lion

Floraison

Méthode de la date

✱   *Floraison générale :* 50 % des capitules de la population, soit environ sept par
plante, sont ouverts (les fleurettes ligulées extérieures s'écartent en
moyenne perpendiculairement à l'axe de la pousse) ou déjà fanés.

Abbildung 35: Blüte des Wiesenlöwenzahns
Der Blütenkopf ist offen, sobald die gelben Zungenblüten im
Durchschnitt in einem Winkel von 90° vom Stängel abstehen.

143

5 cm

Figure 35 : Floraison du pissenlit officinal
Le capitule est ouvert dès que les fleurettes ligulées jaunes
s'écartent en moyenne perpendiculairement de la tige.

Herbstzeitlose

Blüte

Datumsmethode

✹   *Allgemeine Blüte:* 50% der Blüten im Bestand sind offen (d.h. die einzelnen Kronzipfel überlappen sich seitlich nur noch um weniger als die Hälfte ihrer Länge), bzw. bereits wieder verwelkt.

144   COLCHICUM AUTUMNALE L.   *colchico d'autumno*

Colchique d'automne

Floraison

Méthode de la date

✹   *Floraison générale :* 50 % des fleurs de la population sont ouvertes (les lobes de leur corolle ne se superposent plus latéralement que sur moins de la moitié de leur longueur) ou déjà fanées.

Abbildung 36: Blüte der Herbstzeitlose
Die Blüte ist offen, sobald sich die freien Zipfel der Kronblätter seitlich um weniger
als die Hälfte ihrer Länge überlappen (offene Blüte ist mit Pfeil markiert).

5 cm

Figure 36 : Floraison du colchique d'automne
La fleur est ouverte dès que les lobes libres de la corolle se chevauchent latéralement
sur moins de la moitié de leur longueur (la fleur ouverte est désignée d'une flèche).

Wiesen-Knaulgras

Knäuelgras

Blüte

Datumsmethode

* *Allgemeine Blüte:* 50% der Blüten im Bestand, d.h. durchschnittlich etwa zwei pro Ährchen, sind offen. Offen bedeutet, dass die Staubbeutel (je drei pro Blüte) sichtbar sind oder die Blüten bereits wieder verwelkt sind.

146   DACTYLIS GLOMERATA L.   *erba mazzolina comune*

Dactyle aggloméré

Floraison

Méthode de la date

* *Floraison générale :* 50 % des fleurs de la population, soit en moyenne deux par épillet, sont ouvertes (trois anthères apparaissent par fleur) ou déjà fanées.

Abbildung 37: Blüte des Wiesen-Knaulgrases
Links zwei Entwicklungsstadien der Rispe mit noch geschlossenen Blüten,
rechts eine Rispe mit offenen Blüten (Pfeil).
Die vergrösserte Detailzeichnung stellt ein einzelnes Ährchen mit geschlossenen und eines mit
zwei offenen Blüten dar (Pfeil; obere Blüte: drei Staubbeutel sichtbar, untere Blüte: Narbe sichtbar).

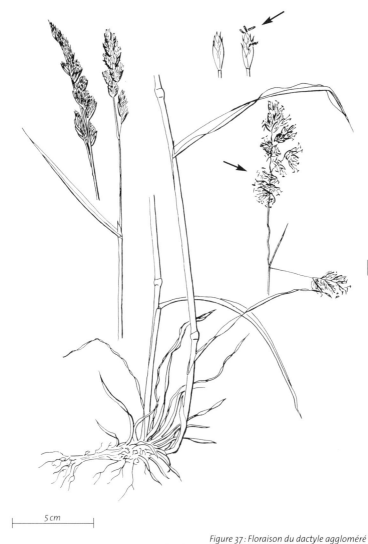

5 cm

Figure 37 : Floraison du dactyle aggloméré
A gauche, deux stades de la panicule avec des fleurs fermées,
à droite une panicule avec fleurs ouvertes (flèche).
Le détail agrandi représente un épillet avec des fleurs fermées et un autre avec
deux fleurs ouvertes (flèche ; fleur du haut : trois anthères visibles, fleur du bas : stigmate visible).

148

4 Artenbeschreibungen und phänologische Entwicklung

Weisstanne

Tanne, Edeltanne

Merkmale

Solange die Weisstanne in die Höhe wächst, ist ihre Krone kegelförmig. Später wird sie zylindrisch, da die obersten Seitenäste den Gipfeltrieb in der Länge und teilweise sogar in der Höhe überragen (Storchennestform). Die Rinde ist bei jungen Bäumen hell- bis dunkelgrau und glatt, im Alter weist sie unregelmässige und vertikale Risse auf. Die Knospen sind leicht abgerundet, eiförmig, hellbraun, mit wenigen Schuppen und harzlos. Die Nadeln der Weisstanne sind bis 25 mm lang und bis 3 mm breit, abgeflacht und haben unterseits zwei deutlich weisse Spaltöffnungsreihen. Im Bestand kommt die Weisstanne mit 60-70 Jahren erstmals zum Blühen. Sie blüht im Mai/Juni, unmittelbar vor dem Nadelaustrieb. Die männlichen Blüten wachsen an der Unterseite vorjähriger Triebe in sehr zahlreichen, abwärts gerichteten, 2 bis 3 cm langen, gelben Kätzchen. Die weiblichen Blütenstände sind weniger zahlreich als die männlichen und bilden 3 bis 5 cm lange, aufrechte und blassgrüne Zäpfchen. Die Samen reifen im Herbst des Blühjahres, wobei die Zapfen zerfallen und nur die Spindeln am Baum zurückbleiben.

abete bianco, abete pettinato, abezzo **ABIES ALBA MILLER** 149

4 Description des espèces et développement phénologique

Sapin

sapin (blanc, pectiné), vuargne, ouargne

Caractéristiques

Tant que le sapin croît en hauteur, sa couronne est conique. Elle peut devenir cylindrique lorsque ses branches secondaires supérieures dépassent la cime en longueur, voire en hauteur (forme en « nid de cigogne »). L'écorce gris clair à gris foncé des jeunes arbres est lisse, mais en vieillissant elle se couvre de fissures verticales irrégulières. Les bourgeons brun clair, ovoïdes légèrement arrondis, ont peu d'écailles et pas de résine. Les aiguilles du sapin, qui peuvent atteindre 25 mm de long et 3 mm de large, sont planes et ont sur le dessous deux lignes blanches de stomates bien nettes. En peuplement forestier, le sapin fleurit la première fois vers 60-70 ans. La floraison a lieu en mai-juin immédiatement avant l'apparition des aiguilles. Les fleurs mâles poussent sur le dessous des rameaux de l'année précédente et forment de très nombreux chatons jaunes de 2 ou 3 cm de long pointant vers le bas. Les inflorescences femelles, moins nombreuses, constituent de petits cônes dressés vert pâle de 3 à 5 cm de long. Les graines mûrissent en automne de l'année de la floraison, puis les cônes se désarticulent et seul les rachis restent à l'arbre.

Standort

Die Weisstanne ist ein anspruchsvoller Waldbaum. Sie bevorzugt frische bis feuchte, schwach saure bis basische, tiefgründige, lehmige bis tonige Böden in schattigen Lagen.

Verbreitung

In Europa kommt die Weisstanne vor allem in den Gebirgen Südeuropas vor. Ihre Nordgrenze verläuft etwa von den Vogesen bis zum Thüringer Wald und den Sudeten. In der Schweiz kam die Weisstanne ursprünglich in montaner (700-1400 m ü. M.), seltener subalpiner Stufe (bis ca. 2000 m ü. M.) vor. Heute ist sie auch in der kollinen Stufe angepflanzt.

---

150   **ABIES ALBA MILLER**   *abete bianco, abete pettinato, abezzo*

Habitat

Le sapin est une essence forestière exigeante. Il préfère les sols profonds limoneux à argileux, frais à humides et faiblement acides à basiques, des stations ombragées.

Distribution

En Europe, le sapin apparaît surtout dans les montagnes méridionales. Sa limite septentrionale s'étend approximativement des Vosges à la forêt de Thuringe et aux monts des Sudètes. En Suisse, le sapin poussait à l'origine à l'étage montagnard (entre 700 et 1400 m d'altitude) et plus rarement à l'étage subalpin (jusqu'à environ 2000 m). Aujourd'hui, il est également planté à l'étage collinéen.

Phänologie

Nadelaustrieb (Abbildung 2, Seite 37)

Bei der Weisstanne treiben die Seitenknospen in der Regel schneller als die End-knospen. Während die Knospen im Frühling anschwellen und sich strecken, wachsen ihre häutigen Hüllen zunächst mit, bis die Nadeln schliesslich aus den Knospenhül-len hervortreten. Entsprechend der Fichte bilden die austreibenden Nadeln der Weisstanne zuerst noch völlig kompakte, ziemlich kurze Bündel mit allseits geschlossener Oberfläche. Das Beobachtungsstadium ist dann eingetreten, wenn die zuvor geschlossenen Nadelbündel sich aufzulockern beginnen.

Datumsmethode

♠   *Beginn des Nadelaustriebes:* Die jungen Nadelbüschel von drei Knospen des Einzelbaumes, bzw. von jeweils drei Knospen an drei Bäumen des Bestandes, beginnen sich aufzulockern und zu spreizen.

♠   *Allgemeiner Nadelaustrieb:* 50% der jungen Nadelbüschel des Einzelbaumes bzw. des Baumbestandes beginnen sich aufzulockern und zu spreizen.

Prozent-Schätzmethode

♠   Der aktuelle Anteil der sich auflockernden und zu spreizen beginnenden Nadelbüschel ist abzuschätzen.

Phénologie

Déploiement des aiguilles (figure 2, page 37)

Les bourgeons latéraux du sapin poussent généralement plus rapidement que les bourgeons terminaux. Lorsque les bourgeons gonflent et s'allongent au printemps, leur gaine pousse aussi, jusqu'à ce que finalement les aiguilles en émergent. Comme celles de l'épicéa, les aiguilles du sapin forment d'abord des faisceaux relativement courts, encore très compacts et fermés de tous côtés. Le stade à observer se produit lorsque les faisceaux d'aiguilles d'abord fermés commencent à se dégager.

Méthode de la date

♠   *Début du déploiement des aiguilles :* sur l'arbre observé, les jeunes faisceaux d'aiguilles de trois bourgeons commencent à se dégager et à se déployer. Dans un peuplement, cela doit être le cas sur trois arbres.

♠   *Déploiement général des aiguilles :* 50% des jeunes faisceaux d'aiguilles de l'arbre ou du peuplement commencent à se dégager et à se déployer.

Méthode d'estimation du pourcentage

♠   Il s'agit d'estimer le pourcentage actuel des jeunes faisceaux d'aiguilles qui commencent à se dégager et à se déployer.

Fichte

Rottanne

Merkmale

Je nach Verzweigung werden bei der Fichte verschiedene Typen unterschieden: die am häufigsten auftretende Kammfichte mit ihren vorhangähnlich herabfallenden Zweigen, die Bürstenfichte mit der bürstenartigen Anordnung der viel kürzeren Zweige und die in höheren Lagen wachsende Plattenfichte mit einer mehr oder weniger horizontal angeordneten Verzweigung. Die Rinde junger Bäume ist meist rotbraun und glatt bis feinschuppig, bei älteren Bäumen finden wir eine graubraune in runden Schuppen abblätternde Borke. Die Nadelknospen sind kegelförmig schlank, zugespitzt, mit vielen Schuppen und hellbraun bis rotbraun. Die Nadeln der Fichte sind 10-25 mm lang und ca. 1 mm breit, vierkantig, steif und sehr dicht spiralig gestellt. In Beständen blühen die Fichten erstmals mit 60-70 Jahren. Alle drei bis acht Jahre öffnen sich zahlreiche Blüten und zwar vor oder zur Zeit des vegetativen Austriebes. Die Blüten sind getrenntgeschlechtig und windbestäubt. Die männlichen Blüten sind während der Bestäubung rotgelb. Die weiblichen Blüten sind zur Bestäubungszeit karminrot oder grünlich und stehen in aufrechten Zapfen am Ende der Äste, hauptsächlich im oberen Teil der Krone. Erst nach der Bestäubung drehen sich die Zapfen nach unten. Die Samen reifen im Herbst des Blühjahres und fallen bis zum nächsten Frühjahr aus den Zapfen.

152   PICEA ABIES (L.) KARST.   *abete rosso, peccia, pezzo*

Épicéa

sapin rouge, pesse

Caractéristiques

On distingue différents types d'épicéas en fonction de leur ramification o : avec ses branches qui pendent comme des draperies, le type « à rameaux pendants » est le plus fréquent ; le type « à rameaux en brosse » a des branches beaucoup plus courtes disposées en brosse, alors que le type « à rameaux étalés », qui pousse à plus haute altitude, se caractérise par sa ramification plus ou moins horizontale. L'écorce des jeunes arbres est généralement brun-rouge et lisse à légèrement squameuse. Par contre, chez les vieux arbres, elle est plutôt brun-gris et se desquame en écailles arrondies. Les bourgeons à aiguilles sont brun clair à brun-rouge, coniques, allongés, aigus et munis de nombreuses écailles. Les aiguilles mesurent 10 à 25 mm de long et environ 1 mm de large ; elles sont tétragones, rigides et disposées en spirales très denses. En peuplement forestier, l'épicéa fleurit pour la première fois vers 60-70 ans. De nombreuses fleurs s'épanouissent alors tous les trois à huit ans, avant ou durant le bourgeonnement végétatif. Elles sont unisexuées et pollinisées par le vent. Les fleurs mâles sont jaune-rouge durant la pollinisation. Les fleurs femelles sont rouge carmin ou verdâtres à l'époque de la pollinisation et se dressent sous la forme de cônes à l'extrémité des branches, principalement dans la partie supérieure de la couronne. Ces cônes ne se tournent vers le bas qu'après la pollinisation. Les graines mûrissent en automne de l'année de la floraison et tombent des cônes jusqu'au printemps suivant.

Standort

Die Fichte wächst auf frischen, in der Regel sauren bis extrem sauren Böden bei relativ hoher Luftfeuchtigkeit. Sie ist nicht sehr anspruchsvoll.

Verbreitung

In Europa ist die Fichte im borealen Nadelwaldgürtel von Nord- und Osteuropa und in den Gebirgen Mittel- und Südeuropas weit verbreitet. In der Schweiz kommt die Fichte natürlicherweise in grösseren Beständen erst ab 800 m ü. M. bis zur Waldgrenze vor, sie ist jedoch auch in tieferen Lagen häufig angepflanzt.

Phänologie

Nadelaustrieb (Abbildung 3, Seite 39)
Bei der Fichte schliessen die Haupt- und Seitenzweige mit Endknospen ab, die von einigen Seitenknospen umgeben sind. Weiter abwärts, im oberen bis mittleren Teil der Triebe, sitzen noch bis zu etwa sechs weitere Seitenknospen unregelmässig verteilt. Die Endknospen des Haupttriebes und der Äste erster Ordnung treiben in der Regel eher später aus als die übrigen Knospen. Während die Knospen im Frühling anschwellen und sich strecken, wachsen ihre häutigen Hüllen zunächst mit, so dass diese immer durchsichtiger und dünner werden und schliesslich das Nadelgrün

abete rosso, peccia, pezzo   **PICEA ABIES (L.) KARST.**   153

Habitat

L'épicéa pousse sur des sols frais, en général acides à extrêmement acides, où l'humidité de l'air est relativement élevée. Il n'est pas très exigeant.

Distribution

En Europe, l'épicéa est largement répandu au nord et à l'est dans la ceinture boréale des forêts de conifères, de même que dans les montagnes de l'Europe centrale et méridionale. En Suisse, il forme des peuplements spontanés importants à partir de 800 m d'altitude seulement et jusqu'à la limite de la forêt, mais on le plante souvent à plus basse altitude.

Phénologie

Déploiement des aiguilles (figure 3, page 39)
Chez l'épicéa, les branches principales et secondaires se terminent par des bourgeons terminaux, eux-mêmes entourés de quelques bourgeons latéraux. Plus près du tronc, dans la partie supérieure à centrale des rameaux, on peut encore compter jusqu'à six autres bourgeons latéraux répartis irrégulièrement. En règle générale, les bourgeons terminaux du rameau principal et des branches de premier ordre éclosent plus tard que les autres. Au printemps, lorsque les bourgeons gonflent et s'allongent, leurs gaines se mettent aussi à pousser en devenant de plus en plus transparentes et minces, pour

durchzuschimmern beginnt. Mit dem Hervortreten der hellgrünen Nadeln aus den Knospenhüllen beginnt das Wachstum der jungen End- und Seitentriebknospen, aus denen der Jahreszuwachs der Zweige hervorgeht. Zunächst bilden die Nadeln kompakte, ziemlich kurze Bündel mit allseits geschlossener Oberfläche. Die zu beobachtende Phase ist dann eingetreten, wenn sich die zuvor geschlossenen Nadelbündel aufzulockern beginnen. Normalerweise setzt die Vereinzelung der Nadeln bei gleichzeitigem Längenwachstum des Nadelbündels am Grunde des jungen Triebes ein, während die Spitze noch dichter geschlossen bleibt und sogar ausnahmsweise noch das Schuppenhütchen tragen kann. Seltener beginnt der Spreizvorgang von der Spitze her, vor allem dann, wenn die Nadeln zuerst an der Knospenspitze hervorgetreten sind.

Bei der Beobachtung ist darauf zu achten, dass nicht der früher oder gleichzeitig eintretende Austrieb der generativen Knospen erfasst wird.

Datumsmethode
- ♠ *Beginn des Nadelaustriebes:* Die jungen Nadelbüschel von drei Knospen des Einzelbaumes, bzw. von jeweils drei Knospen an drei Bäumen des Bestandes, beginnen sich aufzulockern und zu spreizen.
- ❋ ♠ *Allgemeiner Nadelaustrieb:* 50% der jungen Nadelbüschel des Einzelbaumes bzw. des Baumbestandes beginnen sich aufzulockern und zu spreizen.

Prozent-Schätzmethode
- ♠ Der aktuelle Anteil der sich auflockernden und zu spreizen beginnenden Nadelbüschel ist abzuschätzen.

154   PICEA ABIES (L.) KARST.   *abete rosso, peccia, pezzo*

finalement laisser apparaître le vert des aiguilles. Lorsque les aiguilles vert clair ont émergé de leur gaine débute alors la croissance des jeunes bourgeons terminaux et latéraux, qui génèrent l'accroissement annuel des branches. Les aiguilles forment d'abord des faisceaux compacts, relativement courts et entièrement refermés sur eux-mêmes. Le stade à observer commence donc dès que ces faisceaux d'aiguilles se mettent à se dégager. Les aiguilles s'individualisent normalement en même temps que le faisceau d'aiguilles s'allonge à la base du jeune rameau ; toutefois, la pointe demeure très refermée et elle peut même parfois conserver son petit chapeau d'écailles. Le processus de déloiement commence plus rarement à partir de l'extrémité, surtout lorsque les aiguilles sont apparues au niveau de l'extrémité des bourgeons.

Lors de l'observation, on veillera à ne pas enregistrer l'éclosion des bourgeons génératifs qui a lieu plus tôt ou en même temps.

Méthode de la date
- ♠ *Début du déploiement des aiguilles :* sur l'arbre observé, les jeunes faisceaux d'aiguilles de trois bourgeons commencent à se dégager et à se déployer. Dans un peuplement, cela doit être le cas sur trois arbres.
- ❋ ♠ *Déploiement général des aiguilles :* 50 % des jeunes faisceaux d'aiguilles de l'arbre ou du peuplement commencent à se dégager et à se déployer.

Méthode d'estimation du pourcentage
- ♠ Il s'agit d'estimer le pourcentage actuel des jeunes faisceaux d'aiguilles qui commencent à se dégager et à se déployer.

Lärche

europäische Lärche

Merkmale

Die Lärche hat eine schlanke, kegelförmige, regelmässige und ziemlich dicht beastete Krone. In der Jugend weist sie eine glatte, gelbliche Rinde auf. Diese wandelt sich später zu einer bis 10 cm dicken, tiefrissigen, äusserlich graubraunen und innen rötlichvioletten Schuppenborke um. Die Seitenknospen sind kegelförmig bis halbkugelig mit wenigen Schuppen und stehen mehr oder weniger rechtwinklig und spiralig angeordnet vom Zweig ab. Die Lärche bildet Kurztriebe mit 20-40 Nadeln in Büscheln und Langtriebe mit einzeln stehenden Nadeln in spiraliger Anordnung. Die Nadeln sind 2 bis 4 cm lang und 1 bis 2 mm breit, weich und werden im Herbst abgeworfen. Die Lärche beginnt etwa im Alter von 30-60 Jahren zu blühen und blüht dann alle drei bis zehn Jahre. Die Blüten sind eingeschlechtig und windbestäubt. Die männlichen Blüten sind gelblich, eiförmig-kugelig, 0,5 bis 1 cm lang und nach unten gekrümmt, die weiblichen Blüten stehen aufrecht mit karminroten (selten grünlichen) Deckschuppen. Die Blüte findet unmittelbar vor oder mit dem Nadelaustrieb statt. Die Zapfen mit den Samen reifen im Herbst des Blühjahres, öffnen sich jedoch oft erst im folgenden Frühjahr so, dass die Samen hinausfallen.

larice (europeo) **LARIX DECIDUA MILLER** 155

Mélèze

mélèze européen

Caractéristiques

La couronne du mélèze est élancée, conique, régulière et relativement touffue. L'écorce des jeunes arbres est lisse et jaunâtre, mais elle se transforme en un rhytidome squameux crevassé atteignant jusqu'à 10 cm d'épaisseur, brun-gris à l'extérieur et violet-rougeâtre à l'intérieur. Les bourgeons latéraux coniques à hémisphériques n'ont que quelques écailles ; disposés en spirale, ils s'écartent de la branche plus ou moins à angle droit. Le mélèze développe des rameaux courts portant des faisceaux de 20 à 40 aiguilles et des rameaux longs garnis d'aiguilles solitaires disposées en spirale. Les aiguilles, qui mesurent 2 à 4 cm de long et 1 ou 2 mm de large, sont souples et tombent en automne. Le mélèze fleurit pour la première fois vers 30-60 ans, puis tous les trois à dix ans. Ses fleurs unisexuées sont pollinisées par le vent. Les fleurs mâles jaunâtres, ovoïdes à sphériques, ont 0.5 à 1 cm de long et pointent vers le bas. Les fleurs femelles sont dressées avec leur capuchon écailleux rouge carmin (parfois verdâtre). La floraison a lieu peu avant l'apparition des aiguilles ou en même temps. Les cônes renfermant les graines mûrissent l'automne de l'année de la floraison, mais ne s'ouvrent souvent qu'au printemps suivant, permettant aux graines de s'en échapper.

Standort

Die Lärche kommt vorwiegend in sommerwarmen, lufttrockenen, winterkalten und nebelarmen Klimalagen vor. Sie bevorzugt nährstoffreiche, tiefgründige lehmig-tonige, gut durchlüftete, mittel- bis tiefgründige Böden. Häufig besiedelt die lichtliebende Art auch Pionierstandorte.

Verbreitung

In Europa besiedelt die Lärche die Gebirgsstufe der Alpen, Sudeten, Tatra und Polen im oberen Grenzbereich des Waldes. An der Nordgrenze des Sudetenzuges in Regionen mit subkontinentalem Klima tritt sie zwischen Oder und Weichsel auch im Hügelland auf. In der Schweiz kam die Lärche ursprünglich nur in den Alpen ab 1600 m ü. M. bis zur Waldgrenze vor, heute ist sie jedoch in der kollinen und montanen Stufe praktisch überall angepflanzt. Am häufigsten ist sie im Wallis, Tessin, Gotthardgebiet und in Graubünden zu finden.

156   LARIX DECIDUA MILLER   *larice (europeo)*

Habitat

Le mélèze apparaît principalement dans les régions au climat chaud et sec en été, froid en hiver (avec peu de brouillard). Il préfère les sols argilo-limoneux moyennement profonds à profonds, riches en éléments nutritifs et bien aérés. Cette essence héliophile colonise souvent les stations pionnières.

Distribution

En Europe, le mélèze colonise l'étage montagnard des Alpes, les monts des Sudètes, les Tatras et la Pologne à la limite supérieure de la forêt. A la limite nord de la chaîne des Sudètes, il apparaît également entre l'Oder et la Vistule dans les collines au climat subcontinental. En Suisse, sa présence se limitait à l'origine aux Alpes à une altitude comprise entre 1600 m et la limite de la forêt, mais aujourd'hui il est pratiquement planté partout aux étages collinéen et montagnard. On le rencontre surtout en Valais, au Tessin, dans la région du Gothard et aux Grisons.

Phänologie

Nadelaustrieb (Abbildung 4, Seite 41)

Die Zweige der Lärche setzen sich aus Langtrieben und Kurztrieben zusammen. Die Langtriebe werden mehrere Zentimeter lang, mit ihnen verlängern sich die Zweige alljährlich. Sie sind im ersten Jahr locker mit Nadeln besetzt. Die Kurztriebe entwickeln sich seitlich an den Langtrieben in den Achseln abgefallener Nadeln, sie werden nur wenige Millimeter lang und tragen die typischen Nadelbüschel. Beobachtet werden soll der Nadelaustrieb der Kurztriebe.

Wenn die Knospenhüllen der Kurztriebe im Frühjahr aufplatzen, erscheinen die zarten hellgrünen Nadeln, die büschelig zusammenstehen. Die Nadelbündel sind zuerst noch bis zur Spitze dicht geschlossen. Das Beobachtungsstadium ist dann eingetreten, wenn die Nadelbündel beginnen, sich zu einem Nadelbüschel aufzulockern. Dabei liegen die Nadelspitzen in einer Ebene, während die Basis der Nadeln noch dicht geschlossen in den Knospenschuppen steckt. Sobald die Nadeln bis zum Grunde auseinander treten, und die Nadelspitzen nicht mehr in einer Ebene sondern im Bereich einer gedachten, stark gekrümmten Fläche liegen, ist das Beobachtungsstadium schon überschritten.

Phénologie

Déploiement des aiguilles (figure 4, page 41)

Les branches du mélèze se composent de rameaux longs et de rameaux courts. Les rameaux longs atteignent plusieurs centimètres de long et génèrent l'accroissement annuel des branches. La première année, ils se garnissent d'aiguilles éparses. Les rameaux courts se développent sur le côté des rameaux longs à l'aisselle des aiguilles tombées ; ils n'ont que quelques millimètres de long et portent les faisceaux d'aiguilles caractéristiques. C'est le déploiement des aiguilles des rameaux courts que l'on observera.

Lorsque les bourgeons éclatent au printemps le long des rameaux courts, on voit apparaître de frêles aiguilles vert clair rassemblées en touffes. Les faisceaux d'aiguilles sont encore complètement refermés jusqu'à leur extrémité. Le stade à observer survient lorsque ces faisceaux commencent à se dégager pour former une touffe. Les pointes des aiguilles s'étalent sur un plan alors que leurs bases restent encore bien enfermées dans les bourgeons écailleux. Dès que les aiguilles se séparent jusqu'à leur base et que leurs pointes ne se situent plus sur un plan mais sur une surface imaginaire fortement convexe, alors la phase à observer est déjà dépassée.

Datumsmethode

♠   *Beginn des Nadelaustriebes:* Die jungen Nadelbüschel von drei Knospen des Einzelbaumes, bzw. von jeweils drei Knospen an drei Bäumen des Bestandes, beginnen sich aufzulockern und zu spreizen.

✤ ♠   *Allgemeiner Nadelaustrieb:* 50% der jungen Nadelbüschel des Einzelbaumes bzw. des Baumbestandes beginnen sich aufzulockern und zu spreizen.

Prozent-Schätzmethode

♠   Der aktuelle Anteil der sich auflockernden und zu spreizen beginnenden Nadelbüschel ist abzuschätzen.

Nadelverfärbung (Farbbilder 1A, 1B, 1C; Seite 97) **und Nadelfall**

Die Nadelverfärbung fängt bei der Lärche sehr diskret an. Es verfärben sich zuerst einzelne Nadeln und fallen ab, ohne dass am Baum eine Verringerung der Benadelung auffällt. Ein exaktes Beobachten ist notwendig. Meist hilft auch ein Blick auf den Boden, jedoch sind die abgefallenen Nadeln in der Streu oft kaum erkennbar.

---

158   LARIX DECIDUA MILLER   *larice (europeo)*

Méthode de la date

♠   *Début du déploiement des aiguilles :* sur l'arbre observé, les jeunes faisceaux d'aiguilles de trois bourgeons commencent à se dégager et à se déployer. Dans un peuplement, cela doit être le cas sur trois arbres.

✤ ♠   *Déploiement général des aiguilles :* 50.% des jeunes faisceaux d'aiguilles de l'arbre ou du peuplement commencent à se dégager et à se déployer.

Méthode d'estimation du pourcentage

♠   Il s'agit d'estimer le pourcentage actuel des jeunes faisceaux d'aiguilles qui commencent à se dégager et à se déployer.

Coloration (photos couleur 1A, 1B, 1C ; page 97) **et chute des aiguilles**

Le début de la coloration des aiguilles du mélèze est très discret. D'abord, des aiguilles isolées changent de couleur et tombent, sans une diminution frappante de la densité d'aiguilles de l'arbre. Une observation soigneuse est indispensable. Souvent, un contrôle au sol s'avère utile, mais les aiguilles tombées sont à peine perceptibles dans la litière.

Datumsmethode

🌲 *Beginn der Nadelverfärbung:* 10% der Nadeln des Einzelbaumes bzw. des Baumbestandes (einschliesslich der bereits abgefallenen Nadeln) sind herbstlich verfärbt, d.h. nicht mehr grün sondern grüngelb bis goldgelb. Nicht gemeint sind Verfärbungen, die als Folge grosser Hitze- und Dürreperioden oder anderer Einflüsse wesentlich früher eintreten. Diese sind speziell zu vermerken.

🌲🌲 *Allgemeine Nadelverfärbung:* 50% der Nadeln des Einzelbaumes bzw. des Baumbestandes sind herbstlich verfärbt, d.h. grüngelb bis goldgelb, oder bereits abgefallen.

Prozent-Schätzmethode

🌲 Der Anteil der grüngelb bis goldgelb verfärbten oder bereits abgefallenen Nadeln an der gesamten sommerlichen Nadelmenge ist abzuschätzen.

Datumsmethode

🌲 *Allgemeiner Nadelfall:* 50% der Nadeln am Baum bzw. im Bestand sind abgefallen. Entnadelung auf Grund von Hagelschlag, Sturmwinden, Trockenheit oder Schädlingen ist speziell zu vermerken.

Prozent-Schätzmethode

Der Anteil der bereits abgefallenen Nadeln an der gesamten sommerlichen Nadelmenge ist abzuschätzen.

larice (europeo) **LARIX DECIDUA MILLER** 159

Méthode de la date

🌲 *Début de la coloration des aiguilles :* 10 % des aiguilles de l'arbre ou du peuplement ont changé de couleur (jaune-vert à jaune d'or) ou sont déjà tombées. La coloration des aiguilles due à la sécheresse sera notée à part. Elle a lieu bien plus tôt suite, entre autres, à de longues périodes de chaleur.

🌲🌲 *Coloration générale des aiguilles :* 50 % des aiguilles de l'arbre ou du peuplement ont changé de couleur (jaune-vert à jaune d'or) ou sont déjà tombées.

Méthode d'estimation du pourcentage

🌲 Il s'agit d'estimer le pourcentage des aiguilles jaune-vert à jaune d'or ou déjà tombées par rapport à la quantité totale d'aiguilles que l'arbre portait en été.

Méthode de la date

🌲 *Chute générale des aiguilles :* 50 % des aiguilles de l'arbre ou du peuplement sont tombées. La chute des aiguilles provoquée par la grêle, les tempêtes, la sécheresse ou les parasites sera notée à part.

Méthode d'estimation du pourcentage

Il s'agit d'estimer le pourcentage des aiguilles déjà tombées par rapport à la quantité totale d'aiguilles que l'arbre portait en été.

Edelkastanie

Kastanie, Esskastanie

Merkmale

Die Kastanie ist nahe verwandt mit der Eiche und gehört wie diese zu der Familie der Buchengewächse. Sie erreicht eine Baumhöhe von 35 m und einen Durchmesser von über 2 m. Die anfangs glatte Rinde wird im Alter grob rissig und hat eine graubraune Farbe. Die mittelgrossen, eiförmig kantigen Knospen stehen gehäuft an der Triebspitze der grobastigen Krone. Die bis 25 cm langen lanzettlichen Blätter sind stachelig gezähnt, mit nach vorne gerichteten Zähnen. Die Kastanie ist einhäusig, d.h. es gibt weibliche und männliche Blütenstände auf demselben Baum. Auffallend sind die kugeligen, hartstacheligen Fruchtbecher mit in der Regel drei Früchten.
Die Kastanie wird seit Jahrtausenden im Mittelmeerraum kultiviert und wurde durch die Römer auch in Mitteleuropa verbreitet. In der Schweiz sind von ehemals 105 bekannten Sorten noch 55 vorhanden und inventarisiert.

Standort

Die Kastanie gedeiht auf der Alpennordseite in den wintermilden Lagen unterhalb 650 m ü. M., auf der Alpensüdseite steigt sie bis ca. 1200 m.ü.M. Sie ist besonders häufig an süd- bis westexponierten Hängen auf saurem Gestein mit mässig trockenen bis sickerfrischen Böden.

---

160   CASTANEA SATIVA MILLER   *castagno, castagno domestico*

Châtaignier

châtaignier cultivé

Caractéristiques

Le châtaignier est un proche parent du chêne appartenant donc lui aussi à la famille des Fagacées. Il peut atteindre une hauteur de 35 m et un diamètre de plus de 2 m. Son écorce brun-gris est d'abord lisse, puis elle se crevasse grossièrement en vieillissant. Ses bourgeons, de taille moyenne, ovoïdes et anguleux, se situent souvent à l'extrémité des rameaux de la couronne grossièrement ramifiée. Ses feuilles lancéolées mesurant jusqu'à 25 cm de long sont bordées de dents piquantes pointant vers l'avant. Le châtaignier est monoïque, ce qui signifie que les inflorescences femelles et mâles poussent sur le même arbre. Ses cupules (bogues) sphériques hérissées d'épines sont frappantes ; elles renferment en général trois fruits.
Le châtaignier est cultivé depuis des millénaires dans l'espace méditerranéen ; les Romains l'ont également introduit en Europe centrale. En Suisse, on ne recense plus que 55 espèces sur les 105 connues autrefois.

Habitat

Au nord des Alpes, le châtaignier pousse en dessous de 650 m d'altitude dans les régions à hiver doux. Au sud des Alpes, il grimpe jusqu'à près de 1200 m. Il est particulièrement fréquent sur les versants exposés du sud à l'ouest, sur des roches acides recouvertes de sols modérément secs à bien drainés.

Verbreitung

Vermutlich stammt die Wildform der Kastanie aus Südosteuropa und Kleinasien. Sie ist im Mittelmeerraum bis zum Alpenrand und nördlich der Alpen bis nach England verbreitet. In der Schweiz kommt sie vor allem auf der Alpensüdseite (98% der Vorkommen), aber auch im Rhonetal, am Genfersee, Vierwaldstättersee, Zugersee, sowie in der Region Walensee/Sargans vor.

castagno, castagno domestico   **CASTANEA SATIVA MILLER**   *161*

Distribution

La forme spontanée du châtaignier est vraisemblablement originaire du sud-est de l'Europe et d'Asie mineure. Dans l'espace méditerranéen, il s'étend jusqu'en bordure des Alpes et, au nord des Alpes, jusqu'en Angleterre. En Suisse, on le rencontre surtout au sud des Alpes (98 % de l'effectif), mais aussi dans la vallée du Rhône, au bord du Léman, du lac des Quatre-Cantons, du lac de Zoug ainsi que dans la région du lac de Walenstadt et de Sargans.

Phänologie

Blattentfaltung (Abbildung 5, Seite 45)
Zwischen den wenigen, dunklen Knospenschuppen werden zuerst die hellgrünen glatten Schuppenblätter und bald darauf auch die entlang der Blattadern gefalteten Laubblätter sichtbar. Das junge Laub hat eine frische hellgrüne Farbe mit einem Schimmer von rotbraun an den verlängerten Spitzen der Blattzähne. Mit der leicht nach oben gebogenen Blattspitze ähnelt das sich aufkappende und glättende Laub für kurze Zeit einem langen, spitzen Faltboot. Das Blatt gilt als geöffnet, sobald die Blattspitze nicht mehr kahnförmig aufsteht und die ganze Blattfläche sichtbar ist.

Datumsmethode
* Allgemeine Blattentfaltung: Die allg. Blattentfaltung ist erreicht, sobald bei 50% der Blätter am Einzelbaum bzw. im Bestand, d.h. bei durchschnittlich drei pro Knospe, die Blattspitzen nicht mehr kahnförmig aufstehen und die ganze Blattfläche sichtbar ist.

Prozent-Schätzmethode
Bei der Kastanie entfalten sich durchschnittlich sechs Blätter pro Knospe. Das Blatt gilt als entfaltet, sobald die Blattspitzen nicht mehr kahnförmig aufstehen und die ganze Blattfläche sichtbar ist. Der aktuelle Anteil entfalteter Blätter ist abzuschätzen.

162   **CASTANEA SATIVA MILLER**   *castagno, castagno domestico*

Phénologie

Déploiement des feuilles (figure 5, page 45)
Entre les quelques écailles foncées du bourgeon apparaissent d'abord les feuilles écailleuses vert clair, lisses, puis les feuilles repliées le long de leurs nervures. Les jeunes feuilles sont d'un vert clair vif, mais les pointes allongées de leurs dents ont des reflets brun-rouge. Au début, avec sa pointe légèrement recourbée vers le haut, la feuille qui se déplie et qui devient lisse ressemble à un long canot pliant pointu. Elle est à considérer comme déployée dès que sa pointe ne se dresse plus comme un canot et que sa surface entière est apparaît.

Méthode de la date
* *Déploiement général des feuilles :* 50 % des feuilles de l'arbre ou du peuplement, soit en moyenne trois par bourgeon, n'ont plus une pointe dressée comme un canot et leur surface entière apparaît.

Méthode d'estimation du pourcentage
Chez le châtaignier, un bourgeon donne en moyenne six feuilles. Il s'agit d'estimer le pourcentage actuel des feuilles déployées (feuilles dont la pointe ne se dresse plus comme un canot et dont la surface entière apparaît).

Blüte (Abbildung 6, Seite 47)

Auf der Kastanie wachsen die männlichen und weiblichen Blüten in getrennten Blütenständen. Die bis 20 cm langen, schmalen und vielblütigen männlichen Blütenstände sind auf Grund der zur Blütezeit abstehenden Staubfäden sehr auffällig. Die oft zu zweit zusammenstehenden weiblichen Blütenbecher am Grunde der männlichen bleiben dagegen vorerst ziemlich unscheinbar. Die Blüte wird anhand der Sichtbarkeit der Staubfäden beurteilt. Die ersten abstehenden Staubfäden befinden sich meist im unteren Drittel der Ähre. Von da aus öffnen sich gegen unten und oben fortlaufend neue Blüten. Die Blüte gilt als geöffnet, sobald die Staubfäden in voller Länge deutlich von der Ährenachse abstehen.

Datumsmethode

✱   *Beginn der Blüte:* An drei der langen männlichen Blütenständen des Einzelbaumes sind die ersten Staubfäden sichtbar. Im Bestand soll dies an drei Bäumen der Fall sein.

✱   *Allgemeine Blüte:* Bei 50% der männlichen Blüten am Baum bzw. im Bestand sind die Staubfäden sichtbar oder bereits wieder verwelkt.

Prozent-Schätzmethode

    Der aktuelle Anteil der offenen männlichen Blüten mit sichtbaren bzw. bereits wieder verwelkten Staubfäden ist abzuschätzen.

Floraison (figure 6, page 47)

Les fleurs mâles et femelles du châtaignier poussent dans des inflorescences séparées. Les inflorescences mâles, mesurant jusqu'à 20 cm de long, étroites et regroupant de nombreuses fleurs, se remarquent bien à leurs filets qui s'écartent à l'époque de la floraison. Les fleurs femelles, d'abord peu visibles, sont généralement disposées par paires au pied des chatons mâles. On jugera donc la floraison en observant les filets. Les premiers se situent généralement dans le tiers inférieur des épis, d'où de nouvelles fleurs ne cessent de s'ouvrir vers le bas et vers le haut. Les fleurs sont à considérer comme épanouies dès que leurs filets s'écartent nettement de l'axe de l'épi dans toute leur longueur.

Méthode de la date

✱   *Début de la floraison :* sur l'arbre observé, les premiers filets de trois longues inflorescences mâles apparaissent. Dans le peuplement, cela doit être le cas sur trois arbres.

✱   *Floraison générale :* chez 50 % des fleurs mâles de l'arbre ou du peuplement, les filets sont visibles ou déjà fanés.

Méthode d'estimation du pourcentage

    Il s'agit d'estimer le pourcentage actuel des fleurs mâles ouvertes chez lesquelles les filets sont visibles ou déjà fanés.

Fruchtreife (Farbbild 2, Seite 99)

Die kugeligen, sehr stacheligen Fruchthüllen beinhalten meist drei Nussfrüchte, wovon meist eine sich gut entwickelt, die beiden andern mehr oder weniger stark verkümmert sind. Im allgemeinen öffnen sich die Fruchtbecher mit der Reifung und der damit verbunden Volumenzunahme der braunen Früchte. Diese fallen entweder einzeln oder aber mit der ganzen stacheligen Fruchthülle ab. Nördlich der Alpen bleiben die Früchte oft klein und die Fruchtbecher öffnen sich kaum.

Die Früchte gelten als reif, sobald sie im normalen Reifungsprozess entweder einzeln oder in dem bereits leicht geöffneten Fruchtbecher vom Baum fallen.

Datumsmethode

✺   *Allgemeine Fruchtreife:* 50% der Früchte vom Baum bzw. von den Bäumen im Bestand sind reif, d.h. sie sind entweder einzeln oder mit dem bereits leicht geöffneten Fruchtbecher vom Baum gefallen.

Prozent-Schätzmethode

Der aktuelle Anteil der reifen Früchte, die entweder einzeln oder in dem bereits leicht geöffneten Fruchtbecher vom Baum gefallen sind, ist abzuschätzen.

---

164   CASTANEA SATIVA MILLER   *castagno, castagno domestico*

Maturité des fruits (photo couleur 2, page 99)

La plupart des bogues sphériques très épineuses renferment trois châtaignes brunes, mais en général une seule d'entre elles se développe bien et les deux autres restent plus ou moins rabougries. Les bogues s'ouvrent habituellement en mûrissant avec l'augmentation de volume des fruits qu'elles contiennent. Ceux-ci tombent soit tous seuls, soit avec la bogue entière. Au nord des Alpes, les fruits restent souvent petits et les cupules s'entrouvrent à peine.

Les fruits sont à considérer comme mûrs dès qu'ils tombent de l'arbre suite à une maturation normale, soit isolément, soit dans leur bogue déjà entrouverte.

Méthode de la date

✺   *Maturité générale des fruits :* 50 % des fruits de l'arbre ou du peuplement sont mûrs ; tombés de l'arbre soit individuellement, soit dans leur bogue déjà entrouverte.

Méthode d'estimation du pourcentage

Il s'agit d'estimer le pourcentage actuel des fruits mûrs tombés de l'arbre soit individuellement, soit dans leur bogue déjà entrouverte.

Blattverfärbung (Farbbilder 3A, 3B; Seite 99) **und Blattfall**
Die Blätter der Kastanie werden im Sommer derb und glänzend. Der Herbst kündigt sich, ähnlich wie bei der Eiche, durch die Verfärbung der Blätter einzelner, kleiner Astpartien im Innern der Krone an. Die Blätter werden hellgrün, gelb und schliesslich hellbraun. Selten sind rein hellgrüne oder gelbe Blätter zu finden, meist sind sie mehrfarbig gescheckt. Oft ist auch eine fast direkte Verfärbung von dunkelgrün zu braun zu beobachten.

Datumsmethode
❋ *Allgemeine Blattverfärbung:* 50% der sommerlichen Blattfläche am Einzelbaum bzw. im Bestand ist herbstlich verfärbt, d.h. gelb bis braun oder bereits abgefallen.
Prozent-Schätzmethode
Der Anteil der herbstlich verfärbten (d.h. gelben bis braunen) oder bereits abgefallenen Blattfläche an der gesamten sommerlichen Blattfläche ist abzuschätzen.
Datumsmethode
❋ *Allgemeiner Blattfall:* 50% der Blätter am Einzelbaum bzw. im Bestand sind abgefallen. Blattfall auf Grund von Hagelschlag, Sturmwinden, Trockenheit oder Schädlingen ist speziell zu vermerken.
Prozent-Schätzmethode
Der Anteil der bereits abgefallenen Blattfläche an der gesamten sommerlichen Blattfläche ist abzuschätzen.

castagno, castagno domestico **CASTANEA SATIVA MILLER** 165

Coloration (photos couleur 3A, 3B ; page 99) **et chute des feuilles**
En été, les feuilles du châtaignier deviennent coriaces et luisantes. Comme chez le chêne, l'automne s'annonce par la coloration des feuilles de différents petits bouts de branche à l'intérieur de la couronne. Les feuilles virent au vert clair, au jaune, puis finalement au brun clair. On trouve rarement des feuilles uniquement vert clair ou jaunes, elles sont généralement tachetées de plusieurs couleurs. Parfois, elles passent presque directement du vert foncé au brun.

Méthode de la date
❋ *Coloration générale des feuilles :* 50 % de la surface foliaire estivale de l'arbre ou du peuplement a changé de couleur ; les feuilles sont jaunes à brunes ou déjà tombées.
Méthode d'estimation du pourcentage
Il s'agit d'estimer le pourcentage de la surface des feuilles ayant changé de couleur (jaunes à brunes) ou déjà tombées par rapport à la surface foliaire estivale totale.
Méthode de la date
❋ *Chute générale des feuilles :* 50 % des feuilles de l'arbre ou du peuplement sont tombées. La chute des feuilles provoquée par la grêle, les tempêtes, la sécheresse ou les parasites sera notée à part.
Méthode d'estimation du pourcentage
Il s'agit d'estimer le pourcentage de la surface des feuilles déjà tombées par rapport à la surface foliaire estivale totale.

Buche

Rotbuche

Merkmale

Die Buche hat eine stark verzweigte und dicht belaubte Krone. Die Rinde bleibt bis ins hohe Alter dünn, glatt und silbergrau, nur selten kommt es zu einer Borkenbildung. Die reinen Blattknospen sind spindelförmig bis 2 cm lang, rotbraun, mit vielen Schuppen besetzt und zugespitzt. Die Knospen, welche Blätter und Blüten enthalten, sind breiter ausgebildet als die reinen Blattknospen. Die ganzrandigen Blätter der Buche sind 5 – 10 cm lang, eiförmig, spitzig, gestielt und am Rand unregelmässig gewellt. In der Jugend sind sie weichhaarig und am Rand dicht bewimpert. Die Buche blüht unregelmässig im Abstand von mehreren Jahren, im Bestand erstmals mit ca. 60 Jahren. Die Blüten sind getrenntgeschlechtig. Langgestielte, hängende Büschel enthalten die männlichen Blüten, die weiblichen Blüten stehen dagegen meist paarweise aufrecht auf einem langen Stiel und sind von einem weichstacheligen, am Grunde von Schuppen umhüllten Becher (Cupula) umschlossen. Die Früchte sind scharf dreikantige, braune Nüsse, welche im Herbst aus dem verholzten Fruchtbecher fallen.

Standort

Die Buche ist auf mittelgründigen, frischen, mineralreichen Kalk- und Lehmböden, zum Teil auch auf sauren Böden, in der kollinen und montanen Stufe eine häufige,

166   FAGUS SILVATICA L.   *faggio*

Hêtre

foyard

Caractéristiques

Le hêtre a une couronne très ramifiée au feuillage touffu. Son écorce reste fine, lisse et gris argenté jusqu'à un âge avancé ; il n'y a que rarement formation d'un rhytidome. Les bourgeons foliaires sont fusiformes et mesurent jusqu'à 2 cm de long ; ils sont brun-rouge, garnis de nombreuses écailles et aigus. Les bourgeons qui renferment à la fois des feuilles et des fleurs sont plus larges que les bourgeons strictement foliaires. Les feuilles, longues de 5 à 10 cm, sont entières, ovoïdes, acuminées, pétiolées et irrégulièrement ondulées sur les bords. A l'état jeune, elles sont soyeuses et densément ciliées sur les bords. Le hêtre fleurit irrégulièrement à plusieurs années d'intervalle, en peuplement forestier la première fois vers 60 ans. Ses fleurs sont unisexuées. Les fleurs mâles forment des pompons pendants longuement pédonculés. Les fleurs femelles qui se dressent sur de longs pédoncules vont généralement par paires et sont enveloppées par une cupule muriquée à la base recouverte d'écailles. Les fruits sont des faines trigones brunes à arêtes vives qui tombent de la cupule ligneuse en automne.

Habitat

Le hêtre est une essence fréquente des étages collinéen et montagnard qui forme des peuplements forestiers sur les sols calcaires et limoneux moyennement

bestandbildende Waldbaumart. Sie meidet Überschwemmungsböden oder Böden mit hohem Grundwasserstand sowie bewegte Steinschutt- oder Blockschutthalden. In Gebieten mit Spätfrösten oder in lufttrockenen Gebieten kommt sie ebenfalls nicht vor.

Verbreitung

In Europa ist die Buche von den südeuropäischen Gebirgen bis Südskandinavien und im Osten bis zur Weichsel verbreitet. In der Schweiz ist die Buche im Mittelland und in sämtlichen Tälern der Alpennordseite weit verbreitet und kommt bis 1500 m ü. M. vor. Südlich der Alpen ist sie in der montanen Stufe häufig und bis in eine Höhe von 1800 m ü. M anzutreffen. In den Zentralalpen (z.B. Mittelwallis, inneralpine Täler Graubündens) kommt sie kaum vor.

Phänologie

Blattentfaltung (Abbildung 7, Seite 51)
Während der Blattentfaltung und Blüte ist die Buche sehr empfindlich auf Spätfrost. Die männlichen und weiblichen Blüten erscheinen mit dem Laub, was bei der Beobachtung der Blattentfaltung berücksichtigt werden muss. Die unteren Äste belauben sich meist vor den oberen, als letzte Blätter entfalten sich die der Trieb-spitzen. Es gibt zwei Triebtypen: Kurztriebe, welche bis wenige Zentimeter lang sind und zwei bis fünf Blätter hervorbringen und Langtriebe, welche wenige Zentimeter

profonds, frais et riches en matières minérales, mais aussi parfois sur les sols acides. Il évite les terrains inondés ou ceux où la nappe phréatique atteint un niveau élevé ainsi que les pierriers non stabilisés. Il n'apparaît pas non plus dans les régions à risquer de gel tardif, ni où l'air est trop sec.

Distribution

En Europe, le hêtre est répandu des montanges de l'Europe méridionale au sud de la Scandinavie ; à l'est, il s'étend jusqu'à la Vistule. En Suisse, il est largement répandu sur le Plateau ainsi que dans l'ensemble des vallées du nord des Alpes, où il apparaît jusqu'à 1500 m d'altitude. Au sud des Alpes, il est fréquent à l'étage montagnard et on peut le rencontrer jusqu'à une altitude de 1800 m. Il est beaucoup plus rare dans les Alpes centrales (Valais central, vallées intra-alpines des Grisons par exemple).

Phénologie

Déploiement des feuilles (figure 7, page 51)
Durant le déploiement des feuilles et la floraison, le hêtre est très sensible au gel tardif. Les fleurs mâles et femelles apparaissent avec le feuillage, ce dont il faut tenir compte lors de l'observation du déploiement des feuilles. En général, les branches du bas se couvrent de feuilles avant celles du haut et les feuilles de l'extrémité des rameaux sont les dernières à se déployer. Il se forme deux types de rameaux : les rameaux courts, qui n'ont que quelques centimètres de long et qui donnent deux à

bis mehrere Dezimeter lang sind, mit bis zu zehn Blättern. Da es mehr Kurztriebe als Langtriebe gibt, wird die durchschnittliche Blattzahl pro Knospe auf vier Blätter geschätzt.

Datumsmethode
♣   Beginn der Blattentfaltung: Aus drei Knospen des Einzelbaumes, bzw. aus jeweils drei Knospen an drei Bäumen des Bestandes, haben sich die ersten Blätter herausgeschoben und entfaltet, so dass die ganze Blattfläche sowie der Blattansatz sichtbar sind.
✽♣   *Allgemeine Blattentfaltung:* 50% der Blätter des Einzelbaumes bzw. des Baumbestandes d.h. im Durchschnitt etwa zwei Blätter pro Knospe, haben sich entfaltet, so dass die ganze Blattfläche sowie der Blattansatz sichtbar sind.

Prozent-Schätzmethode
♣   Durchschnittlich treiben bei der Buche vier Blätter pro Knospe aus. Der aktuelle Anteil entfalteter Blätter, d.h. Blätter, bei denen die ganze Blattfläche sowie der Blattansatz sichtbar sind, ist abzuschätzen.

168   FAGUS SILVATICA L.   *faggio*

cinq feuilles, et les rameaux longs, qui mesurent de quelques centimètres à plusieurs décimètres de long et qui ont jusqu'à dix feuilles. Comme il y plus de rameaux courts que de rameaux longs, on estime à quatre le nombre moyen de feuilles par bourgeon.

Méthode de la date
♣   *Début du déploiement des feuilles :* sur l'arbre observé, les premières feuilles ont émergé de trois bourgeons et se sont déployées en faisant apparaître leur surface entière ainsi que leur pétiole. Dans un peuplement, cela doit être le cas sur trois arbres.
✽♣   *Déploiement général des feuilles :* 50 % des feuilles de l'arbre ou du peuplement, soit en moyenne deux par bourgeon, se sont déployées en faisant apparaître leur surface entière ainsi que leur pétiole.

Méthode d'estimation du pourcentage
♣   Chez le hêtre, un bourgeon donne en moyenne quatre feuilles. Il s'agit d'estimer le pourcentage actuel des feuilles déployées (feuilles dont la surface entière et le pétiole apparaissent).

Blattverfärbung (Farbbilder 4A, 4B, 4C; Seite 101) **und Blattfall**
Im Herbst verfärben sich die Buchen zuerst gelb, dann orangebraun bis rotbraun. Die Verfärbung beginnt in der Regel an den Triebspitzen der Lichtkrone und breitet sich von den oberen, äusseren zu den unteren, zentralen Kronenteilen aus. Gleichzeitig mit den äusseren Kronenteilen beginnen sich oft auch Einzelblätter und kleine Astteile im Inneren der Krone zu verfärben. Speziell zu Beginn erfolgt die Verfärbung oft schubweise und die sich verfärbenden Blätter fallen früh ab.
Im Gegensatz dazu verbleiben die herbstlich verfärbten Blätter in manchen Jahren vor allem an den unteren Zweigen noch lange am Baum. Dies geschieht, wenn Frühfröste die Bildung des Korkgewebes verzögern, welches die durch die Ablösung des Blattes entstehende kleine Wunde verschliessen soll.

Datumsmethode

♠ *Beginn der Blattverfärbung:* 10% der sommerlichen Blattfläche des Einzelbaumes bzw. des Baumbestandes ist herbstlich verfärbt, d.h. gelb oder gelbbraun bis rotbraun, oder bereits abgefallen. Nicht gemeint ist die Dürrelaubverfärbung, die als Folge grosser Hitze- und Dürreperioden oder anderer Einflüsse wesentlich früher eintritt. Diese ist speziell zu vermerken.

❋ ♠ *Allgemeine Blattverfärbung:* 50% der sommerlichen Blattfläche des Einzelbaumes bzw. des Baumbestandes ist herbstlich verfärbt, d.h. gelb oder gelbbraun bis rotbraun, oder bereits abgefallen.

Coloration des feuilles (photos couleur 4A, 4B, 4C ; page 101) **et chute des feuilles**
En automne, les hêtres virent d'abord au jaune, puis au brun-orange, brun-rouge. La coloration débute généralement à l'extrémité des rameaux de la couronne exposée à la lumière, puis elle s'étend des parties supérieures extérieures aux parties inférieures centrales de la couronne. A l'intérieur de celle-ci, des feuilles isolées et de petits bouts de branche peuvent aussi commencer à se colorer en même temps que les parties extérieures. Au début surtout, les feuilles se colorent souvent par petits groupes ; celles qui ont déjà changé de couleur tombent rapidement de l'arbre.
Cependant, il peut arriver certaines années que les feuilles parées de leurs couleurs automnales restent encore longtemps à l'arbre, notamment sur les branches du bas. C'est le cas lorsque des gels précoces retardent la formation du phelloderme (tissu liégeux) qui doit refermer la petite plaie ouverte par le détachement de la feuille.

Méthode de la date

♠ *Début de la coloration des feuilles :* 10 % de la surface foliaire estivale de l'arbre ou du peuplement a changé de couleur ; les feuilles sont jaunes, brun-jaune à brun-rouge ou déjà tombées. La coloration du feuillage due à la sécheresse sera notée à part. Elle a lieu bien plus tôt suite, entre autres, à de longues périodes de chaleur.

❋ ♠ *Coloration générale des feuilles :* 50 % de la surface foliaire estivale de l'arbre ou du peuplement a changé de couleur ; les feuilles sont jaunes, brun-jaune à brun-rouge ou déjà tombées.

Prozent-Schätzmethode

▲   Der Anteil der herbstlich verfärbten, d.h. gelben oder gelb- bis rotbraunen, oder bereits abgefallenen Blattfläche an der gesamten sommerlichen Blattfläche ist abzuschätzen.

Datumsmethode

✳   *Allgemeiner Blattfall:* 50% der Blätter am Baum bzw. im Bestand sind abgefallen. Blattfall auf Grund von Hagelschlag, Sturmwinden, Trockenheit oder Schädlingen ist speziell zu vermerken.

Prozent-Schätzmethode

Der Anteil der bereits abgefallenen Blattfläche an der gesamten sommerlichen Blattfläche ist abzuschätzen.

170   FAGUS SILVATICA L.   *faccio*

Méthode d'estimation du pourcentage

▲   Il s'agit d'estimer le pourcentage de la surface des feuilles ayant changé de couleur (jaunes, brun-jaune à brun-rouge) ou déjà tombées par rapport à la surface foliaire estivale totale.

Méthode de la date

✳   *Chute générale des feuilles :* 50 % des feuilles de l'arbre ou du peuplement sont tombées. La chute des feuilles provoquée par la grêle, les tempêtes, la sécheresse ou les parasites sera notée à part.

Méthode d'estimation du pourcentage

Il s'agit d'estimer le pourcentage de la surface des feuilles déjà tombées par rapport à la surface foliaire estivale totale.

Stieleiche

Sommereiche

Merkmale

Vom Stamm der Stieleiche zweigen gewöhnlich schon wenige Meter über dem Boden starke und weit ausladende Äste ab. Die Rinde junger Bäume ist glänzend und grünlich bis weissgrau. Sie wird im Alter tiefrissig mit einer graubraunen bis schwärzlichen Farbe. Die hellbraunen, kantigen Knospen sind spitzeiförmig. Sie haben sehr viele Schuppen und enthalten Laubblätter und zum Teil auch Blüten. Die sehr kurz gestielten, gelappten und beidseitig des Blattstieles geöhrten Blätter sind an den Enden der neuen Triebe büschelig zusammengefasst und wechselständig angeordnet. Die Blüte beginnt mit 40-80 Jahren. Die männlichen Blüten wachsen in langen, hängenden Kätzchen an den Vorjahrestrieben, die unscheinbaren weiblichen Blüten an kurzen, gemeinsamen Stielen einzeln oder in Gruppen von zwei bis fünf am Ende der diesjährigen Triebe. Sie bestehen aus einem Fruchtknoten und drei Narben. Die Früchte, langgestielte Eicheln, reifen Ende September bis Oktober.

Chêne pédonculé

Caractéristiques

A quelques mètres déjà au-dessus du sol, de fortes et larges branches partent habituellement du tronc du chêne pédonculé. L'écorce des jeunes arbres est brillante et va du verdâtre au gris-blanc. En vieillissant, elle se crevasse et devient brun-gris à noirâtre. Les bourgeons anguleux brun clair sont ovoïdes aigus. Munis d'un très grand nombre d'écailles, ils contiennent des feuilles, et parfois aussi des fleurs. Les feuilles au pétiole très court sont lobées et auriculées de part et d'autre de leur pétiole ; elles sont alternes et groupées en touffes à l'extrémité des nouvelles pousses. La floraison commence entre 40 et 80 ans. Les fleurs mâles forment de longs chatons pendants sur les pousses de l'année précédente ; les fleurs femelles, plus discrètes, se développent seules ou en groupes de 2 à 5 sur des pédoncules courts communs à l'extrémité des pousses de l'année. Elles se composent d'un ovaire et de trois stigmates. Les fruits, des glands longuement pédonculés, mûrissent de fin septembre à octobre.

Standort

Die Stieleiche bevorzugt kalkhaltige, tiefgründige, nicht nährstoffarme, lehmige bis tonige und nicht austrocknende Braunerde-Böden. Sie ist allerdings am häufigsten in trockenen, feuchten oder sauren Laubmischwäldern zu finden, wo sie einem geringeren Konkurrenzdruck durch die Buche ausgesetzt ist.

Verbreitung

Die Stieleiche kommt von Spanien bis zum Ural und von Nordafrika bis Mittelschweden vor. Die Art ist in der Schweiz in der kollinen und submontanen Stufe verbreitet. Sie kommt in der Regel nur bis 1000 m ü. M., in einigen Gebieten, z.B. im Berner Oberland und in Graubünden, bis 1400 m ü. M. vor. In den Kantonen Wallis und Graubünden ist die Stieleiche eher selten.

---

172   QUERCUS ROBUR L.   *quercia farnia (penduncolato), farnia*

Habitat

Le chêne pédonculé préfère les sols bruns limoneux à argileux profonds, contenant du calcaire, assez riches en éléments nutritifs et ne se desséchant pas. On le rencontre le plus souvent dans des forêts de feuillus mixtes sèches, humides ou acides, où il est confronté à la faible concurrence du hêtre.

Distribution

Le chêne pédonculé est répandu de l'Espagne à l'Oural et de l'Afrique du Nord au centre de la Suède. Cette essence est répandue en Suisse aux étages collinéen et submontagnard. En règle générale, elle apparaît seulement jusqu'à 1000 m d'altitude, mais on la rencontre jusqu'à 1400 m dans certaines régions comme l'Oberland bernois et les Grisons. Le chêne pédonculé est plus rare dans les cantons du Valais et des Grisons.

Phänologie

Blattentfaltung (Abbildung 8, Seite 55)
Vom jungen Trieb entfalten sich zuerst die untersten, in der Knospe aussen liegenden Blätter. Die Blätter sind rasch entfaltet, noch bevor sie die Hälfte ihrer endgültigen Grösse erreicht haben. Zwischen den verschiedenen Ästen eines Baumes kann es zeitlich zu Unterschieden im Blattausbruch von bis zu zwei Wochen kommen.
Der später im Jahr stattfindende Johannistrieb (das Austreiben von Knospen, die eigentlich für das folgende Jahr angelegt sind) soll nicht berücksichtigt werden. Die Stieleiche bildet neben Langtrieben vorwiegend Kurztriebe mit meist vier bis sechs Blättern.

Datumsmethode
♠   *Beginn der Blattentfaltung:* Aus drei Knospen des Einzelbaumes, bzw. aus jeweils drei Knospen an drei Bäumen des Bestandes, haben sich die ersten Blätter herausgeschoben und entfaltet, so dass die ganze Blattfläche sowie der Blattansatz sichtbar sind.
♠   *Allgemeine Blattentfaltung:* 50% der Blätter des Einzelbaumes bzw. des Baumbestandes, d.h. im Durchschnitt etwa drei Blätter pro Knospe, haben sich entfaltet, so dass die ganze Blattfläche sowie der Blattansatz sichtbar sind.

Phénologie

Déploiement des feuilles (figure 8, page 55)
Ce sont d'abord les feuilles les plus basses, situées le plus à l'extérieur dans le bourgeon, qui se déploient sur la jeune pousse. Elles sont rapidement déployées, avant même d'avoir atteint la moitié de leur taille définitive. Entre les différentes branches d'un même arbre, les feuilles peuvent éclore avec jusqu'à deux semaines d'intervalle.
La pousse de la Saint-Jean qui a lieu plus tard dans l'année (débourrement de bourgeons qui sont en réalité préparés pour l'année suivante) ne sera pas prise en compte. Le chêne pédonculé forme des rameaux longs, mais surtout des rameaux courts ayant généralement quatre à six feuilles.

Méthode de la date
♠   *Début du déploiement des feuilles :* sur l'arbre observé, les premières feuilles ont émergé de trois bourgeons et se sont déployées en faisant apparaître leur surface entière ainsi que leur pétiole. Dans un peuplement, cela doit être le cas sur trois arbres.
♠   *Déploiement général des feuilles :* 50 % des feuilles de l'arbre ou du peuplement, soit en moyenne trois par bourgeon, se sont déployées en faisant apparaître leur surface entière ainsi que leur pétiole.

Prozent-Schätzmethode
- Durchschnittlich treiben bei der Stieleiche sechs Blätter pro Knospe aus. Der aktuelle Anteil entfalteter Blätter, d.h. Blätter, bei denen die ganze Blattfläche sowie der Blattansatz sichtbar sind, ist abzuschätzen.

Blattverfärbung (Farbbilder 5A, 5B, 5C; Seite 103)
Bei der Stieleiche findet die Verfärbung in der Regel von den inneren zu den äusseren Kronenteilen statt. Häufig bleibt das herbstlich verfärbte Laub noch lange an den Ästen hängen.

Datumsmethode
- *Beginn der Blattverfärbung:* 10% der sommerlichen Blattfläche des Einzelbaumes, bzw. des Baumbestandes, ist herbstlich verfärbt (d.h. gelb oder braun) oder bereits abgefallen. Nicht gemeint ist die Dürrelaubverfärbung, die als Folge grosser Hitze- und Dürreperioden oder anderer Einflüsse wesentlich früher eintritt. Diese ist speziell zu vermerken.
- *Allgemeine Blattverfärbung:* 50% der sommerlichen Blattfläche des Einzelbaumes, bzw. des Baumbestandes, ist herbstlich verfärbt (d.h. gelb oder braun) oder bereits abgefallen.

Prozent-Schätzmethode
- Der Anteil der herbstlich verfärbten (d.h. gelben oder braunen) oder bereits abgefallenen Blattfläche an der gesamten sommerlichen Blattfläche ist abzuschätzen.

174   QUERCUS ROBUR L.   *quercia farnia (penduncolato), farnia*

Méthode d'estimation du pourcentage
- Chez le chêne pédonculé, un bourgeon donne en moyenne six feuilles. Il s'agit d'estimer le pourcentage actuel des feuilles déployées (feuilles dont la surface entière et le pétiole apparaissent).

Coloration des feuilles (photos couleur 5A, 5B, 5C ; page 103)
Les feuilles du chêne pédonculé se colorent généralement des parties intérieures aux parties extérieures de la couronne. Souvent, le feuillage d'automne coloré persiste encore longtemps sur les branches.

Méthode de la date
- *Début de la coloration des feuilles :* 10 % de la surface foliaire estivale de l'arbre ou du peuplement a changé de couleur ; les feuilles sont jaunes à brunes ou déjà tombées. La coloration du feuillage due à la sécheresse sera notée à part. Elle a lieu bien plus tôt suite, entre autres, à de longues périodes de chaleur.
- *Coloration générale des feuilles :* 50 % de la surface foliaire estivale de l'arbre ou du peuplement a changé de couleur ; les feuilles sont jaunes à brunes ou déjà tombées.

Méthode d'estimation du pourcentage
- Il s'agit d'estimer le pourcentage de la surface des feuilles ayant changé de couleur (jaunes à brunes) ou déjà tombées par rapport à la surface foliaire estivale totale.

Hängebirke

Birke, Warzenbirke, Weissbirke, Sandbirke, Harzbirke

Merkmale

Die Hängebirke wird ein bis ca. 25 m hoher Baum und hat, wie ihr Name sagt, auffallend hängende Äste. Ebenso auffallend ist ihre weisse Rinde, die aber an alten Stämmen rissig und oft überwiegend schwarz bis grau sein kann. Die Knospen sind relativ kurz, in der Form oval, aber spitzig. Die Hängebirke hat ein auffällig langstieliges, im Umriss rautenförmig bis dreieckiges Blatt, das doppelt gezähnt ist. Die männlichen Blütenstände sind hängende Kätzchen, die auf demselben Baum wachsenden weiblichen Blütenstände dagegen stehen zur Blütezeit aufrecht und werden erst mit zunehmender Reife zu hängenden bis 3 cm langen Fruchtzäpfchen mit vielen auffällig geflügelten kleinen Nussfrüchten.

Rechnet man die nur noch in Herbarbelegen vorkommende niederliegende Birke *(Betula humilis)* mit ein, sind in der Schweiz vier Birkenarten heimisch. Die Hängebirke ist als grosser Baum nur mit der Moor-Birke *(Betula pubescens)* zu verwechseln, welche vorwiegend, aber nicht ausschliesslich auf nässeren bzw. moorigen Standorten wächst. Da beide Arten oft bastardisieren, sind nur solche Bäume auszuwählen, die in allen der untenstehenden Merkmalen eindeutig als Hängebirke zu identifizieren sind.

betulla bianca, betulla, betulla d'argento **BETULA PENDULA ROTH** 175

Bouleau pendant

bouleau, bouleau verruqueux

Caractéristiques

Le bouleau pendant est un arbre atteignant 25 m de haut qui, comme son nom l'indique, se caractérise par ses branches pendantes. Son écorce blanche est également particulière. Cependant, sur les vieux troncs, elle peut se fissurer et devient souvent grise à noire. Les bourgeons du bouleau pendant sont relativement courts, ovales, mais aigus. Les feuilles rhomboïdales à triangulaires sont doublement dentées et munies d'un très long pétiole. Les inflorescences mâles sont des chatons pendants ; les inflorescences femelles poussent sur le même arbre, mais sont dressées à la floraison. Ce n'est qu'en mûrissant qu'elles se transforment en cônes pendants mesurant jusqu'à 3 cm de long et composés de nombreux petits akènes ailés.

En comptant le bouleau peu élevé *(Betula humilis)* dont la présence n'est attestée que dans les herbiers, il existe en Suisse quatre espèces indigènes de bouleaux. Le bouleau pendant, un grand arbre, ne peut être confondu qu'avec le bouleau pubescent *(Betula pubescens)* qui pousse surtout, mais pas exclusivement, dans des stations plus mouillées comme les marais. Puisque ces deux espèces s'hybrident souvent, on choisira uniquement des arbres que l'on est sûr de pouvoir identifier comme bouleaux pendants en tenant compte de toutes les caractéristiques mentionnées ci-dessous.

Vergleich der wichtigsten Bestimmungsmerkmale zwischen Hänge- und Moorbirke:

	Hängbirke *Betula pendula* ROTH	**Moorbirke** *Betula pubescens* EHRH.
Zweige	meist hängend, kahl	abstehend oder aufwärts gerichtet, ± behaart
Stamm	oben weiss und glatt, unten dunkel und tief rissig	weiss bis hellbraun und glatt
Blätter	kahl	unterseits in der Jugend behaart (manchmal nur in den Nervenwinkeln)
Früchte	durchsichtige Flügel 2–3 mal so breit wie die Nüsschen	durchsichtige Flügel nur 1–1,5 mal so breit wie die Nüsschen

176   BETULA PENDULA ROTH   *betulla bianca, betulla, betulla d'argento*

Comparaison des principaux caractères d'identification des bouleaux pendants et pubescents :

	Bouleau pendant *Betula pendula* ROTH	**Bouleau pubescent** *Betula pubescens* EHRH.
Branches	généralement retombantes, glabres	dressées ou étalées, ± velues
Tronc	blanc et lisse en haut, foncé et crevassé à la base	blanc à brun clair et lisse
Feuilles	glabres	à l'état jeune, face inférieure velue (parfois uniquement à l'aisselle des nervures)
Fruits	ailes transparentes, 2–3 fois plus larges que l'akène	ailes transparentes, seulement 1–1.5 fois plus larges que l'akène

Standort

Die Hängebirke ist eine Lichtbaumart und deshalb ein ausgesprochener Pionierbaum. Sie wächst im Ufergelände, auf Torfmooren und in Wäldern, oft auf Kahlflächen, Rutschungen oder Brachland. Den hohen Ansprüchen an das Licht steht eine grosse Anspruchslosigkeit dem Boden und dem Klima gegenüber. Sie kann sowohl auf nassen, moorigen, als auch auf trockenen, kalkhaltigen Böden vom Tiefland bis fast an die Waldgrenze wachsen. Unter den Laubbäumen steigt nur die Vogelbeere höher hinauf. In der Schweiz ist sie fast nur auf sauren bis sehr sauren Böden vertreten.

Verbreitung

Das Areal der Hängebirke umfasst nahezu ganz Europa von Nordportugal bis Nordskandinavien und im Osten bis an den zentralasiatischen Steppenraum. Sie fehlt aber in den immergrünen Mittelmeerregionen. In der Schweiz wächst sie, mit einer Hauptverbreitung auf der Alpensüdseite, fast überall. Einzig im Jura und in den Voralpen ist sie gebietsweise selten.

betulla bianca, betulla, betulla d'argento **BETULA PENDULA ROTH** 177

Habitat

Le bouleau pendant est une essence héliophile et donc un véritable arbre pionnier. Il pousse dans les zones riveraines, dans les tourbières ou en forêt et colonise souvent des surfaces dénudées, des glissements de terrain ou des friches. Il est très exigeant en matière de lumière, mais très tolérant par rapport au sol et au climat. Il peut tout aussi bien pousser sur des sols mouillés, marécageux, que sur des sols secs contenant du calcaire, des régions basses jusque vers la limite de la forêt. Parmi les feuillus, seul le sorbier des oiseleurs atteint des zones encore plus élevées. En Suisse, on ne le rencontre pratiquement que sur les sols acides à très acides.

Distribution

L'aire du bouleau pendant recouvre presque toute l'Europe, du nord du Portugal au nord de la Scandinavie ; à l'est, elle s'étend jusqu'aux steppes de l'Asie centrale. Par contre, il n'apparaît pas dans les forêts sempervirentes des régions méditerranéennes. En Suisse, le bouleau pendant pousse presque partout, mais c'est au sud des Alpes qu'il est le plus fréquent. Il est rare dans certaines régions du Jura et des Préalpes seulement.

Phänologie

Eine Spezialität der Hängebirke ist es, dass Blüte und Blattaustrieb zeitlich eng miteinander verknüpft sind und dass sowohl die Blüten als auch die Blätter zuerst austreiben können.

Blattentfaltung (Abbildung 9, Seite 59)
Die Blätter der Birke entfalten sich wie ein Fächer, der aufgespreizt wird. Zu Beginn des Austriebs sind die Blätter entlang der Seitennerven fächerförmig zusammengefaltet und nach oben geklappt. Sobald das Blatt aus der Knospe tritt, klappen die Seitennerven gegen unten und spannen damit die Blattfläche auf. Das Blatt ist zu diesem Zeitpunkt nur etwa ¼ so gross wie im Sommer, hat aber schon seine typische Form. Das Aufklappen geschieht sehr ähnlich wie bei der Buche und beim Haselstrauch. Die Blätter gelten als entfaltet, sobald die ganze Blattfläche sichtbar ist. Die Birke gehört zum Pappel-Wachstumstyp, d.h. ihre Triebe wachsen bis weit in den Herbst hinein. Dabei entwickeln sich pro Trieb vier bis mehr als zehn Blätter. Die Gesamtzahl ist zu Beginn des Austriebes schwer abzuschätzen und vom Witterungsverlauf und den Nährstoffverhältnissen abhängig. Da das sommerliche Weiterwachsen des Triebes für den Austrieb im Frühling nicht mehr relevant ist, kommt folgende Hilfsdefinition für den Gesamtaustrieb zur Anwendung:
Für die Gehölze des Pappel-Wachstumstyps gilt diejenige Menge Blätter als Gesamtaustrieb, die sich im Verlaufe des ersten Monats seit der Entfaltung des ersten

178   BETULA PENDULA ROTH   *betulla bianca, betulla, betulla d'argento*

Phénologie

Chez le bouleau pendant, la floraison et l'émergence des feuilles ont lieu à la même époque ; aussi bien les fleurs que les feuilles peuvent apparaître en premier.

Déploiement des feuilles (figure 9, page 59)
Les feuilles du bouleau se déploient comme des éventails : au début, elles sont pliées en éventail le long des nervures secondaires et relevées. Dès qu'une feuille émerge du bourgeon, les nervures secondaires se rabattent en dépliant le limbe. Celui-ci est alors environ quatre fois plus petit qu'en été, mais il a déjà sa forme typique. Ce « dépliage » se fait à peu près comme chez le hêtre ou le noisetier. Les feuilles sont à considérer comme déployées dès que leur surface entière est visible.
Le bouleau appartient au type de croissance du peuplier, ce qui signifie que ses rameaux continuent de pousser jusqu'à tard en automne. Entre 4 et 10 feuilles ou plus se développent par rameau ; cependant, au début du bourgeonnement, il est difficile d'en estimer le nombre total, car il dépend des conditions météorologiques et des éléments nutritifs à disposition. Puisque la poursuite de la croissance des rameaux en été n'influence pas le bourgeonnement au printemps, on propose la définition auxiliaire suivante pour le bourgeonnement total :
pour les plantes ligneuses appartenant au type de croissance du peuplier, on considère comme bourgeonnement total la quantité de feuilles qui se sont développées au cours du premier mois suivant le déploiement de la première feuille. Chez le bou-

Blattes entwickelt haben. Bei der Birke sind dies im Durchschnitt etwa vier Blätter. Von diesen vier Blättern öffnen sich die ersten beiden fast gleichzeitig. Danach folgt eine Pause bis sich die weiteren Blätter entwickeln und entfalten.

Datumsmethode
* *Allgemeine Blattentfaltung:* 50% der Blätter des Einzelbaumes bzw. des Baumbestandes, d.h. im Durchschnitt etwa zwei Blätter pro Knospe, haben sich entfaltet, so dass die ganze Blattfläche sowie der Blattansatz sichtbar sind.

Prozent-Schätzmethode
Durchschnittlich treiben bei der Birke vier Blätter pro Knospe aus. Der aktuelle Anteil entfalteter Blätter, d.h. Blätter, bei denen die ganze Blattfläche sowie der Blattansatz sichtbar sind, ist abzuschätzen.

Blüte (Abbildung 10, Seite 61)
Der Zeitpunkt der Blüte wird bei der Hängebirke anhand der Entwicklung der männlichen Kätzchen bestimmt. Diese stehen durch den Winter hindurch meist am Ende der Triebe zu zweit oder zu dritt sparrig von den Ästen ab. Im Frühjahr beginnen sie sich von der Basis her aufzulockern, wobei sie sich leicht verlängern und zu hängen beginnen. Mit dem Auflockern werden die roten bis gelben Staubbeutel sichtbar. Ist dieses Stadium erreicht, können je nach Witterungsverlauf noch einige Tage vergehen, bis die Staubbeutel zu stäuben beginnen.

betulla bianca, betulla, betulla d'argento **BETULA PENDULA ROTH.** **179**

leau, il s'agit en moyenne d'environ quatre feuilles. Les deux premières s'ouvrent presque en même temps, puis il faut attendre un certain temps jusqu'à ce que les suivantes se développent et se déploient.

Méthode de la date
* *Déploiement général des feuilles :* 50 % des feuilles de l'arbre ou du peuplement, soit en moyenne deux par bourgeon, se sont déployées en faisant apparaître leur surface entière ainsi que leur pétiole.

Méthode d'estimation du pourcentage
Chez le bouleau pendant, un bourgeon donne en moyenne quatre feuilles. Il s'agit d'estimer le pourcentage actuel des feuilles déployées (feuilles dont la surface entière et le pétiole apparaissent).

Floraison (figure 10, page 61)
Chez le bouleau pendant, c'est le développement des chatons mâles qui permet de déterminer la date de la floraison. Durant tout l'hiver, ceux-ci s'écartent largement des branches par groupes de deux ou trois, généralement à l'extrémité des rameaux. Au printemps, ils commencent à se dégager de leur base, à s'allonger légèrement, puis à pendre. En même temps apparaissent les anthères rouges à jaunes. Une fois ce stade atteint, il peut encore se passer quelques jours selon les conditions météorologiques avant que les anthères commencent à disséminer leur pollen.

Datumsmethode

*   *Beginn der Blüte:* Der Beginn der Blüte gilt als erreicht, wenn drei männliche Kätzchen pro Baum, bzw. jeweils drei männliche Kätzchen an drei Bäumen des Bestandes, sich gestreckt haben, die Blüten offen sind und stäuben.
*   *Allgemeine Blüte:* 50% der männlichen Blütenkätzchen am Baum bzw. im Bestand haben sich gestreckt, die Blüten sind offen und stäuben, oder sie sind bereits wieder verwelkt.

Prozent-Schätzmethode

Der aktuelle Anteil der männlichen Blütenkätzchen mit offenen Blüten, d.h. die Kätzchen haben sich gestreckt und stäuben, oder die Blüten sind bereits wieder verwelkt, ist abzuschätzen.

Blattverfärbung (Farbbilder 6A, 6B, 6C; Seite 105) **und Blattfall**

Bei der Hängebirke verfärbt sich jedes Blatt individuell und es können in der Regel keine Einzeläste oder Astpartien ausgemacht werden, an denen die Herbstverfärbung beginnt.

Die Blattverfärbung beginnt bereits früh im September und kann bis weit in den Oktober dauern. Da die schön hell- bis goldgelb werdenden Blätter fortlaufend abfallen, scheint der Baum von weitem oft über Wochen hinweg gleich verfärbt. Dieses ständige über die gesamte Krone verteilte Verfärben und Abfallen der Blätter erschwert die Bestimmung des Zeitpunktes, an dem 50% der Blätter betroffen sind.

180   BETULA PENDULA ROTH   *betulla bianca, betulla, betulla d'argento*

Méthode de la date

*   *Début de la floraison :* sur l'arbre observé, trois chatons mâles sont ouverts ; ils se sont allongés et disséminent du pollen. Dans le peuplement, cela doit être le cas sur trois arbres.
*   *Floraison générale :* 50 % des chatons mâles de l'arbre ou du peuplement ont les fleurs ouvertes (ils se sont allongés et disséminent du pollen) ou déjà fanés.

Méthode d'estimation du pourcentage

Il s'agit d'estimer le pourcentage actuel des chatons mâles aux fleurs ouvertes, dont les chatons se sont allongés et qui disséminent leur pollen, ou qui sont déjà fanés.

Coloration (photos couleur 6A, 6B, 6C, page 105) **et chute des feuilles**

Les feuilles du bouleau pendant se colorent individuellement et en général on ne peut pas dire sur quelle branche ou quelle partie de branche la coloration d'automne a commencé.

La coloration des feuilles commence début septembre déjà et peut durer jusqu'à fin octobre. De loin, il semble souvent que l'arbre garde la même couleur durant des semaines, car ses belles feuilles qui virent au jaune clair et au jaune d'or tombent les unes après les autres. Comme les feuilles qui se colorent et qui tombent sont réparties sur l'ensemble de la couronne, il est difficile de déterminer à quel moment la moitié d'entre elles sont concernées.

Datumsmethode

✷ *Allgemeine Blattverfärbung:* 50% der sommerlichen Blattfläche des Einzelbaumes bzw. des Baumbestandes ist herbstlich verfärbt (d.h. gelb bis braun) oder bereits abgefallen.

Prozent-Schätzmethode

Der Anteil der herbstlich verfärbten (d.h. gelben bis braunen) oder bereits abgefallenen Blattfläche an der gesamten sommerlichen Blattfläche ist abzuschätzen.

Datumsmethode

✷ *Allgemeiner Blattfall:* 50% der Blätter am Einzelbaum bzw. im Bestand sind abgefallen. Blattfall auf Grund von Hagelschlag, Sturmwinden, Trockenheit oder Schädlingen ist speziell zu vermerken.

Prozent-Schätzmethode

Der Anteil der bereits abgefallenen Blattfläche an der gesamten sommerlichen Blattfläche ist abzuschätzen.

Méthode de la date

✷ *Coloration générale des feuilles :* 50 % de la surface foliaire estivale de l'arbre ou du peuplement a changé de couleur ; les feuilles sont jaunes à brunes ou déjà tombées.

Méthode d'estimation du pourcentage

Il s'agit d'estimer le pourcentage de la surface des feuilles ayant changé de couleur (jaunes à brunes) ou déjà tombées par rapport à la surface foliaire estivale totale.

Méthode de la date

✷ *Chute générale des feuilles :* 50 % des feuilles de l'arbre ou du peuplement sont tombées. La chute des feuilles provoquée par la grêle, les tempêtes, la sécheresse ou les parasites sera notée à part.

Méthode d'estimation du pourcentage

Il s'agit d'estimer le pourcentage de la surface des feuilles déjà tombées par rapport à la surface foliaire estivale totale.

Hasel

Haselstrauch, Haselnuss

Merkmale

Die Hasel wächst meist strauchartig, kann sich aber auch zu einem Baum mit kurzem, kräftigem Stamm entwickeln. Sie hat eine graubraune Rinde mit hellen Punkten. Die Triebknospen sind eiförmig, seitlich zusammengedrückt, abstehend und olivbraun bis braunocker. Daraus entfalten sich wechselständig angeordnete, ungeteilte und rundliche Blätter. Die Blüten der Hasel sind sehr klein und zu mehreren in eingeschlechtigen Blütenständen zusammengefasst. Die männlichen Blütenstände sind langgestreckte Kätzchen, die zu zweit bis zu viert an den Kurztrieben vorjähriger Zweige herunterhängen und zahlreiche Blüten mit je acht Staubblättern enthalten. Sie werden bereits im Sommer des Vorjahres angelegt. Die weiblichen Blütenstände bestehen aus nur zwei bis sechs reduzierten Blüten, deren rote Narben nur wenige Millimeter aus der Knospe herausragen. Als Frucht entwickelt sich eine Nuss, die von einem glockenförmigen Fruchtbecher aus verwachsenen Blättern umgeben ist.

182   **CORYLUS AVELLANA L.**   *nocciolo comune*

Noisetier

coudrier

Caractéristiques

Le noisetier ne dépasse généralement pas la taille d'un arbuste, mais il peut parfois se développer en un arbre au tronc court et vigoureux. Son écorce brun-gris est ponctuée de taches claires. Ses bourgeons ovoïdes, brun olive à brun ocre, sont comprimés latéralement et dressés. Il en émerge des feuilles alternes entières et orbiculaires. Les fleurs du noisetier sont très petites et regroupées à plusieurs dans des inflorescences unisexuées. Les inflorescences mâles sont des chatons allongés qui pendent par groupes de deux à quatre le long des rameaux courts des branches de l'année précédente ; elles se composent de nombreuses fleurs à huit étamines chacune et sont déjà préparées durant l'été de l'année qui précède. Les inflorescences femelles comptent deux à six fleurs réduites seulement, dont les stigmates rouges ne dépassent du bourgeon que de quelques millimètres. Le fruit est une noisette entourée d'une cupule campanulée formée de bractées rabougries.

Standort

Die Hasel stellt keine hohen Ansprüche an den Boden. Häufig wächst sie an Waldrändern, als Unterholz in verschiedenen Laub und Nadelwaldtypen oder in Feldhecken.

Verbreitung

Die Hasel ist von Südskandinavien bis Südeuropa und Kleinasien verbreitet. In der Schweiz ist sie häufig anzutreffen, kommt in den Alpen jedoch nur etwa bis 1400 m ü. M. vor.

Phänologie

Blattentfaltung (Abbildung 11, Seite 65)
Die Blattentfaltung der Hasel erfolgt deutlich später als die Blüte. Am jungen Trieb, der sich oft schräg nach hinten aus den grossen Knospenschuppen herausdrängt, sind schon sehr früh mehrere Blätter zu sehen. Sie sind noch ganz zusammengefaltet, öffnen sich aber langsam fächerförmig, ähnlich wie die Birkenblätter. Die Ränder der jungen Blätter sind anfänglich nach unten gebogen und der Blattstiel ist sichtbar, noch bevor das ganze Blatt entfaltet ist.

nocciolo comune　　**CORYLUS AVELLANA L.**　　**183**

Habitat

Le noisetier n'est pas très exigeant en matière de sol. Il pousse souvent en lisière de forêt, comme sous-bois dans divers types de forêts de feuillus ou de conifères et dans les haies.

Distribution

Le noisetier est répandu du sud de la Scandinavie à l'Europe méridionale et à l'Asie mineure. On le rencontre souvent en Suisse, mais dans les Alpes il n'apparaît que jusque vers 1400 m d'altitude.

Phénologie

Déploiement des feuilles (figure 11, page 65)
Le déploiement du noisetier a lieu bien plus tard que la floraison. Sur la jeune pousse, qui sort souvent à l'arrière des grands bourgeons, on peut apercevoir très tôt plusieurs feuilles. Elles sont encore bien pliées, se déploient lentement, comme les feuilles de bouleau. Au début, le bord des jeunes feuilles est plié vers le bas et le pétiole est visible, avant le déploiement de la feuille entière.

An den Langtrieben, die über einen Meter lang werden können, entwickeln sich weit über zehn Blätter, während an den Kurztrieben drei bis sechs Blätter wachsen. Im Durchschnitt entwickeln sich etwa sechs Blätter pro Knospe.

Datumsmethode

✽   *Allgemeine Blattentfaltung:* 50% der Blätter des Einzelstrauches bzw. des Bestandes, d.h. im Durchschnitt etwa drei Blätter pro Knospe, haben sich entfaltet, so dass die ganze Blattfläche sowie der Blattansatz sichtbar sind.

Prozent-Schätzmethode

Durchschnittlich treiben beim Haselstrauch sechs Blätter pro Knospe aus. Der aktuelle Anteil entfalteter Blätter, d.h. Blätter, bei denen die ganze Blattfläche sowie der Blattansatz sichtbar sind, ist abzuschätzen.

184   CORYLUS AVELLANA L.   *nocciolo comune*

Sur les rameaux longs, qui peuvent dépasser un mètre, se développent plus de dix feuilles, tandis que sur les rameaux courts, on n'observera que trois à six feuilles. En moyenne, on dénombre six feuilles par bourgeon.

Méthode de la date

✽   *Déploiement général des feuilles :* 50 % des feuilles de l'arbuste ou du peuplement, soit en moyenne trois par bourgeon, se sont déployées en faisant apparaître leur surface entière ainsi que leur pétiole.

Méthode d'estimation du pourcentage

Chez le noisetier, un bourgeon donne en moyenne six feuilles. Il s'agit d'estimer le pourcentage actuel des feuilles déployées (feuilles dont la surface entière et le pétiole apparaissent).

Blüte (Abbildung 12, Seite 67)

Die Phänophasen werden nach der Entwicklung der männlichen Blüten beurteilt. Die Hasel blüht vor der Blattentfaltung im Vorfrühling. In Jahren mit extrem günstigen Witterungsverhältnissen kann sie bereits im Winter des Vorjahres blühen. In diesem Fall soll die Beobachtung unter dem Folgejahr notiert werden.

Datumsmethode

✿ ♣ *Beginn der Blüte:* Drei männliche Blütenkätzchen des Einzelstrauches, bzw. jeweils drei männliche Blütenkätzchen an drei Sträuchern des Bestandes, haben sich auf 4 bis 6 cm Länge gestreckt, die Blüten sind geöffnet und geben gelben Blütenstaub ab. Ob das Stäuben schon eingetreten ist, lässt sich gut feststellen, wenn man die männlichen Kätzchen schüttelt.

✿ ♣ *Allgemeine Blüte:* 50% der männlichen Blütenkätzchen des Einzelstrauches bzw. des Strauchbestandes haben sich auf 4 bis 6 cm Länge gestreckt, die Blüten sind geöffnet und stäuben, wenn sie geschüttelt werden, oder sie sind bereits wieder verwelkt.

Prozent-Schätzmethode

♣ Der aktuelle Anteil der männlichen Blütenkätzchen mit offenen Blüten ist abzuschätzen. Offen heisst, die Kätzchen haben sich auf 4 bis 6 cm Länge gestreckt und die Blüten stäuben oder sind bereits wieder verwelkt.

Floraison (figure 12, page 67)

Les phénophases sont jugées d'après le développement des fleurs mâles. Le noisetier fleurit au début du printemps avant le déploiement des feuilles. Lorsque les conditions météorologiques sont particulièrement favorables, il peut déjà fleurir durant l'hiver de l'année précédente. Le cas échéant, on notera l'observation sous l'année qui suit.

Méthode de la date

✿ ♣ *Début de la floraison :* sur l'arbuste observé, trois chatons mâles sont ouverts ou, dans un peuplement, trois chatons mâles sur trois arbustes ; ils se sont allongés et atteignent une longueur de 4 à 6 cm et disséminent du pollen jaune. Dans le peuplement, cela doit être le cas sur trois arbustes. En secouant les chatons mâles, on voit facilement si la pollinisation a déjà lieu.

✿ ♣ *Floraison générale :* 50 % des chatons mâles de l'arbuste ou du peuplement sont ouverts, ils atteignent 4 à 6 cm de long et disséminent du pollen jaune lorsqu'on les secoue, ou sont déjà fanés.

Méthode d'estimation du pourcentage

♣ Il s'agit d'estimer le pourcentage actuel des chatons mâles ouverts, qui atteignent une longueur de 4 à 6 cm et qui disséminent leur pollen, ou sont déjà fanés.

Vogelbeere
Vogelbeerbaum, Eberesche

Merkmale

Die Vogelbeere tritt meist als Strauch auf, kann aber bis zu einem mittelgrossen Baum mit ziemlich lockerer Krone auswachsen. Die Rinde ist gelblich-grau und glänzend, im Alter wird sie zunehmend grauschwarz und längsrissig. Die langen, spitzen und weiss-filzig behaarten Seitenknospen sind meist leicht gekrümmt und dem Zweig anliegend. Sie enthalten entweder nur Blätter oder Blätter und Blüten. Die Laubblätter bestehen aus 9 bis 19 länglich-lanzettlichen, kaum gestielten, am Rande scharf gesägten Fiederblättchen. Die Vogelbeere beginnt im Alter von 10 bis 20 Jahren zu blühen und bildet dann meist jedes Jahr Früchte. Die zwittrigen, weissen Blüten sind in aufrechten, endständigen Trugdolden angeordnet. Sie besitzen je fünf Kelch- und Kronblätter sowie zwei bis vier Griffel und 15 bis 25 Staubblätter. Die Früchte werden erbsengross und sind zuerst gelb, im reifen Zustand korallenrot gefärbt. Sie bleiben häufig während des Winters am Baum.

Standort

Die Vogelbeere gedeiht am besten auf frischen, lockeren und fruchtbaren Böden, wächst aber auch auf trockenen und mageren Böden. Häufig finden wir sie in lichten Laub- und Nadelwäldern, an Windwurfstellen oder an der Waldgrenze.

---

186   SORBUS AUCUPARIA L.   *sorbo degli ucellatori, tamarindo, sorbo selvati*

Sorbier des oiseleurs

Caractéristiques

Le sorbier des oiseleurs apparaît généralement sous forme d'arbuste, mais il peut aussi devenir en un arbre de taille moyenne à la couronne relativement lâche. Son écorce gris-jaunâtre brillante devient de plus en plus noir-gris et se fissure longitudinalement avec l'âge. La plupart des bourgeons latéraux allongés, aigus et blanc-tomenteux sont légèrement courbés et appliqués à la branche. Ils renferment soit uniquement des feuilles, soit des feuilles et des fleurs. Les feuilles se composent de 9 à 19 folioles oblongues lancéolées à peine pétiolées, au pourtour fortement denté. Le sorbier des oiseleurs commence à fleurir à l'âge de 10 à 20 ans puis donne généralement des fruits chaque année. Les fleurs blanches hermaphrodites sont groupées en cymes dressées à l'extrémité des rameaux. Elles sont munies de cinq sépales et de cinq pétales chacune, ainsi que de deux à quatre styles et de 15 à 25 étamines. Les fruits qui atteignent la taille d'un petit pois sont d'abord jaunes, puis rouge corail à maturité. Ils restent souvent à l'arbre durant l'hiver.

Habitat

Le sorbier des oiseleurs croît le plus volontiers sur des sols fertiles frais et légers, mais il pousse aussi sur des sols secs et maigres. On le rencontre souvent dans des forêts de feuillus et de conifères claires, sur des zones de chablis ou à la limite de la forêt.

Verbreitung

Der Schwerpunkt der Verbreitung der Vogelbeere liegt im nördlichen Europa und in Westasien. Die Art kommt in der ganzen Schweiz, gehäuft in der montanen und subalpinen Stufe, vor.

Phänologie

Blattentfaltung (Abbildung 13, Seite 69)
Die Blätter der Vogelbeere gelten dann als entfaltet, wenn sich alle Fiederblättchen vollständig entfaltet haben, wobei deren volle Grösse noch nicht erreicht ist. Der später im Jahr stattfindende Johannistrieb (das Austreiben von Knospen, die eigentlich für das folgende Jahr angelegt sind) soll nicht berücksichtigt werden. Kurztriebe bilden in der Regel zwei bis vier Blätter, Langtriebe können deutlich mehr Blätter entwickeln.

Datumsmethode
♠ *Beginn der Blattentfaltung:* Aus drei Knospen des Einzelbaumes, bzw. aus jeweils drei Knospen an drei Bäumen des Bestandes, haben sich die ersten Blätter herausgeschoben und entfaltet, so dass die ganze Blattfläche und der Blattstiel sichtbar sind.

sorbo degli ucellatori, tamarindo, sorbo selvati **SORBUS AUCUPARIA L.** **187**

Distribution

C'est au nord de l'Europe et à l'ouest de l'Asie que le sorbier des oiseleurs est le plus répandu. Cette espèce est présente dans l'ensemble de la Suisse, en grande quantité aux étages montagnard et subalpin.

Phénologie

Déploiement des feuilles (Figure 13, page 69)
Les feuilles du sorbier des oiseleurs sont à considérer comme déployées lorsque leurs folioles se sont entièrement dépliées, même si elles n'ont pas encore atteint leur taille finale. La pousse de la Saint-Jean qui a lieu plus tard dans l'année (débourrement de bourgeons qui en réalité sont préparés pour l'année suivante) ne sera pas prise en compte. Les rameaux courts forment en règle générale deux à quatre feuilles, alors que les rameaux longs peuvent en développer nettement plus.

Méthode de la date
♠ *Début du déploiement des feuilles :* sur l'arbuste observé, les premières feuilles ont émergé de trois bourgeons et se sont déployées en faisant apparaître leur surface entière ainsi que leur pétiole. Dans un peuplement, cela doit être le cas sur trois arbustes.

✱ ▲   *Allgemeine Blattentfaltung:* 50% der Blätter des Einzelbaumes bzw. des Baumbestandes, d.h. im Durchschnitt etwa zwei Blätter pro Knospe, haben sich entfaltet, so dass die ganze Blattfläche und der Blattstiel sichtbar sind.

Prozent-Schätzmethode

▲   Durchschnittlich treiben bei der Vogelbeere vier Blätter pro Knospe aus. Der aktuelle Anteil entfalteter Blätter, d.h. Blätter, bei denen die ganze Blattfläche sowie der Blattansatz sichtbar sind, ist abzuschätzen.

Blüte (Abbildung 14, Seite 71)

Die Vogelbeere blüht im Vollfrühling, kurz nach der Blattentfaltung.

Datumsmethode

✱ ▲   *Beginn der Blüte:* Von drei Blütenständen des Einzelbaumes, bzw. von jeweils drei Blütenständen an drei Bäumen des Bestandes, haben sich die ersten Blüten mehr als U-förmig geöffnet. Die Staubgefässe sind zwischen den entfalteten Blütenblättern sichtbar.

✱ ▲   *Allgemeine Blüte:* 50% der Blüten am Baum bzw. im Bestand sind offen, d.h. die Kronblätter sind mehr als U-förmig geöffnet und die Staubfäden sind sichtbar, oder die Blüten sind bereits wieder verwelkt.

Prozent-Schätzmethode

▲   Der aktuelle Anteil der offenen Blüten (d.h. die Kronblätter sind mehr als U-förmig geöffnet und die Staubfäden sind sichtbar, oder die Blüten sind bereits wieder verwelkt) ist abzuschätzen.

188   SORBUS AUCUPARIA L.   *sorbo degli ucellatori, tamarindo, sorbo selvati*

✱ ▲   *Déploiement général des feuilles :* 50 % des feuilles de l'arbuste ou du peuplement, soit en moyenne deux par bourgeon, se sont déployées en faisant apparaître leur surface entière ainsi que leur pétiole.

Méthode d'estimation du pourcentage

▲   Chez le sorbier des oiseleurs, un bourgeon donne en moyenne quatre feuilles. Il s'agit d'estimer le pourcentage actuel des feuilles déployées (feuilles dont la surface entière et le pétiole apparaissent).

Floraison (figure 14, page 71)

Le sorbier des oiseleurs fleurit en plein printemps, peu après le déploiement des feuilles.

Méthode de la date

✱ ▲   *Début de la floraison :* sur l'arbuste observé, les premières fleurs de trois inflorescences se sont ouvertes dépassant la forme d'un U ; les étamines apparaissent entre les pétales déployés. Dans un peuplement, cela doit être le cas sur trois arbustes.

✱ ▲   *Floraison générale :* 50 % des fleurs de l'arbuste ou du peuplement sont ouvertes (l'ouverture des pétales dépasse la forme d'un U et les filets apparaissent) ou déjà fanées.

Méthode d'estimation du pourcentage

▲   Il s'agit d'estimer le pourcentage actuel des fleurs ouvertes (chez lesquelles l'ouverture des pétales dépasse la forme d'un U et les filets apparaissent) ou déjà fanées.

Fruchtreife (Farbbild 7, Seite 107)

In den phänologischen Spätsommer fällt die Reife der kleinen Früchte. Die Beobachtung der Fruchtreife erfordert erhöhte Aufmerksamkeit, da sich die Färbung von gelb bis korallenrot über einen längeren Zeitraum hinzieht.

Datumsmethode

♠ *Beginn der Fruchtreife:* Die ersten Einzelfrüchte von drei Dolden des Einzelbaumes, bzw. von jeweils drei Dolden an drei Bäumen des Bestandes, haben ihr normales Reifestadium erreicht und damit ihre endgültige Färbung angenommen.

✹ ♠ Allgemeine Fruchtreife: 50% der Einzelfrüchte des Einzelbaumes bzw. des Baumbestandes haben ihr normales Reifestadium erreicht und damit ihre endgültige Färbung angenommen.

Prozent-Schätzmethode

♠ Der aktuelle Anteil der reifen Früchte, die ihr normales Reifestadium erreicht und damit ihre endgültige Färbung angenommen haben, ist abzuschätzen.

Blattverfärbung (Farbbilder 8A, 8B, Seite 107) **und Blattfall**

Im Herbst verfärben sich die Blätter der Vogelbeere rot bis rotbraun, sie können aber zuerst auch gelb werden. Oft bestehen zwischen den einzelnen Teilblättern Verfärbungsunterschiede. Die verfärbten Teilblätter fallen laufend ab.

Maturité des fruits (photo couleur 7, page 107)

Les petits fruits du sorbier sont mûrs vers la fin de l'été phénologique. L'observation de la maturité des fruits exige une grande attention, car le passage du jaune au rouge corail s'étend sur une assez longue période.

Méthode de la date

♠ *Début de la maturité des fruits :* sur l'arbuste observé, les premiers fruits de trois corymbes ont atteint leur stade de maturité normal en prenant leur coloration définitive. Dans un peuplement, cela doit être le cas sur trois arbustes.

✹ ♠ *Maturité générale des fruits :* 50 % des fruits de l'arbuste ou du peuplement ont atteint leur stade de maturité normal en prenant leur coloration définitive.

Méthode d'estimation du pourcentage

♠ Il s'agit d'estimer le pourcentage actuel des fruits mûrs ayant atteint leur stade de maturité normal en prenant leur coloration définitive.

Coloration (photos couleur 8A, 8B, page 107) **et chute des feuilles**

En automne, les feuilles du sorbier des oiseleurs deviennent rouges à brun-rouge en passant parfois par le jaune. Chaque foliole peut se colorer indépendamment de sa voisine. En règle générale, les feuilles colorées tombent de l'arbre en permanence.

Datumsmethode

⚘ *Beginn der Blattverfärbung:* 10% der sommerlichen Blattfläche des Einzelbaumes bzw. des Baumbestandes ist herbstlich verfärbt (d.h. gelb, rot oder
braun) oder bereits abgefallen. Nicht gemeint ist die Dürrelaubverfärbung,
die als Folge grosser Hitze- und Dürreperioden oder anderer Einflüsse
wesentlich früher eintritt. Diese ist speziell zu vermerken.

❀ ⚘ *Allgemeine Blattverfärbung:* 50% der sommerlichen Blattfläche des Einzelbaumes bzw. des Baumbestandes ist herbstlich verfärbt (d.h. gelb, rot oder
braun) oder bereits abgefallen.

Prozent-Schätzmethode

⚘ Der Anteil der herbstlich verfärbten (d.h. gelben, roten oder braunen) oder
bereits abgefallenen Blattfläche an der gesamten sommerlichen Blattfläche
ist abzuschätzen.

Datumsmethode

❀ *Allgemeiner Blattfall:* 50% der Blattfläche am Einzelbaum bzw. im Bestand
ist abgefallen. Blattfall auf Grund von Hagelschlag, Sturmwinden, Trockenheit oder Schädlingen ist speziell zu vermerken.

Prozent-Schätzmethode

Der Anteil der bereits abgefallenen Blattfläche an der gesamten sommerlichen Blattfläche ist abzuschätzen.

190   SORBUS AUCUPARIA L.   *sorbo degli ucellatori, tamarindo, sorbo selvati*

Méthode de la date

⚘ *Début de la coloration des feuilles:* 10 % de la surface foliaire estivale de
l'arbuste ou du peuplement a changé de couleur ; les feuilles sont jaunes,
rouges à brunes ou déjà tombées. La coloration du feuillage due à la
sécheresse sera notée à part. Elle a lieu bien plus tôt suite, entre autres, à de
longues périodes de chaleur.

❀ ⚘ *Coloration générale des feuilles:* 50 % de la surface foliaire estivale de
l'arbuste ou du peuplement a changé de couleur ; les feuilles sont jaunes,
rouges à brunes ou déjà tombées.

Méthode d'estimation du pourcentage

⚘ Il s'agit d'estimer le pourcentage de la surface des feuilles ayant changé de
couleur (jaunes, rouges à brunes) ou déjà tombées par rapport à la surface
foliaire estivale totale.

Méthode de la date

❀ *Chute générale des feuilles:* 50 % des feuilles de l'arbre ou du peuplement
sont tombées. La chute des feuilles provoquée par la grêle, les tempêtes, la
sécheresse ou les parasites sera notée à part.

Méthode d'estimation du pourcentage

Il s'agit d'estimer le pourcentage de la surface des feuilles déjà tombées par
rapport à la surface foliaire estivale totale.

Robinie

Gemeine Robinie, falsche Akazie, Scheinakazie

Merkmale

Die Robinie ist die einzige baumförmige Vertreterin der Familie der Schmetterlings-
blütler (Fabaceae), die bei uns spontan wächst. Sie wurde im Jahre 1602 in Europa
eingeführt und verdrängt in sommertrockenen Gebieten die einheimischen
Gehölze, insbesondere die Flaumeiche.

Im Winter wirkt die Robinie durch die Form der grobrissigen, dicken Borke, der
lockeren, unregelmässigen Beastung und der dornigen Zweige streng und grob. Im
Sommer dagegen geben die unpaarig gefiederten, wechselständigen Blätter, die aus
sehr kleinen Knospen austreiben, dem bis zu 25 m hohen Baum ein leichtes
Aussehen. Die zur Blütezeit hängenden Trauben mit ihren attraktiven und stark
duftenden weissen Blüten ergänzen den Sommeraspekt. Die Früchte sind für die
Pflanzenfamilie typische, rotbraune bis schwarze ca. 10 cm lange, hin und her gebogene, platte Hülsen. Holz, junge Triebe, Samen und Wurzeln der Robinie sind giftig.

robinia, falsa acacia **ROBINIA PSEUDOACACIA L.** 191

Robinier

faux acacia

Caractéristiques

Le robinier est le seul arbre représentant la famille des Papilionacées (Fabacées) qui
pousse spontanément chez nous. Il a été introduit en Europe en 1602 ; dans les
régions à été sec, il supplante les plantes ligneuses indigènes, en particulier le chêne
pubescent.

En hiver, son écorce épaisse grossièrement crevassée, son branchage lâche et ses
branches hérissées d'épines donnent un air austère à cet arbre qui peut atteindre
25 m de haut. Par contre, en été, ses feuilles imparipennées alternes, qui éclosent de
très petits bourgeons, le font apparaître plus léger. Ses belles grappes de fleurs
blanches très odorantes qui pendent à l'époque de la floraison renforcent cet aspect
estival. Les fruits, des gousses aplaties brun-rouge à noires d'environ 10 cm de long
et ondulées, sont typiques de cette famille. Le bois, les jeunes pousses, les graines
ainsi que les racines du robinier sont toxiques.

Standort

Die Robinie wächst auf flach- bis tiefgründigen, sandigen Kies- oder Lehmböden. In lichten Wäldern oder als Pioniergehölz finden wir sie häufig zusammen mit der Birke. Sie ist aber auch in Auen- und Schwemmlandgebieten grösserer Fliessgewässer anzutreffen. Durch ihre intensive Bodendurchwurzelung, ihre Wurzelbruten und ihre Fähigkeit, Stickstoff im Boden anzureichern, vermag sie die Standorteigenschaften zu ihren Gunsten zu verändern.

Verbreitung

Die aus Nordamerika eingeführte Robinie erträgt trockene Sommer und strenge Winter, ist aber belaubt sehr frostempfindlich. In ihrer neuen Heimat Europa ist sie in den kontinental geprägten Teilen Mittel- und Osteuropas am stärksten verbreitet. In der Schweiz wächst sie vor allem auf der Alpensüdseite, im Wallis und in den Weinanbaugebieten des Mittellandes unterhalb 600 m ü. M., kann aber bis auf über 1000 m ü. M. steigen. Sie wird oft als Zierbaum angepflanzt.

192   ROBINIA PSEUDOACACIA L.   *robinia, falsa acacia*

Habitat

Le robinier pousse sur des sols sablonneux graveleux ou limoneux peu à très profonds. On le rencontre souvent associé au bouleau dans les forêts claires ou en tant qu'espèce pionnière. Mais il apparaît aussi dans les zones alluviales des grands cours d'eau. Grâce à son enracinement intense, à ses drageons et à sa faculté de stocker l'azote dans le sol, il est capable de modifier les propriétés de la station à son avantage.

Distribution

Le robinier, introduit d'Amérique du Nord, supporte des étés secs et des hivers rigoureux, mais son feuillage est très sensible au gel. En Europe, son continent d'adoption, c'est au centre et à l'est qu'il est le plus répandu, dans les régions marquées par un climat continental. En Suisse, il pousse surtout au sud des Alpes, en Valais et dans les régions viticoles du Plateau en dessous de 600 m d'altitude, mais il peut grimper jusqu'à plus de 1000 m. Il est souvent planté comme arbre d'ornement.

Phänologie

Blattentfaltung (Abbildung 15, Seite 75)

Aus winzigen Knospen treiben silbrig behaarte, zarte Triebe aus. Anfangs überdecken sich die einzelnen, nach unten geklappten und zusammengefalteten Fiederblättchen noch gegenseitig. Die Mittelachse des Blattes und der Blattstiel verlängern sich aber schnell. Die Fiederblättchen beginnen sich von hinten nach vorne zu öffnen und aufzurichten, so dass sie für kurze Zeit wie kleine Schiffchen aussehen. Dabei wird die hellgrüne Blattoberseite sichtbar. Die ganze Aufrichtbewegung erfolgt von den unteren zu den oberen Teilblättchen. Das Robinienblatt gilt als geöffnet, sobald das oberste Teilblättchen vollständig geöffnet ist und damit die ganze Blattfläche sichtbar ist. Durchschnittlich entwickeln sich etwa sechs Blätter pro Knospe.

Datumsmethode

* *Allgemeine Blattentfaltung:* Bei 50% der Blätter am Baum bzw. im Bestand, d.h. bei durchschnittlich drei Blättern pro Knospe, sind alle Fiederblätter (inklusive das oberste Fiederblatt) vollständig entfaltet, so dass die ganze Blattfläche sichtbar ist.

Prozent-Schätzmethode

Durchschnittlich treiben bei der Robinie sechs Blätter pro Knospe aus. Der aktuelle Anteil der Blätter ist abzuschätzen, bei denen alle Fiederblätter (inklusive das oberste Fiederblatt) vollständig entfaltet sind, so dass die ganze Blattfläche sichtbar ist.

robinia, falsa acacia **ROBINIA PSEUDOACACIA L.** 193

Phénologie

Déploiement des feuilles (figure 15, page 75)

De tendres pousses velues argentées émergent de minuscules bourgeons. Au début, les différentes folioles, rabattues et repliées, se chevauchent encore l'une l'autre. Cependant, l'axe central ainsi que le pétiole de la feuille s'allongent rapidement. Les folioles commencent alors à s'ouvrir et à se redresser d'arrière en avant, si bien qu'elles ressemblent un court moment à de petites carènes. La face supérieure de la feuille, vert clair, apparaît. Ce mouvement de redressement se fait des folioles inférieures aux folioles supérieures. La feuille du robinier est à considérer comme déployée dès que la foliole la plus haute est entièrement ouverte, et donc que la surface entière de la feuille est visible. Six feuilles environ se développent en moyenne par bourgeon.

Méthode de la date

* *Déploiement général des feuilles :* chez 50 % des feuilles de l'arbre ou du peuplement, soit en moyenne chez trois feuilles par bourgeon, toutes les folioles (y compris la foliole supérieure) se sont entièrement déployées en faisant apparaître leur surface entière.

Méthode d'estimation du pourcentage

Chez le robinier, un bourgeon donne en moyenne six feuilles. Il s'agit d'estimer le pourcentage actuel des feuilles chez lesquelles toutes les folioles se sont entièrement déployées en faisant apparaître leur surface entière.

Blüte (Abbildung 16, Seite 77)
Die Blütenstände sind früh am sich entwickelnden Spross und den sich entfaltenden Blättern als aufrechte, dunkelgrüne Organe erkennbar. Mit zunehmender Reife verlängern sie sich stark, werden hängend, und die Spitzen der gelblich-weissen Kronblätter werden zwischen den Kelchblättern sichtbar. Die Blüte öffnet sich, indem zuerst die in der Blütensymmetrie oben stehende Fahne zurückklappt. Nun lockern sich auch die seitlichen Flügel links und rechts vom Schiffchen. Die Blüte gilt als geöffnet, sobald das oberste Kronblatt (die Fahne) in einem Winkel von mindestens 90° von den übrigen Kronblättern absteht.

Datumsmethode
* *Beginn der Blüte:* An drei Blütenständen des Baumes, bzw. an je drei Blütenständen von drei Bäumen im Bestand, haben sich die ersten Blüten vollständig geöffnet, d.h. die Fahne steht in einem Winkel von mindestens 90° von den übrigen Kronblättern ab.
* *Allgemeine Blüte:* 50% der Blüten am Baum bzw. im Bestand sind offen, d.h. die Fahne steht in einem Winkel von mindestens 90° von den übrigen Kronblättern ab, oder die Blüten sind bereits wieder verwelkt.

Prozent-Schätzmethode
Der aktuelle Anteil der offenen Blüten (d.h. die Fahne steht in einem Winkel von mindestens 90° von den übrigen Kronblättern ab, oder die Blüten sind bereits wieder verwelkt) ist abzuschätzen.

194   ROBINIA PSEUDOACACIA L.   *robinia, falsa acacia*

Floraison (figure 16, page 77)
Les inflorescences vert foncé qui se dressent sur les rameaux en développement se reconnaissent assez vite entre les feuilles qui se déploient. En mûrissant, elles s'allongent fortement et commencent à pendre ; les pointes des pétales blanc-jaunâtre apparaissent entre les sépales. L'étendard, pétale situé au sommet dans la symétrie de la fleur, se replie en premier, permettant à la fleur de s'épanouir. Puis les ailes latérales se dégagent aussi à gauche et à droite de la carène. La fleur est à considérer comme épanouie dès que l'étendard forme un angle d'au moins 90° avec les autres pétales.

Méthode de la date
* *Début de la floraison :* sur l'arbre observé, les premières fleurs de trois inflorescences se sont entièrement ouvertes ; l'étendard forme un angle d'au moins 90° avec les autres pétales. Dans un peuplement, cela doit être le cas sur trois arbres.
* *Floraison générale :* 50 % des fleurs de l'arbre ou du peuplement sont ouvertes (l'étendard forme un angle d'au moins 90° avec les autres pétales) ou déjà fanées.

Méthode d'estimation du pourcentage
Il s'agit d'estimer le pourcentage actuel des fleurs ouvertes (chez lesquelles l'étendard forme un angle d'au moins 90° avec les autres pétales) ou déjà fanées.

Blattfall

Laubverfärbung und Blattfall können bei der Robinie auf Grund der sich zart- bis goldgelb verfärbenden Krone ein bemerkenswertes Ereignis sein. Bei vielen Bäumen verfärben sich die Blätter nicht synchron, sondern jedes Blatt, ja sogar jedes Teil-blättchen für sich. Die verfärbten Fiederblättchen fallen auch individuell ab, oft ohne wirklich gelb geworden zu sein. Bei diesen Bäumen ist es schwierig, den Zeitpunkt des allg. Blattfalls zu bestimmen, da die von Anfang an lichte Krone langsam immer lichter wird.

Datumsmethode
✳ *Allgemeiner Blattfall:* 50% der sommerlichen Blattfläche am Einzelbaum bzw. im Bestand ist abgefallen. Blattfall auf Grund von Hagelschlag, Sturmwinden, Trockenheit oder Schädlingen ist speziell zu vermerken.

Prozent-Schätzmethode
Der Anteil der bereits abgefallenen Blattfläche an der gesamten sommer-lichen Blattfläche ist abzuschätzen.

robinia, falsa acacia   **ROBINIA PSEUDOACACIA L.**   195

Chute des feuilles

Chez le robinier, la coloration et la chute des feuilles peuvent constituer un événe-ment remarquable, car la couronne de cet arbre se pare de belles couleurs jaune tendre à jaune d'or. Les feuilles de nombreux arbres ne se colorent pas toutes en même temps, mais les unes après les autres (et même une foliole après l'autre). De même, les folioles colorées tombent individuellement, souvent sans avoir vraiment viré au jaune. Chez ces arbres, il est difficile de déterminer la date de la chute générale des feuilles, étant donné que la couronne, déjà claire dès le début, ne s'éclaircit que très lentement.

Méthode de la date
✳ *Chute générale des feuilles :* 50 % de la surface des folioles de l'arbre ou du peuplement sont tombées. La chute des feuilles provoquée par la grêle, les tempêtes, la sécheresse ou les parasites sera notée à part.

Méthode d'estimation du pourcentage
Il s'agit d'estimer le pourcentage de la surface des folioles déjà tombées par rapport à la surface foliaire estivale totale.

Bergahorn   Weissahorn, Wald-Ahorn

Merkmale

Im Bestand bildet der Bergahorn einen hohen, schlanken, bis hoch hinauf unbeasteten Stamm. Bei jungen Bäumen erscheint die Rinde graubraun, mit zunehmendem Alter bildet sie immer mehr Schuppen, welche, einmal abgefallen, flächige Einbuchtungen von braunroter Tönung freilegen. Der Stamm wird dadurch vielfarbig. Die Schuppen der spitz-eiförmigen Knospen sind olivgrün mit dunkel gewimpertem Rand. Die Knospen enthalten entweder nur Blätter oder Blätter und Blüten. Die Blätter des Bergahorns sind drei- bis fünflappig und tief eingeschnitten. Die einzelnen Lappen sind grob gekerbt oder gezähnt und durch spitze Buchten voneinander getrennt. Die Blüte findet meist alljährlich zur Zeit der Blattentfaltung statt, erstmals im 30. bis 40. Lebensjahr. Die gelbgrünen Blüten sind eingeschlechtig oder zwittrig und in hängenden, schlanken Rispen angeordnet. Die geflügelten Früchte reifen im Herbst, bleiben aber oft noch bis in den Frühling am Baum.

196   ACER PSEUDOPLATANUS L.   *acero di di monte, di montagna*

Érable de montagne   érable sycomore, érable

Caractéristiques

L'érable de montagne développe en peuplement forestier un long tronc élancé, sans branches jusqu'en hauteur. L'écorce des jeunes arbres est brun-gris ; en vieillissant, elle forme de plus en plus d'écailles, qui, une fois tombées, font apparaître des creux rouge-brun et rendent le tronc multicolore. Les écailles des bourgeons ovoïdes aigus sont vert olive et bordées de cils plus foncés. Les bourgeons renferment soit uniquement des feuilles, soit des feuilles et des fleurs. Les feuilles de l'érable de montagne sont profondément découpées en trois à cinq lobes. Ceux-ci sont eux-mêmes grossièrement crénelés ou dentés et séparés les uns des autres par des sinus aigus. La floraison a généralement lieu chaque année à l'époque du déploiement des feuilles, la première fois entre la 30e et la 40e année de l'arbre. Les fleurs vert-jaune unisexuées ou hermaphrodites sont regroupées en grappes allongées pendantes. Les fruits ailés mûrissent en automne, mais restent souvent à l'arbre jusqu'au printemps suivant.

Standort

Der Bergahorn bevorzugt feuchte, nährstoffreiche, tiefgründige Böden, gedeiht aber auch auf gut durchlüfteten Geröllböden. Er kommt vor allem in kollinen, montanen und subalpinen Schlucht- und Hangfusswäldern und Buchen-Mischwäldern vor.

Verbreitung

Das Hauptverbreitungsgebiet des Bergahorns sind die Mitteleuropäischen Gebirge von den Pyrenäen bis zum Kaukasus. In den Tiefländern kommt er bis zur Ostsee vor. In der Schweiz ist der Bergahorn sehr verbreitet, in einzelnen Gebieten, wie z.B. Tälern des Engadins und des Wallis, jedoch selten. Im Tiefland, aber auch in den Bergtälern, ist er häufig als Wald-, Allee- oder Parkbaum angepflanzt.

Phänologie

Blattentfaltung (Abbildung 17, Seite 79)
Der Bergahorn bildet Kurztriebe und Langtriebe. Am Langtrieb wachsen im Frühling die ersten beiden Blattpaare mit geringem Entwicklungsabstand besonders gross aus. Dann folgt eine gleichmässige Fortbildung von etwa zwölf Laubblattpaaren mit einem Altersabstand von etwa zehn Tagen bis in den August. Am Kurztrieb folgen auf zwei fast gleichzeitig auswachsende grosse Blattpaare ein kleineres Blattpaar

acero di di monte, di montagna **ACER PSEUDOPLATANUS L.** 197

Habitat

L'érable de montagne préfère les sols profonds humides et riches en éléments nutritifs, mais il pousse aussi sur des sols d'éboulis bien aérés. Il apparaît surtout dans les forêts peuplant le pied des versants et les gorges ainsi que dans les hêtraies mixtes des étages collinéen, montagnard et subalpin.

Distribution

Les montagnes d'Europe centrale, des Pyrénées au Caucase, constituent la principale zone de distribution de l'érable de montagne. Dans les plaines, on le rencontre jusqu'à la Baltique. Il est largement répandu en Suisse, mais il apparaît rarement dans certaines régions comme les vallées de l'Engadine et du Valais. Dans les régions basses, mais aussi dans les vallées de montagne, il est souvent planté dans les forêts, les allées et les parcs.

Phénologie

Déploiement des feuilles (figure 17, page 79)
L'érable de montagne forme des rameaux courts et des rameaux longs. Au printemps, les deux premières paires de feuilles apparaissent rapidement l'une après l'autre sur le rameau long en grandissant considérablement. Puis, jusqu'au mois d'août, une

und ein Paar von Kümmerblättern. Aus den Endknospen kurzer Seitentriebe brechen, zusammen mit den Blättern, auch die Blütenrispen aus. Diese beginnen sich allerdings erst zu strecken nachdem sich die Blätter entfaltet haben. Die Blüten haben einen wenig auffälligen gelblichgrünen Farbton. Für die Phänophasen der Blattentfaltung werden die Blätter der Langtriebe, welche sich erst im Verlauf des Sommers entfalten, nicht berücksichtigt.

Datumsmethode
- ♠   *Beginn der Blattentfaltung:* Aus drei Knospen des Einzelbaumes, bzw. aus jeweils drei Knospen an drei Bäumen des Bestandes, haben sich die ersten Blätter herausgeschoben und entfaltet, so dass die ganze Blattfläche sowie der Blattansatz sichtbar sind.
- ✽ ♠   *Allgemeine Blattentfaltung:* 50% der Blätter des Einzelbaumes bzw. des Baumbestandes, d.h. im Durchschnitt etwa drei Blätter pro Knospe, haben sich entfaltet, so dass die ganze Blattfläche sowie der Blattansatz sichtbar sind.

Prozent-Schätzmethode
- ♠   Durchschnittlich treiben beim Bergahorn sechs Blätter pro Knospe aus. Der aktuelle Anteil entfalteter Blätter, d.h. Blätter, bei denen die ganze Blattfläche sowie der Blattansatz sichtbar sind, ist abzuschätzen.

198   ACER PSEUDOPLATANUS L.   *acero di di monte, di montagna*

douzaine de paires de feuilles se forment régulièrement tous les dix jours environ. Le long du rameau court, une paire de feuilles plus petites ainsi qu'une paire de feuilles rabougries succèdent à deux grandes paires de feuilles qui poussent presque en même temps. Les bourgeons terminaux des rameaux latéraux courts donnent également naissance aux grappes qui émergent en même temps que les feuilles. Cependant, ces grappes ne commencent à s'allonger que lorsque les feuilles se sont déployées. Les fleurs ont une teinte vert-jaunâtre peu frappante. Pour la phénophase du « déploiement général des feuilles », on ne tiendra pas compte des feuilles des rameaux longs, qui ne se déploient qu'au cours de l'été.

Méthode de la date
- ♠   *Début du déploiement des feuilles :* sur l'arbre observé, les premières feuilles ont émergé de trois bourgeons et se sont déployées en faisant apparaître leur surface entière ainsi que leur pétiole. Dans un peuplement, cela doit être le cas sur trois arbres.
- ✽ ♠   *Déploiement général des feuilles :* 50 % des feuilles de l'arbre ou du peuplement, soit en moyenne trois par bourgeon, se sont déployées en faisant apparaître leur surface entière ainsi que leur pétiole.

Méthode d'estimation du pourcentage
- ♠   Chez l'érable de montagne, un bourgeon donne en moyenne six feuilles. Il s'agit d'estimer le pourcentage actuel des feuilles déployées (feuilles dont la surface entière et le pétiole apparaissent).

Blattverfärbung (Farbbilder 9A, 9B; Seite 109)
Im Herbst beeindruckt der Bergahorn durch die Fülle leuchtend gelber, manchmal auch rötlicher oder fahlgelber Blätter, bevor er diese etwa im Oktober abwirft.

Datumsmethode
♠   *Beginn der Blattverfärbung:* 10% der sommerlichen Blattfläche des Einzel-baumes bzw. des Baumbestandes ist herbstlich verfärbt (d.h. nicht mehr grün sondern goldgelb bis fahlgelb) oder bereits abgefallen. Nicht gemeint ist die Dürrelaubverfärbung, die als Folge grosser Hitze- und Dürreperioden oder anderer Einflüsse wesentlich früher eintritt. Diese ist speziell zu vermerken.
✳ ♠   *Allgemeine Blattverfärbung:* 50% der sommerlichen Blattfläche des Einzel-baumes bzw. des Baumbestandes ist herbstlich verfärbt (d.h. nicht mehr grün sondern goldgelb bis fahlgelb) oder bereits abgefallen.

Prozent-Schätzmethode
♠   Der Anteil der herbstlich verfärbten (d.h. nicht mehr grünen sondern goldgelben bis fahlgelben) oder bereits abgefallenen Blattfläche an der gesamten sommerlichen Blattfläche ist abzuschätzen.

acero di di monte, di montagna   **ACER PSEUDOPLATANUS L.**   199

Coloration des feuilles (photos couleur 9A, 9B ; page 109)
En automne, l'érable de montagne impressionne par sa multitude de feuilles jaune vif qui peuvent parfois virer au rougeâtre ou au jaune blafard avant de tomber vers le mois d'octobre.

Méthode de la date
♠   *Début de la coloration des feuilles :* 10 % de la surface foliaire estivale de l'arbre ou du peuplement a changé de couleur ; les feuilles sont jaune d'or à jaune blafard ou déjà tombées. La coloration du feuillage due à la sécheresse sera notée à part. Elle a lieu bien plus tôt suite, entre autres, à de longues périodes de chaleur.
✳ ♠   *Coloration générale des feuilles :* 50 % de la surface foliaire estivale de l'arbre ou du peuplement a changé de couleur ; les feuilles sont jaune d'or à jaune blafard ou déjà tombées.

Méthode d'estimation du pourcentage
♠   Il s'agit d'estimer le pourcentage de la surface des feuilles ayant changé de couleur (jaune d'or à jaune blafard) ou déjà tombées par rapport à la surface foliaire estivale totale.

Rosskastanie

Gewöhnliche Rosskastanie

Merkmale

Von den 13 bekannten Rosskastanienarten hat nur die gewöhnliche Rosskastanie die Eiszeit in Europa überdauert. Sie wird bis 35 m hoch, mit einem kurzen Stamm und einer groben, breitastigen, dichtlaubigen Krone. Die lang gestielten Laubblätter sind handförmig geteilt, mit fünf bis sieben ausgewachsen 10-20 cm langen, verkehrt eiförmigen, einfachen und z.T. doppelt gesägten Teilblättern. Die Blütenrispe erscheint während der Blattentfaltung. Die Blüten sind beim aufblühen zuerst schmutzig-weiss, danach aber reinweiss mit roten oder gelben Saftmalen. Die gemeine Rosskastanie bildet bis 6 cm dicke, weichstachelige Kapselfrüchte mit ein bis drei glänzenden, braunen Samen.

Die gemeine Rosskastanie ist anhand ihrer weissen Blüten, der stacheligen Früchte und der klebrigen Knospen leicht von den übrigen bei uns angepflanzten Parkkastanien zu unterscheiden. Sie gelangte als Zierbaum erst im 16. Jahrhundert nach Italien und im 17. Jahrhundert schliesslich nach Mitteleuropa.

200   AESCULUS HIPPOCASTANUM L.   *ippocastano, castagno d'Inda*

Marronnier d'Inde

Caractéristiques

Des treize espèces de marronniers connues, seul le marronnier d'Inde a survécu à l'époque glaciaire en Europe. Cet arbre peut atteindre 35 m de haut avec un tronc court et une grande couronne touffue largement ramifiée. Ses feuilles palmées longuement pétiolées sont composées de cinq à sept folioles obovales de 10 à 20 cm de long, simples et en partie doublement dentées. Les grappes apparaissent durant le déploiement des feuilles. Lorsqu'elles s'épanouissent, les fleurs sont d'abord blanc sale, puis elles deviennent blanc pur avec des taches rouges ou jaunes. Le marronnier d'Inde forme des capsules muriquées mesurant jusqu'à 6 cm de diamètre et renfermant un à trois graines brunes luisantes.

Grâce à ses fleurs blanches, à ses fruits épineux et à ses bourgeons gluants, le marronnier d'Inde se distingue facilement des autres marronniers plantés dans nos parcs. C'est au XVIe siècle seulement qu'il est arrivé en Italie comme arbre d'ornement, puis il s'est répandu en Europe centrale au XVIIe siècle.

Standort

Die gewöhnliche Rosskastanie ist ein beliebter Park- und Alleebaum. Gelegentlich ist sie auch in Wäldern auf frischen, sandig-lehmigen, nährstoffreichen Böden verwildert anzutreffen.

Verbreitung

Die gewöhnliche Rosskastanie stammt aus den östlichen Balkanländern und aus Griechenland, wo sie in Schluchtwäldern der montanen Stufe ihre Hauptverbreitung hat. In der Schweiz ist sie in der Regel angepflanzt.

Phänologie

Wegen ihrer Empfindlichkeit gegen Bodenversiegelung und Salzstreu, aber auch wegen ihrer Anfälligkeit auf Parasiten sollten nur Bäume ausgewählt werden, die einen freien Wurzelraum haben (siehe Bemerkungen bei der Blattverfärbung).

Blattentfaltung (Abbildung 18, Seite 83)
Aus den grossen, glänzenden Knospen treibt auffällig der weiss- bis braunfilzige neue Trieb mit den zusammengefalteten Blättern aus, deren Stiel von Anfang an sichtbar ist. Die gegenständigen Blätter lösen sich rasch vom Haupttrieb und

Habitat

Le marronnier d'Inde est un arbre que l'on plante volontiers dans les parcs et les allées. Il apparaît occasionnellement en forêt sur des sols sablo-limoneux frais et riches en éléments nutritifs.

Distribution

Le marronnier d'Inde est originaire de l'est des Balkans et de Grèce, où il apparaît surtout dans les forêts peuplant les gorges de l'étage montagnard. En Suisse, il est généralement planté.

Phénologie

En raison de leur sensibilité à l'imperméabilisation du sol et au sel de déneigement, mais aussi de leur fragilité face aux parasites, on choisira uniquement des arbres bénéficiant d'un espace radiculaire libre (voir remarques sous « Coloration des feuilles »).

Déploiement des feuilles (figure 18, page 83)
Les nouvelles pousses tomenteuses, blanches à brunes, émergent de façon frappante des grands bourgeons brillants ; les feuilles sont repliées, mais leur pétiole est

klappen ihre Fiederblätter zurück, so dass deren frische grüne Blattoberseite sichtbar wird. Die Blattspreite der Teilblätter bleibt jedoch bis zum Ende dieser Rückwärtsbewegung deutlich zusammengefaltet. Danach richten sich die Fiederblätter langsam wieder auf und entfalten dabei die gesamte Blattspreite, haben aber ihre Endgrösse noch lange nicht erreicht. Das Rosskastanienblatt gilt als entfaltet, sobald die Blattfläche aller Teilblätter sichtbar ist und die Teilblätter beginnen sich aufzurichten.

Datumsmethode
✳ *Allgemeine Blattentfaltung:* 50% der Blätter des Einzelbaumes bzw. des Baumbestandes, d.h. im Durchschnitt etwa zwei Blätter pro Knospe, haben sich entfaltet, d.h. die ganze Blattfläche aller Teilblätter ist sichtbar und die Teilblätter beginnen sich aufzurichten.

Prozent-Schätzmethode
Durchschnittlich treiben bei der Rosskastanie vier Blätter pro Knospe aus. Der aktuelle Anteil entfalteter Blätter, d.h. Blätter, bei denen die Blattfläche aller Teilblätter ganz sichtbar ist und deren Teilblätter sich aufzurichten beginnen, ist abzuschätzen.

---

202   AESCULUS HIPPOCASTANUM L. *ippocastano, castagno d'Inda*

visible dès le début. Les feuilles opposées se détachent rapidement du rameau principal en repliant leurs folioles, de sorte que celles-ci laissent apparaître leur face supérieure vert frais. Le limbe des folioles demeure toutefois nettement plié jusqu'à ce que ce mouvement en arrière soit terminé. Ensuite, les folioles se redressent lentement en déployant leur limbe en entier, mais elles n'ont de loin pas encore atteint leur taille finale. La feuille du marronnier d'Inde est à considérer comme déployée dès que la surface de toutes ses folioles est visible, et les folioles se redressent.

Méthode de la date
✳ *Déploiement général des feuilles :* 50 % des feuilles de l'arbre ou du peuplement, soit en moyenne deux par bourgeon, se sont déployées en faisant apparaître la surface entière de toutes les folioles et leur pétiole commence à se dresser.

Méthode d'estimation du pourcentage
Chez le marronnier d'Inde, un bourgeon donne en moyenne quatre feuilles. Il s'agit d'estimer le pourcentage actuel des feuilles déployées (feuilles chez lesquelles la surface entière de toutes les folioles apparaît et dont les pétioles se dressent).

Blüte (Abbildung 19, Seite 85)

Die aufrechten, vielblütigen Rispen werden bereits mit dem ersten Aufklappen der Blätter sichtbar. Es dauert jedoch noch etwa einen Monat, bis der Blütenstand seine endgültige Länge von bis zu 30 cm erreicht hat. Jetzt beginnen sich die innersten Blüten der untersten Rispenäste zu öffnen. Die zuerst fast symmetrische, kelchförmige, schmutzigweisse Krone wird sofort asymmetrisch, weil sich die oberen Kronblätter stark vergrössern und nach hinten wegknicken. Dabei werden sie weiss und das gelbe Saftmahl ist nun deutlich sichtbar. Die Blüte gilt als offen, sobald das erste der oberen Kronblätter zurückgeknickt ist.

Datumsmethode

✸ *Beginn der Blüte:* Von drei Blütenständen des Einzelbaumes, bzw. von jeweils drei Blütenständen an drei Bäumen des Bestandes, haben sich die ersten Blüten vollständig geöffnet, d.h. das erste der oberen Kronblätter ist jeweils zurückgeknickt.

✸ *Allgemeine Blüte:* 50% der Blüten am Baum bzw. im Bestand sind offen, d.h. das erste der oberen Kronblätter ist jeweils zurückgeknickt, oder die Blüten sind bereits wieder verwelkt.

Prozent-Schätzmethode

Der aktuelle Anteil der offenen Blüten (d.h. das erste der oberen Kronblätter ist zurückgeknickt, oder die Blüte ist bereits wieder verwelkt) ist abzuschätzen.

ippocastano, castagno d'Inda **AESCULUS HIPPOCASTANUM L.** 203

Floraison (figure 19, page 85)

Les grappes dressées multiflores apparaissent déjà lorsque les feuilles commencent à se déplier. Cependant, il se passe encore près d'un mois jusqu'à ce que les inflorescences aient atteint leur longueur définitive (jusqu'à 30 cm). Les fleurs les plus à l'intérieur commencent alors à s'épanouir sur les pédicelles les plus bas. Leur corolle caliciforme, blanc sale, presque symétrique au départ, devient aussitôt asymétrique, car les pétales supérieurs s'agrandissent fortement en se pliant vers l'arrière. En même temps, ils blanchissent et leur tache jaune apparaît nettement. La fleur est à considérer comme épanouie dès que le premier pétale supérieur s'est replié.

Méthode de la date

✸ *Début de la floraison :* sur l'arbre observé, les premières fleurs de trois inflorescences se sont entièrement ouvertes ; le premier de leurs pétales supérieurs s'est replié en arrière. Dans un peuplement, cela doit être le cas sur trois arbres.

✸ *Floraison générale :* 50 % des fleurs de l'arbre ou du peuplement sont ouvertes (le premier de leurs pétales supérieurs s'est replié en arrière) ou déjà fanées.

Méthode d'estimation du pourcentage

Il s'agit d'estimer le pourcentage actuel des fleurs ouvertes (chez lesquelles le premier des pétales supérieurs s'est replié en arrière) ou déjà fanées.

Blattverfärbung (Farbbilder 10A, 10B; Seite 109) **und Blattfall**
Das Laub der gewöhnlichen Rosskastanie verfärbt sich deutlich vom Blattrand in
Richtung Mittelrippe. Oft sind die Blattränder schon braun, die Zwischenrippenbe-
reiche noch grün und dazwischen liegt eine mehr oder weniger deutliche, gelbe
Übergangszone. Mehrfarbige Blätter sind bei der Rosskastanie das normale
Erscheinungsbild des herbstlich verfärbten Laubes. Für die Bestimmung der allge-
meinen Blattverfärbung ist es deshalb besonders wichtig, alle verfärbten Blattteile
mit allen noch grünen Teilen zu vergleichen.

In der Schweiz kennt man seit längerer Zeit einen parasitischen Pilz, der bei der
Rosskastanie eine Laubverfärbung verursacht, die ähnlich wie die normale Blattverfärbung aussieht, jedoch bereits im Frühherbst eine Verfärbung zur Folge hat.
In neuester Zeit hat sich ausserdem eine Miniermotte ausgebreitet, deren Frass-
schäden zu braunen Blattverfärbungen in den Zwischenrippenbereichen und zu
einem frühzeitigen Verdorren der Blätter führt.
Schliesslich reagieren Rosskastanien empfindlich auf die Versiegelung der Boden-
oberfläche im Bereich der Kronentraufe und auf Salzstreu. Beides führt zu Dürre-
schäden und einer wiederum verfrühten Laubverfärbung. Durch Pilz, Miniermotte
oder Bodenversiegelung bzw. Salzstreuung geschädigte Rosskastanien eignen sich
deshalb nicht für die Beobachtung der Blattverfärbung.

204 AESCULUS HIPPOCASTANUM L. ippocastano, castagno d'Inda

Coloration (photos couleur 10A, 10B ; page 109) **et chute des feuilles**
Le feuillage du marronnier d'Inde se colore distinctement à partir du pourtour de la
feuille en direction de la nervure centrale. Il arrive souvent que le pourtour des feuilles ait déjà bruni alors que les segments entre les nervures sont encore verts ; entre
deux, une zone de transition jaune apparaît plus ou moins nettement. Chez le
marronnier d'Inde, le feuillage d'automne apparaît normalement sous la forme de
feuilles multicolores. Il est donc particulièrement important pour la détermination
de la coloration générale des feuilles de comparer toutes les parties de feuilles
colorées avec toutes celles encore vertes.

En Suisse, on connaît depuis assez longtemps un champignon parasite causant un
brunissement du feuillage des marronniers, qui ressemble à la coloration normale,
mais qui a déjà lieu au début de l'automne.
En outre, une teigne minière arrivée plus récemment cause elle aussi des dégâts en
s'attaquant au feuillage ; il en résulte un brunissement des feuilles entre les nervures
et un dessèchement prématuré du feuillage.
Pour terminer, les marronniers d'Inde sont sensibles à l'imperméabilisation du sol
dans la zone d'égouttement des couronnes ainsi qu'au sel de déneigement, qui
provoquent eux aussi des dégâts de sécheresse et un brunissement prématuré du
feuillage. Les marronniers d'Inde endommagés par les champignons, les teignes
minières, l'imperméabilisation du sol ou encore le sel de déneigement ne
conviennent donc pas pour l'observation de la coloration des feuilles.

Datumsmethode

❋ *Allgemeine Blattverfärbung:* 50% der sommerlichen Blattfläche des Einzelbaumes bzw. des Baumbestandes ist herbstlich verfärbt (d.h. gelb bis braun) oder bereits abgefallen. Nicht gemeint ist die Dürrelaubverfärbung, die als Folge des Mottenbefalls oder anderer Einflüsse wesentlich früher eintritt. Diese ist speziell zu vermerken.

Prozent-Schätzmethode

Der Anteil der herbstlich verfärbten (d.h. gelben bis braunen) oder bereits abgefallenen Blattfläche an der gesamten sommerlichen Blattfläche ist abzuschätzen.

Datumsmethode

❋ *Allgemeiner Blattfall:* 50% der Blattfläche am Einzelbaum bzw. im Bestand ist abgefallen. Blattfall auf Grund von Hagelschlag, Sturmwinden, Trockenheit oder Schädlingen ist speziell zu vermerken.

Prozent-Schätzmethode

Der Anteil der bereits abgefallenen Blattfläche an der gesamten sommerlichen Blattfläche ist abzuschätzen.

Méthode de la date

❋ *Coloration générale des feuilles :* 50 % de la surface foliaire estivale de l'arbre ou du peuplement a changé de couleur ; les feuilles sont jaunes à brunes ou déjà tombées. La coloration du feuillage due à la sécheresse sera notée à part. Elle a lieu bien plus tôt suite, entre autres, à l'envahissement de l'arbre par la teigne minière.

Méthode d'estimation du pourcentage

Il s'agit d'estimer le pourcentage de la surface des feuilles ayant changé de couleur (jaunes à brunes) ou déjà tombées par rapport à la surface foliaire estivale totale.

Méthode de la date

❋ *Chute générale des feuilles :* 50 % des feuilles de l'arbre ou du peuplement sont tombées. La chute des feuilles provoquée par la grêle, les tempêtes, la sécheresse ou les parasites sera notée à part.

Méthode d'estimation du pourcentage

Il s'agit d'estimer le pourcentage de la surface des feuilles déjà tombées par rapport à la surface foliaire estivale totale.

Sommerlinde
Winterlinde

grossblättrige Linde, breitblättrige Linde, Frühlinde
kleinblättrige Linde, herzblättrige Linde, Spätlinde

Merkmale

In der Schweiz sind zwei Lindenarten heimisch: Die Sommer- und die Winterlinde. In Parks und als Alleebäume werden zudem oft weitere Lindenarten aus Asien und Nordamerika angepflanzt.

Sommerlinde: Die Sommerlinde wird bis zu 40 m hoch und hat im freien Stand eine breit gerundete, dichte Krone mit tief herabhängenden Seitenästen. Sie hat schmal- bis breiteiförmige Knospen mit auffallend wenigen Knospenschuppen (zwei bis drei Schuppen). Die Borke ist längsrissig, grau- bis schwarzbraun mit rhombenförmigem Muster. Das Blatt ist herzförmig und hat einen unregelmässig gezähnten Rand. Auffallend ist der gabelig verzweigte, doldenförmige Blütenstand mit jeweils zwei bis fünf Blüten und einem zungenförmigen Hochblatt, welches bei der Fruchtreife als Flugorgan wirkt. Die Blüte ist zwittrig mit fünf Kronblättern und zahlreichen, in fünf Bündeln vereinten Staubblättern. Die Blüten sind sehr nektarreich und deshalb eine gute Bienenweide. Für den Lindenblütentee werden jedoch die Blüten der Winterlinde verwendet. Der Wuchs, das Blatt, der Blütenstand und die Früchte sind im allgemeinen etwas grösser als bei der Winterlinde.

206   TILIA PLATYPHYLLOS SCOP. / TILIA CORDATA MILL.

Tilleul à grandes feuilles
Tilleul à petites feuilles

Caractéristiques

En Suisse, il existe deux espèces indigènes de tilleuls : le tilleul à grandes feuilles et le tilleul à petites feuilles. D'autres espèces, originaires d'Asie ou d'Amérique du Nord, sont souvent plantées dans les parcs et les allées.

Le tilleul à grandes feuilles : le tilleul à grandes feuilles peut atteindre 40 m de haut ; en pleine nature, il développe une large couronne arrondie et touffue aux branches secondaires retombant très bas. Ses bourgeons ovoïdes, étroits à larges, sont constitués de deux ou trois écailles seulement. Son écorce brun-gris à brun-noir se fissure en longueur en faisant apparaître des motifs rhomboïdaux. Sa feuille cordiforme est bordée de dents irrégulières. Les inflorescences, des corymbes ramifiés, se composent chacune de deux à cinq fleurs et d'une bractée labiée servant d'aile lorsque les fruits sont mûrs. Les fleurs, formées de cinq pétales et de nombreuses étamines réunies en cinq faisceaux, sont hermaphrodites. Comme elles contiennent beaucoup de nectar, elles sont particulièrement appréciées des abeilles. Cependant, pour la tisane, on utilise plutôt les fleurs du tilleul à petites feuilles. La taille, les feuilles, les inflorescences ainsi que les fruits de cette espèce sont donc en général un peu plus grands que chez le tilleul à petites feuilles.

Winterlinde: Die Winterlinde ist im allgemeinen etwas kleiner als die Sommerlinde, sowohl was die Baum- als auch die Blattgrösse betrifft. Ansonsten ähnelt sie ihr sehr stark und die beiden Arten bilden auch Hybride. Die Winterlinde wird auf guten Standorten 35-40 m hoch und erreicht ein sehr hohes Alter.

Vergleich Sommer- und Winterlinde: Sommer- und Winterlinde sind manchmal schwer zu unterscheiden. Es gibt zudem Kreuzungen zwischen diesen beiden oder andern Lindenarten, wodurch auch Bäume mit Übergangs- und Mischmerkmalen vorkommen. Eine exakte Pflanzenbestimmung ist deshalb notwendig, weil die Sommerlinde deutlich früher blüht als die anderen Lindenarten. Bei der Bestimmung sollten alle Unterscheidungsmerkmale der folgenden Tabelle überprüft werden. Wenn auch nur eines der Kriterien nicht zutrifft, ist der Baum als Beobachtungs-objekt ungeeignet.

Le tilleul à petites feuilles : Le tilleul à petites feuilles est généralement un peu plus petit que le tilleul à grandes feuilles, autant en ce qui concerne sa taille que celle de ses feuilles. Pour le reste, il lui ressemble beaucoup et ces deux espèces peuvent aussi former des hybrides. Dans les stations qui lui sont favorables, le tilleul à petites feuilles peut atteindre 35 à 40 m de haut et dépasser les mille ans.

Comparaison entre le tilleul à grandes feuilles et le tilleul à petites feuilles : il est parfois difficile de distinguer le tilleul à grandes feuilles du tilleul à petites feuilles. De plus, comme ces deux espèces peuvent se croiser entre elles ou avec d'autres, on rencontre parfois des arbres présentant des caractères transitoires et mixtes. Comme le tilleul à grandes feuilles fleurit nettement plus tôt que les autres espèces de tilleuls, il est nécessaire de déterminer exactement ces arbres en contrôlant la totalité des caractères d'identification indiqués ci-dessous. Si un seul des critères ne se vérifie pas, alors on observera un autre arbre.

	Sommerlinde *Tilia platyphyllos* Scop.	Winterlinde *Tilia cordata* Mill.
Junge Zweige	deutlich behaart	kahl, glänzend
Blattoberseite	wenigstens auf den Nerven locker behaart	kahl
Blattunterseite	auf den Nerven und der Fläche locker behaart (nicht filzig). Bärtchen in den Nerven-winkeln weisslich	kahl oder dicht behaart, filzig, blaugrün. Bärtchen an jungen Blättern weiss, an alten Blättern rötlich
Blütenstand	2–5 blütig	5–10 blütig
Früchte	mit 4–5 vortretenden Längs-rippen	mit 2–3 undeutlichen Längs-rippen

208   TILIA PLATYPHYLLOS SCOP. / TILIA CORDATA MILL.

	Tilleul à grandes feuilles *Tilia platyphyllos* Scop.	Tilleul à petites feuilles *Tilia cordata* Mill.
Jeunes branches	nettement velues	glabres, brillantes
Face supérieure des feuilles	pubescente au moins sur les nervures	glabre
Face inférieure des feuilles	pubescente sur les nervures et la surface (non tomenteuse). Touffes de poils blanchâtres à l'aisselle des nervures	glabre ou tomenteuse, glau-que. Touffes de poils blancs chez les jeunes feuilles, roux chez les plus vieilles
Inflorescence	2 à 5 fleurs	5 à 10 fleurs
Fruits	avec 4 ou 5 côtes saillantes	avec 2 ou 3 côtes peu saillantes

Standort

Sommerlinde: Die Sommerlinde besiedelt mehrheitlich basische Böden und stellt höhere Ansprüche an die Luftfeuchtigkeit als die Winterlinde, erträgt aber Trockenheit besser. In der Schweiz wächst sie bevorzugt in sommerwarmen, kollinen bis montanen Laubmischwäldern, zu 85% an Steil- oder Mittelhängen, 400–1200 m ü. M. (nur in seltenen Fällen höher).

Winterlinde: Herrschend wird die Winterlinde nur auf trockenen bis frischen Schutt- und Schotterböden, wo die Buche wegen Feinerdemangel und sommerlicher Austrocknung ausfällt. Beigemischt ist sie auf Standorten der Traubeneiche. Gegenüber anderen Baumarten wächst sie häufiger an Steilhängen und dort überwiegend in Expositionen SSE und NNE. Obwohl sie sich bezüglich Untergrund indifferent verhält, ist sie im Gegensatz zur Sommerlinde überwiegend auf sauren Böden verbreitet (Alpensüdseite). Die Winterlinde gedeiht hauptsächlich in der kollinen/submontanen Stufe bis 600 m ü. M., kommt aber bis ca. 1200 m ü. M. vor.

Rund die Hälfte sowohl der Sommer- wie auch der Winterlinden stehen in Stockausschlagwäldern. Dank ihrer Ausschlagskraft konnten sich die konkurrenzschwachen Linden im Nieder- und Mittelwaldbetrieb gegen die Buchen behaupten.

Habitat

Le tilleul à grandes feuilles colonise surtout les sols basiques ; il a besoin d'un air plus humide que le tilleul à petites feuilles, mais par contre il supporte mieux la sécheresse. En Suisse, il préfère les forêts de feuillus mixtes des étages collinéen à montagnard à été chaud. 85% de l'effectif se trouve sur des pentes raides ou moyennes, entre 400 et 1200 m d'altitude (rarement plus haut).

Le tilleul à petites feuilles ne peut prédominer que sur des sols secs à frais sur sédiments graveleux ou éboulis, où le hêtre est absent en raison du manque de terre fine et de la sécheresse estivale. Il est associé au chêne noir dans certaines stations. Contrairement à d'autres essences, il peuple surtout les pentes raides, en particulier celles exposées au SSE et NNE. Bien qu'il réagisse indifféremment au sous-sol, il apparaît principalement sur les sols acides (au sud des Alpes), à l'inverse du tilleul à grandes feuilles. Le tilleul à petites feuilles peuple principalement l'étage collinéen/submontagnard jusqu'à 600 m d'altitude, mais il est présent jusque vers 1200 m.

Près de la moitié des tilleuls à grandes et à petites feuilles se rencontrent dans des forêts constituées de rejets de souche. Grâce à leur faculté de développer des rejets, les tilleuls peu concurrentiels ont pu s'imposer face aux hêtres dans les régimes du taillis et du taillis sous futaie.

Verbreitung

Sommerlinde: Von den beiden einheimischen Arten ist die Sommerlinde die seltenere und umfasst 0,3% der Bäume im Schweizerwald. Die grösste Verbreitung hat sie im mittleren Jura (wo sie häufiger ist als die Winterlinde), im Chablais und in den Kalkgebieten des Tessins.

Winterlinde: Die Winterlinde ist in Mitteleuropa weit verbreitet und reicht weit in den Norden und Nordosten. Sie bevorzugt kontinentaleres Klima als die Sommerlinde. In der Schweiz ist sie die häufigere Lindenart, kommt aber immer noch seltener vor als z.B. die Schwarzerle oder die Mehlbeere (0,5% Anteil der Gesamtbaummenge). Die Schwerpunkte der Verbreitung liegen im östlichen Jura und Mittelland, in den Föhntälern der Nordalpen und v.a. auf der Alpensüdseite. Auf der Alpensüdseite und in den Föhntälern kann die Winterlinde gelegentlich sogar dominieren. Praktisch lindenfrei sind die Wälder des nord- und zentralalpinen Bündnerlandes.

Phänologie

Blattentfaltung (Abbildung 20, Seite 89)
Sommerlinde: Der Austrieb der Sommerlinde erfolgt Ende April, Anfang Mai, also kurz vor der Buche. Zuerst schiebt sich der ganze Trieb mit den dicht gepackten und gerollten Blättern aus der Knospe. Beim Auflockern der Blattrollen wird sichtbar, dass die Blätter entlang des Mittelnerves noch zusammengefaltet sind. Nach dem

Distribution

Des deux espèces indigènes de tilleuls, *le tilleul à grandes feuilles* est le plus rare puisqu'il représente 0.3 % des arbres peuplant la forêt suisse. Il apparaît surtout dans le Jura moyen (où il est plus fréquent que le tilleul à petites feuilles), dans le Chablais ainsi que dans les régions calcaires du Tessin.

Le tilleul à petites feuilles est largement répandu et s'étend loin vers le nord et le nord-est. Il préfère un climat plus continental que le tilleul à grandes feuilles. C'est l'espèce de tilleul la plus commune en Suisse, mais elle reste plus rare que l'aulne glutineux ou que l'alisier blanc par exemple (0.5 % de l'effectif total). Il est principalement répandu à l'est du Jura et du Plateau, dans les vallées à fœhn du nord des Alpes de même qu'au sud des Alpes. Il peut même prédominer par endroits au sud des Alpes et dans les vallées à fœhn. Les forêts du nord et du centre des Grisons n'ont pratiquement pas de tilleuls.

Phénologie

Déploiement des feuilles (figure 20, page 89)
Le débourrement du tilleul à grandes feuilles a lieu fin avril, début mai, un peu avant celui du hêtre. La pousse commence d'abord à émerger en entier du bourgeon, avec ses feuilles bien empaquetées et enroulées. Lorsque les rouleaux de feuilles se dégagent, on voit que les feuilles sont encore repliées le long de leur nervure centrale.

Auflockern beginnen sich die Blätter durch ein leichtes Abstehen von der Triebachse zu lösen und entfaltet sich schliesslich in der Mitte. Dabei legen sie sich kapuzenförmig um den jungen Trieb. Das Blatt gilt als geöffnet, sobald die ganze Blattfläche sichtbar ist (und der Öffnungswinkel mehr als 90° beträgt). Der herzförmige Umriss des Lindenblattes ist bereits gut zu erkennen, das Blatt ist aber noch deutlich kleiner als im ausgewachsenen Zustand.

Winterlinde: Der Austrieb der Winterlinde erfolgt etwa Mitte Mai, ungefähr zwei Wochen nach der Sommerlinde und kurz nach der Buche. Im Ablauf und Aussehen erfolgt der Austrieb wie bei der Sommerlinde (genaue Beschreibung siehe dort).

Datumsmethode

* *Allgemeine Blattentfaltung:* 50% der Blätter des Einzelbaumes bzw. des Baumbestandes, d.h. im Durchschnitt etwa drei Blätter pro Knospe, haben sich entfaltet, so dass die ganze Blattfläche sowie der Blattansatz sichtbar sind.

Prozent-Schätzmethode

Durchschnittlich treiben bei der Sommer- und Winterlinde sechs Blätter pro Knospe aus. Der aktuelle Anteil entfalteter Blätter, d.h. Blätter, bei denen die ganze Blattfläche sowie der Blattansatz sichtbar sind, ist abzuschätzen.

Une fois dégagées, elles commencent à se détacher de l'axe du rameau en s'écartant légèrement, puis elles finissent par se déployer au centre. Elles entourent alors la jeune pousse comme un capuchon. La feuille est à considérer comme déployée dès que toute sa surface apparaît (l'angle d'ouverture dépasse donc les 90°). On reconnaît déjà bien la forme cordée de la feuille de tilleul, même si elle est encore bien plus petite que lorsqu'elle aura terminé sa croissance.

Les bourgeons du *tilleul à petites feuilles* s'ouvrent environ vers la mi-mai, deux semaines environ après ceux du tilleul à grandes feuilles et peu après ceux du hêtre. Les feuilles apparaissent à peu près de la même façon que celles du tilleul à grandes feuilles (description précise voir plus haut).

Méthode de la date

* *Déploiement général des feuilles :* 50 % des feuilles de l'arbre ou du peuplement, soit en moyenne trois par bourgeon, se sont déployées en faisant apparaître leur surface entière ainsi que leur pétiole.

Méthode d'estimation du pourcentage

Chez les tilleuls à grandes et à petites feuilles, un bourgeon donne en moyenne six feuilles. Il s'agit d'estimer le pourcentage actuel des feuilles déployées (feuilles dont la surface entière et le pétiole apparaissent).

Blüte (Abbildung 21, Seite 91)
Sommerlinde: Die Kronblätter sind 4 bis 8 mm lang und unauffällig gelblich-weiss. Auffallend sind die gelben Staubbeutel, die beim langsamen Öffnen der Knospen schon früh sichtbar werden und als Merkmal für den baldigen Phaseneintritt relativ einfach zu beobachten sind. Die einzelne Blüte gilt als offen, sobald der aus den Blütenblättern gebildete Kronbecher weiter als U-förmig geöffnet ist. Die Sommerlinde hat pro Blütenstand zwei bis fünf Blüten.
Winterlinde: Bei der Winterlinde ist wie beim Blattaustrieb der Zeitpunkt der Blüte um zwei bis drei Wochen verzögert. Sie hat pro Blütenstand fünf bis zehn Blüten. Ansonsten geschieht das Öffnen der Blüten wie bei der Sommerlinde.

Datumsmethode
* *Beginn der Blüte:* Bei drei Blütenständen des Einzelbaumes, bzw. von jeweils drei Blütenständen an drei Bäumen des Bestandes, haben sich die ersten Blüten vollständig (d.h. mehr als U-förmig) geöffnet.
* *Allgemeine Blüte:* 50% der Blüten am Baum bzw. im Bestand sind offen, d.h. die Kronblätter sind mehr als U-förmig geöffnet und die Staubfäden sind sichtbar, oder die Blüten sind bereits wieder verwelkt.

Prozent-Schätzmethode
Der aktuelle Anteil der offenen Blüten (d.h. die Kronblätter sind mehr als U-förmig geöffnet und die Staubfäden sind sichtbar, oder die Blüten sind bereits wieder verwelkt) ist abzuschätzen.

212   TILIA PLATYPHYLLOS SCOP. / TILIA CORDATA MILL.

Floraison (figure 21, page 91)
Mesurant 4 à 8 mm de long, les pétales du tilleul à grandes feuilles sont d'une couleur blanc jaunâtre discrète. Par contre, les anthères jaunes ne passent pas inaperçues : elles apparaissent assez tôt lorsque le bourgeon commence à éclore et annoncent l'arrivée prochaine de la phase. La fleur est à considérer comme épanouie dès que sa corolle est ouverte plus largement qu'en forme d'U. Les inflorescences du tilleul à grandes feuilles ont deux à cinq fleurs chacune.
Comme pour le déploiement des feuilles, la date de la floraison est retardée de 2 ou 3 semaines chez le tilleul à petites feuilles. Les inflorescences ont entre cinq et dix fleurs. Ces dernières s'épanouissent comme celles du tilleul à grandes feuilles.

Méthode de la date
* *Début de la floraison :* sur l'arbre observé, les premières fleurs de trois inflorescences se sont entièrement ouvertes ; l'ouverture des pétales dépasse la forme d'un U et les filets apparaissent. Dans un peuplement, cela doit être le cas sur trois arbres.
* *Floraison générale :* 50 % des fleurs de l'arbre ou du peuplement sont ouvertes (l'ouverture des pétales dépasse la forme d'un U et les filets apparaissent) ou déjà fanées.

Méthode d'estimation du pourcentage
Il s'agit d'estimer le pourcentage actuel des fleurs ouvertes (chez lesquelles l'ouverture des pétales dépasse la forme d'un U et les filets apparaissent) ou déjà fanées.

Blattverfärbung (Farbbilder 11A, 11B; Seite 111)

Sommerlinde und Winterlinde: Bereits im August beginnen sich einzelne Blätter zu verfärben und abzufallen. Häufig sind es kleine, sich langsam vergrössernde flecken-förmige Astzonen im Innern der Krone, so dass vorerst an der Gesamterscheinung kaum zu erkennen ist, ob schon Blätter fehlen oder nicht. Im Verlaufe des Herbstes verfärben sich aber die Blätter der äussersten Astteile von oben nach unten rascher, als die der inneren Kronenteile, so dass schliesslich die oberen und äusseren Kronenteile früher kahl sind als die unteren.

Die Lindenblätter verfärben sich manchmal schön hell- bis goldgelb. Die Mehrzahl der Blätter fallen aber ab, ohne je gelb geworden zu sein. Oft sind nur Teile des Blattes gelb, der Rest bleibt grün oder wird schmutzig-braun.

Datumsmethode

✱   *Allgemeine Blattverfärbung:* 50% der sommerlichen Blattfläche des Einzel-baumes bzw. des Baumbestandes ist herbstlich verfärbt (d.h. hellgelb bis braun) oder bereits abgefallen. Nicht gemeint ist die Dürrelaubverfärbung, die als Folge grosser Hitze- und Dürreperioden oder anderer Einflüsse wesentlich früher eintritt. Diese ist speziell zu vermerken.

Prozent-Schätzmethode

    Der Anteil der herbstlich verfärbten (d.h. hellgelben bis braunen) oder bereits abgefallenen Blattfläche an der gesamten sommerlichen Blattfläche ist abzuschätzen.

Coloration des feuilles (photos couleur 11A, 11B ; page 111)

Tilleul à grandes feuilles et tilleul à petites feuilles : en août déjà, quelques feuilles commencent à se colorer et à tomber. Il s'agit souvent de petites zones de branches situées à l'intérieur de la couronne qui s'agrandissent lentement comme des taches, de sorte qu'à l'aspect général on ne voit presque pas s'il manque des feuilles ou non. Cependant, au cours de l'automne, les feuilles de l'extérieur de la couronne se colo-rent plus rapidement de haut en bas que celles de l'intérieur, si bien que finalement les parties supérieures et intérieures de la couronne sont plus vite dénudées que les parties inférieures.

Les feuilles du tilleul peuvent prendre de belles couleurs jaune clair à jaune d'or, mais la plupart des feuilles tombent avant d'avoir jauni. Souvent, les feuilles jaunissent par petits bouts seulement, le reste demeurant vert ou virant au brun sale.

Méthode de la date

✱   *Coloration générale des feuilles :* 50 % de la surface foliaire estivale de l'arbre ou du peuplement a changé de couleur ; les feuilles sont jaune clair à brunes ou déjà tombées. La coloration du feuillage due à la sécheresse sera notée à part. Elle a lieu bien plus tôt suite, entre autres, à de longues périodes de chaleur.

Méthode d'estimation du pourcentage

    Il s'agit d'estimer le pourcentage de la surface des feuilles ayant changé de couleur (jaune clair à brunes) ou déjà tombées par rapport à la surface foliaire estivale totale.

Schwarzer Holunder

Holler, Deutscher Flieder

Merkmale

Die Gattung Sambucus gehört zu der Familie der Geissblattgewächse, die bei uns mit einer ganzen Reihe attraktiver Wald- und Gartengehölze vertreten ist. In der Schweiz wachsen wild drei Holunderarten. Der strauchförmige schwarze Holunder ist der grösste davon. Er wird bis 7 m hoch, unter günstigen Bedingungen sogar baumförmig, und kann ein Alter von 100 Jahren erreichen. Die Blätter sind unpaarig gefiedert mit fünf breit-lanzettlichen, lang zugespitzten, gezähnten Teilblättern. Die fünfzähligen Blüten wachsen in flachen oder wenig gewölbten, doldenartigen Rispen mit einem Durchmesser von bis zu 20 cm. Sie öffnen sich nach dem Blattaustrieb im Mai bis Juni. Die Früchte sind in reifem Zustande schwarz, der Fruchtstand überhängend.

214   **SAMBUCUS NIGRA L.**   *sambuco nero*

Sureau noir

Caractéristiques

Le genre Sambucus appartient à la famille des Caprifoliacées, qui est représentée chez nous par toute une série de très belles plantes de forêt et de jardin. Trois espèces de sureaux poussent spontanément en Suisse. Le plus grand est le sureau noir, un arbuste atteignant 7 m de haut. Dans des conditions favorables, il peut même devenir un arbre et vivre jusqu'à 100 ans. Ses feuilles imparipennées sont composées de cinq larges folioles lancéolées, acuminées et dentées. Les fleurs à cinq lobes sont regroupées en corymbes plans ou légèrement bombés mesurant jusqu'à 20 cm de diamètre. Elles s'épanouissent en mai-juin après le déploiement des feuilles. Les fruits mûrs sont noirs, les infrutescences retombantes.

Standort

Der schwarze Holunder ist verbreitet in feuchten Wäldern, Waldverlichtungen, Hecken und auch auf rohen Böden in Flussauen oder auf Schuttplätzen. Er ist ein Stickstoffzeiger und wächst oft in Siedlungsnähe.

Verbreitung

Der schwarze Holunder wächst in ganz Mitteleuropa mit Schwerpunkt im ozeanischen westlichen Teil und ist in der Schweiz von den Tieflagen bis ca. 1500 m ü. M. verbreitet.

sambuco nero **SAMBUCUS NIGRA L.** 215

Habitat

Le sureau noir est fréquent dans les forêts humides, les clairières, les haies ainsi que sur les sols bruts des prairies alluviales ou des décombres. Il indique la présence d'azote et pousse souvent aux abords des habitations.

Distribution

Le sureau noir pousse dans toute l'Europe centrale, mais c'est dans la partie océanique occidentale qu'il est le plus répandu ; en Suisse, il est fréquent des régions basses jusque vers 1500 m d'altitude.

Phänologie

Blüte (Abbildung 22, Seite 95)
Die Blütenrispen erscheinen schon sehr früh zwischen den sich noch fertig entwickelnden Blättern. Es dauert aber noch mehrere Wochen, bis sich die weissen, süsslich duftenden Blüten zu öffnen beginnen. Die Blüten einer Rispe öffnen sich innerhalb weniger Tage. Zwischen den einzelnen Rispen eines Strauches kann das Aufblühen jedoch um mehr als eine Woche variieren. Die Einzelblüte gilt als offen, sobald die Kronzipfel waagrecht vom Blütenstängel abstehen.

Datumsmethode
* *Beginn der Blüte:* Bei drei Blütenständen des Strauches, bzw. bei jeweils drei Blütenständen an drei Sträuchern des Bestandes, haben sich die ersten Blüten vollständig geöffnet, d.h. die Kronzipfel stehen jeweils mit einem Winkel von 90° vom Blütenstängel ab.
* *Allgemeine Blüte:* 50% der Blüten am Strauch bzw. im Bestand sind offen, d.h. die Zipfel der Kronblätter stehen mit einem Winkel von 90° vom Blütenstängel ab, oder die Blüten sind bereits wieder verwelkt.

Prozent-Schätzmethode
Der aktuelle Anteil der offenen Blüten (d.h. die Zipfel der Kronblätter stehen mit einem Winkel von 90° vom Blütenstängel ab, oder die Blüten sind bereits wieder verwelkt) ist abzuschätzen.

---

216   **SAMBUCUS NIGRA L.**   *sambuco nero*

Phénologie

Floraison (figure 22, page 95)
Les grappes de fleurs apparaissent déjà très tôt entre les feuilles qui finissent de se développer. Mais il faut attendre encore plusieurs semaines jusqu'à ce que les fleurs blanches délicatement parfumées commencent à s'épanouir. Les fleurs d'un corymbe s'ouvrent en quelques jours. Sur un même arbuste, la floraison peut varier d'un corymbe à l'autre de plus d'une semaine. La fleur est à considérer comme épanouie dès que les lobes de sa corolle s'écartent perpendiculairement à la tige.

Méthode de la date
* *Début de la floraison :* sur l'arbuste observé, les premières fleurs de trois inflorescences se sont entièrement ouvertes ; les lobes de chaque corolle s'écartent perpendiculairement à la tige de la fleur. Dans un peuplement, cela doit être le cas sur trois arbustes.
* *Floraison générale :* 50 % des fleurs de l'arbuste ou du peuplement sont ouvertes (les lobes de chaque corolle s'écartent perpendiculairement à la tige de la fleur) ou déjà fanées.

Méthode d'estimation du pourcentage
Il s'agit d'estimer le pourcentage actuel des fleurs ouvertes (chez lesquelles les lobes de la corolle s'écartent perpendiculairement à la tige de la fleur) ou déjà fanées.

Fruchtreife (Farbbild 12, Seite 111)

Die Beeren des schwarzen Holunders entwickeln sich langsam im Verlaufe des Sommers. Der Reifungsprozess ist am allmählichen Farbwechsel der Beeren von grün über rötlich-violett und dunkelpurpur zu blau-schwarz gut zu verfolgen. Er dauert aber selbst an einem Strauch von Rispe zu Rispe unterschiedlich lang. Es können reife, unreife sowie überreife Früchte an einer Dolde beobachtet werden. Während des Reifeprozesses wird der Fruchtstand langsam überhängend und die Fruchtstiele rot. Die Beeren gelten als reif, sobald sie bei leichtem Druck aufplatzen und ihren blutroten Saft verspritzen. Bei überreifen Früchten wird die Haut runzelig.

Datumsmethode

✽   *Allgemeine Fruchtreife:* 50% der Einzelfrüchte des Strauches bzw. des Strauchbestandes haben ihr normales Reifestadium erreicht, d.h. sie sind schwarz und platzen bei leichtem Druck auf.

Prozent-Schätzmethode

Der aktuelle Anteil der reifen Früchte, die ihr normales Reifestadium erreicht haben, d.h. schwarz sind und bei leichtem Druck aufplatzen, ist abzuschätzen.

Maturité des fruits (photo couleur 12, page 111)

Les baies du sureau noir se développent lentement au cours de l'été. On peut facilement suivre la maturation en observant le changement de couleur progressif des baies qui passent du vert au noir-bleu par le violet rougeâtre et le pourpre foncé. Sur un même arbuste, la durée de ce processus varie selon les grappes. On peut observer sur un même corymbe des fruits mûrs, pas mûrs ou trop mûrs. Durant la maturation, l'infrutescence se met peu à peu à retomber et les tiges des fruits rougissent. Les baies sont à considérer comme mûres dès qu'elles éclatent sous une légère pression et que leur jus rouge sang gicle. La peau des fruits trop mûrs se flétrit.

Méthode de la date

✽   *Maturité générale des fruits :* 50 % des fruits de l'arbuste ou du peuplement ont atteint leur stade de maturité normal ; ils sont noirs et éclatent lorsqu'on les presse légèrement.

Méthode d'estimation du pourcentage

Il s'agit d'estimer le pourcentage actuel des fruits mûrs ayant atteint leur stade de maturité normal (noirs et éclatent lorsqu'on les presse légèrement).

Roter Holunder

Trauben-Holunder, Berg-Holunder, Hirschholder

Merkmale

Der rote Holunder blüht von den drei einheimischen Holunderarten am frühesten und am unscheinbarsten. In seinem Wuchs ist er ähnlich dem schwarzen Holunder, wird aber selten über 4 m hoch. Die Blätter sind unpaarig gefiedert mit meist fünf Teilblättern, die länger und schmäler sind als diejenigen des schwarzen Holunders. Die kleinen Blüten sind grün bis grüngelb und wachsen in einer bis 8 cm hohen aufrechten kegelförmigen Rispe. Anhand seines rotbraunen Stängelmarks lässt sich der rote Holunder auch in blattlosem Zustand gut vom schwarzen Holunder mit weissem Stängelmark unterscheiden.

Standort

In Waldlichtungen, an Waldrändern, in Schlägen und Hecken oder in Steinschutthalden findet man den roten Holunder blühend. Tiefer im Wald kommt er nicht zur Blüte. Er wächst auf meist kalkarmen frischen und nährstoffreichen Böden und wird durch Vögel verbreitet.

---

218   SAMBUCUS RACEMOSA L.   *sambuco rosso, – montano*

Sureau rouge

sureau à grappes

Caractéristiques

Des trois espèces indigènes de sureaux, le sureau rouge est celui qui fleurit le plus tôt et le plus discrètement. Par sa taille, il ressemble au sureau noir, mais il dépasse rarement les 4 m de haut. Ses feuilles imparipennées sont généralement composées de cinq folioles, plus longues et plus étroites que celles du sureau noir. Les petites fleurs allant du vert au jaune-vert poussent en grappes coniques dressées atteignant 8 cm de haut. Même sans feuilles, on peut facilement distinguer le sureau rouge du sureau noir grâce à la moelle brun-rouge de ses rameaux (moelle blanche chez le sureau noir).

Habitat

On rencontre le sureau rouge en fleurs dans les clairières, à la lisière des forêts, dans les coupes et les haies ou sur les pierriers. Il ne fleurit pas en pleine forêt. Il pousse sur des sols généralement peu calcaires, frais et riches en éléments nutritifs ; il se propage par les oiseaux.

Verbreitung

Der rote Holunder wächst in ganz Mitteleuropa und ist in der Schweiz von den Tieflagen bis an die Waldgrenze verbreitet. Seine Hauptverbreitung liegt aber in der
montanen bis subalpinen Stufe.

Phänologie

Blüte (Abbildung 23, Seite 113)
Die Blütenrispen entwickeln sich an den kurzen Seitentrieben zusammen mit den
ersten Blattpaaren. Im Blütenstand öffnen sich die Blüten von unten nach oben und
zuerst an der Sonnseite. Auffallend an den sich öffnenden Blüten sind die feinen
gelb-grünen Staubbeutel. Die Kronblätter sind unauffällig, klein und klappen beim
Aufblühen nach unten. Die Einzelblüte gilt als offen, sobald die Kronzipfel mindestens waagrecht vom Blütenstängel abstehen.

Datumsmethode

✴ *Beginn der Blüte:* Bei drei Blütenständen des Strauches, bzw. bei jeweils drei
Blütenständen an drei Sträuchern des Bestandes, haben sich die ersten
Blüten vollständig geöffnet, d.h. die Kronzipfel stehen jeweils mit einem
Winkel von mindestens 90° vom Blütenstängel ab.

Distribution

Le sureau rouge pousse dans toute l'Europe centrale ; en Suisse, il est répandu des
régions basses à la limite de la forêt. Cependant, c'est dans les étages montagnard
à subalpin qu'il est le plus fréquent.

Phénologie

Floraison (figure 23, page 113)
Les grappes de fleurs se développent sur les rameaux secondaire courts en même
temps que les premières paires de feuilles. Dans l'inflorescence, les fleurs s'ouvrent
de bas en haut, d'abord du côté exposé au soleil. A l'intérieur des fleurs qui s'épanouissent, on aperçoit les fines anthères vert-jaune. Les pétales sont discrets, petits,
et se replient aussitôt vers le bas en s'ouvrant. La fleur prise séparément est à considérer comme épanouie dès que les lobes de sa corolle s'écartent au moins perpendiculairement à la tige.

Méthode de la date

✴ *Début de la floraison :* sur l'arbuste observé, les premières fleurs de trois
inflorescences se sont entièrement ouvertes ; les lobes de chaque corolle
s'écartent perpendiculairement à la tige de la fleur. Dans le peuplement, cela
doit être le cas sur trois arbustes.

* **Allgemeine Blüte:** 50% der Blüten am Strauch bzw. im Bestand sind offen, d.h. die Zipfel der Kronblätter stehen mit einem Winkel von mindestens 90° vom Blütenstängel ab, oder die Blüten sind bereits wieder verwelkt.

Prozent-Schätzmethode

Der aktuelle Anteil der offenen Blüten (d.h. die Zipfel der Kronblätter stehen mit einem Winkel von mindestens 90° vom Blütenstängel ab, oder die Blüten sind bereits wieder verwelkt) ist abzuschätzen.

Fruchtreife (Farbbild 13, Seite 111)

Beim roten Holunder entwickeln sich die Früchte langsam über den Sommer. Die zuerst grünen kugeligen Früchtchen werden langsam rot und auch etwas grösser. In reifem Zustand sind sie schliesslich an abstehenden oder hängenden Rispen 4 bis 5 mm dick, feuerrot und auf Druck saftend.

Datumsmethode

* **Allgemeine Fruchtreife:** 50% der Einzelfrüchte des Strauches bzw. des Strauchbestandes haben ihr normales Reifestadium erreicht, d.h. sie sind feuerrot, 4 bis 5 mm dick und auf Druck saftend.

Prozent-Schätzmethode

Der aktuelle Anteil der reifen Früchte, die ihr normales Reifestadium erreicht haben, d.h. feuerrot, 4 bis 5 mm dick und auf Druck saftend sind, ist abzuschätzen.

---

220   SAMBUCUS RACEMOSA L.   *sambuco rosso, – montano*

* **Floraison générale :** 50 % des fleurs de l'arbuste ou du peuplement sont ouvertes (les lobes de chaque corolle s'écartent perpendiculairement à la tige de la fleur) ou déjà fanées.

Méthode d'estimation du pourcentage

Il s'agit d'estimer le pourcentage actuel des fleurs ouvertes (chez lesquelles les lobes de la corolle s'écartent perpendiculairement à la tige) ou déjà fanées.

Maturité des fruits (photo couleur 13, page 111)

Les fruits du sureau rouge se développent lentement durant l'été. Au début, ils sont verts et sphériques, puis ils rougissent peu à peu en augmentant de volume. A maturité, ils atteignent finalement 4 ou 5 mm de diamètre et forment des grappes étalées ou pendantes rouge feu ; ils sont juteux quand on les presse.

Méthode de la date

* **Maturité générale des fruits :** 50 % des fruits de l'arbuste ou du peuplement ont atteint leur stade de maturité normal ; ils sont rouge feu, mesurent 4 à 5 mm de diamètre et sont juteux.

Méthode d'estimation du pourcentage

Il s'agit d'estimer le pourcentage actuel des fruits mûrs ayant atteint leur stade de maturité normal (rouge feu, 4 à 5 mm de diamètre et juteux).

Esche

Blumenesche, gemeine Esche

Merkmale

Die Esche gehört zu den hochwüchsigen einheimischen Laubholzarten. Sie hat einen schlanken, bis weit hinauf astreinen Stamm mit grauer, in jungen Jahren glatter, später zunehmend rissiger Rinde. Die Knospen, welche Blätter oder Blüten enthalten, sind paarweise angeordnet schwarzbraun und samtig behaart. Die Blätter bestehen aus 9 bis 15 fein gesägten Teilblättchen, welche kaum gestielt sind. Die Esche blüht im Frühling noch vor der Blattentfaltung, in der Regel erstmals zwischen dem 30. und 40. Altersjahr. Die Blüten sind zwittrig oder eingeschlechtig, ohne Kelch und Krone und in anfangs abstehenden, später überhängenden Rispen angeordnet. Die Staubblätter fallen durch ihre purpurrote Farbe auf. Die Früchte, 3 bis 4 cm lange, braune, einseitig zungenförmige, geflügelte Nüsse, sind zwar im Herbst reif, bleiben aber während des Winters oft noch am Baum.

frassino, frassino maggiore   **FRAXINUS EXCELSIOR L.**   221

Frêne

frêne commun

Caractéristiques

Le frêne fait partie des espèces indigènes de feuillus de haute taille. Son tronc élancé ne comporte pas de nœuds jusqu'en hauteur ; son écorce grise et lisse à l'état jeune se fissure de plus en plus en vieillissant. Les bourgeons, qui renferment des feuilles ou des fleurs, sont brun foncé, veloutés et vont par paires. Les feuilles se composent de 9 à 15 folioles finement dentées pratiquement dépourvues de pétiolule. Le frêne fleurit au printemps avant le déploiement des feuilles, en règle générale la première fois entre sa 30e et 40e année. Les fleurs, hermaphrodites ou unisexuées, n'ont ni calice, ni corolle ; elles sont groupées en panicules dressées au début, puis pendantes. Les étamines se remarquent facilement à leur couleur rouge pourpre. Les fruits, des samares ailés bruns de 3 à 4 cm de long, unilabiés, sont mûrs en automne, mais restent souvent à l'arbre durant l'hiver.

Standort

Die Esche kommt vor allem auf tiefgründigen, frischen bis feuchten und mineral-
haltigen Böden oder auf flachgründigen, trockenen Kalkböden vor. Auf sehr sauren
Böden fehlt sie. Sie ist in krautreichen Auen- und Schluchtwäldern und frischen
Laubmischwäldern häufig zu finden, kommt aber auch in Flaumeichenwäldern vor.

Verbreitung

In Süd-, West- und Mitteleuropa ist die Esche verbreitet. Ihre Nordgrenze liegt auf
einer Linie von England über Südskandinavien bis St. Petersburg. Nach Osten reicht
sie bis zur Wolga und Kleinasien. Die Esche ist in der ganzen Schweiz in kolliner bis
montaner Stufe verbreitet, bildet aber kaum grössere Reinbestände.

222   FRAXINUS EXCELSIOR L.   *frassino, frassino maggiore*

Habitat

Le frêne préfère les sols profonds frais à humides contenant des matières minérales
ou les sols calcaires peu profonds et secs. Il manque sur les sols très acides. On le
rencontre souvent dans les forêts alluviales et de ravins riches en plantes herbacées
ainsi que dans les forêts mixtes de feuillus fraîches, mais il apparaît également dans
les chênaies pubescentes.

Distribution

Le frêne est répandu en Europe méridionale, occidentale et centrale. Sa limite nord
se situe sur une ligne reliant l'Angleterre à Saint-Pétersbourg par le sud de la
Scandinavie. À l'est, il atteint la Volga et l'Asie mineure. Il est répandu dans l'ensemble de la Suisse de l'étage collinéen à l'étage montagnard, mais il forme rarement des
peuplements purs importants.

Phänologie

Blattentfaltung (Abbildung 24, Seite 117)
Während der Blattentfaltung ist die Esche sehr empfindlich auf Spätfröste. Sie belaubt sich in der Regel von unten und innen her gegen den Wipfel und die Peripherie der Krone. Die Blätter der Esche gelten dann als ganz entfaltet, wenn sich alle Fiederblättchen der Blätter völlig ausgebreitet haben. Aus den Knospen können sich unterschiedlich viele Blätter entfalten, durchschnittlich sind es ungefähr sechs Blätter.

Datumsmethode
- *Beginn der Blattentfaltung:* Aus drei Knospen des Einzelbaumes, bzw. aus jeweils drei Knospen an drei Bäumen des Bestandes, haben sich die ersten Blätter herausgeschoben und entfaltet, so dass die ganze Blattfläche sowie der Blattstiel sichtbar sind.
- *Allgemeine Blattentfaltung:* 50% der Blätter des Einzelbaumes bzw. des Baumbestandes, d.h. im Durchschnitt etwa drei Blätter pro Knospe, haben sich entfaltet, so dass die ganze Blattfläche sowie der Blattstiel sichtbar sind.

Prozent-Schätzmethode
- Durchschnittlich treiben bei der Esche sechs Blätter pro Knospe aus. Der aktuelle Anteil entfalteter Blätter, d.h. Blätter, bei denen die ganze Blattfläche sowie der Blattstiel sichtbar sind, ist abzuschätzen.

frassino, frassino maggiore **FRAXINUS EXCELSIOR L.** 223

Phénologie

Déploiement des feuilles (figure 24, page 117)
Durant le déploiement des feuilles, le frêne est très sensible au gel tardifs. Les feuilles se développent en général du bas et de l'intérieur en direction de la cime et la périphérie de la couronne. Les feuilles du frêne sont à considérer comme déployées dès que toutes leurs folioles pennées se sont complètement étalées. Les bourgeons produisent un nombre changeant de feuilles, en moyenne environ six.

Méthode de la date
- *Début du déploiement des feuilles:* sur l'arbre observé, les premières feuilles ont émergé de trois bourgeons et se sont déployées en faisant apparaître leur surface entière ainsi que leur pétiole. Dans un peuplement, cela doit être le cas sur trois arbres.
- *Déploiement général des feuilles:* 50 % des feuilles de l'arbre ou du peuplement, soit en moyenne trois par bourgeon, se sont déployées en faisant apparaître leur surface entière ainsi que leur pétiole.

Méthode d'estimation du pourcentage
- Chez le frêne, un bourgeon donne en moyenne six feuilles. Il s'agit d'estimer le pourcentage actuel des feuilles déployées (feuilles dont la surface entière et le pétiole apparaissent).

Blüte (Abbildung 25, Seite 119)

Da die Blüten weder Kelch- noch Kronblätter besitzen und in grosser Zah
beieinander stehen, sieht man bloss Büschel von Staubbeuteln und Narben. Die
markanten Blütenbüschel sind an dem noch blattlosen Baum von unten mit einem
Fernglas gut zu beobachten. Während der Blüte nehmen die aufrecht stehender
Fruchtknoten eine gelbe Färbung an, die Staubbeutel haben dagegen eine purpurrote Farbe. Die Phase wird nach der Entwicklung der männlichen Blütenorgane, der
Staubbeutel, beurteilt.

Datumsmethode

🌢   *Beginn der Blüte:* Aus drei Blütenknospen des Einzelbaumes, bzw. aus jeweils
        drei Blütenknospen an drei Bäumen des Bestandes, haben sich die ersten
        männlichen oder zwittrigen Blüten vollständig geöffnet, so dass die
        purpurroten Staubbeutel sichtbar sind und Blütenstaub abgeben.

🌢   *Allgemeine Blüte:* 50% der männlichen oder zwittrigen Blüten des Einzel-
        baumes bzw. des Baumbestandes sind offen, d.h. die purpurroten
        Staubbeutel sind sichtbar und geben Blütenstaub ab oder sind bereits
        wieder verwelkt.

Prozent-Schätzmethode

🌢   Der aktuelle Anteil der offenen männlichen oder zwittrigen Blüten mit
        purpurroten, stäubenden, bzw. bereits wieder verwelkten Staubbeuteln ist
        abzuschätzen.

---

224   FRAXINUS EXCELSIOR L.   *frassino, frassino maggiore*

Floraison (figure 25, page 119)

Comme les fleurs n'ont ni calice, ni corolle et sont serrées en grand nombre les unes
contre les autres, on ne voit que des touffes de filets et de stigmates. D'en bas, avec
des jumelles, on peut bien observer les impressionnantes touffes de fleurs sur l'arbre
encore dépourvu de feuilles. Durant la floraison, les ovaires dressées virent au jaune
alors que les anthères sont rouge pourpre. Cette phase est jugée d'après le développement des organes mâles de la fleur, les anthères.

Méthode de la date

🌢   *Début de la floraison:* sur l'arbre observé, les premières fleurs mâles ou
        hermaphrodites ont émergé de trois bourgeons et se sont entièrement
        ouvertes en faisant apparaître leurs anthères rouge pourpre qui disséminent
        du pollen. Dans un peuplement, cela doit être le cas sur trois arbres.

🌢   *Floraison générale:* 50 % des fleurs mâles ou hermaphrodites de l'arbre ou
        du peuplement sont ouvertes (leurs anthères rouge pourpre sont visibles et
        disséminent du pollen) ou déjà fanées.

Méthode d'estimation du pourcentage

🌢   Il s'agit d'estimer le pourcentage actuel des fleurs mâles ouvertes (chez
        lesquelles les anthères rouge pourpre sont visibles et disséminent du pollen)
        ou déjà fanées.

Blattfall

Die Esche gehört zu den wenigen Baumarten, bei welchen der Stickstoffrückzug aus den Blättern weitgehend unterbleibt. Im Herbst verfärben sich die Blätter der Esche somit kaum und fallen grün oder bleichgelb ab.

Die Entlaubung der Esche beginnt zuerst in den unteren und inneren Teilen der Krone und schreitet dann in der Krone aufwärts und nach aussen fort, entsprechend der Belaubung im Frühling. Viele Eschenblättchen fallen einzeln ab, bevor der ganze Blattstiel sich löst. Manchmal kann aber auch beobachtet werden, wie das grüne Laub fast vollständig am Baum verbleibt, solange, bis ein Novembersturm die Krone auf einen Schlag leerfegt.

Der Beginn des Blattfalls ist schwierig festzustellen und soll deshalb nicht beobachtet werden.

Datumsmethode

♣ *Allgemeiner Blattfall:* 50% der Blattfläche am Einzelbaum bzw. im Bestand sind abgefallen. Blattfall auf Grund von Hagelschlag, Sturmwinden, Trockenheit oder Schädlingen ist speziell zu vermerken.

Prozent-Schätzmethode

♣ Der Anteil der bereits abgefallenen Blattfläche an der gesamten sommerlichen Blattfläche ist abzuschätzen.

Chute des feuilles

Le frêne est l'une des rares essences, chez laquelle une grande partie de l'azote reste dans les feuilles. Ainsi, en automne, les feuilles du frêne se colorent à peine et tombent encore vertes ou jaune pâle.

Le frêne commence à perdre ses feuilles dans les parties inférieures et intérieures de sa couronne, puis de plus en plus haut et vers l'extérieur (de la même manière qu'il se couvre de feuilles au printemps). De nombreuses folioles tombent individuellement avant que le pétiole entier ne se détache. Cependant, on peut parfois observer comme la grande partie du feuillage vert reste sur l'arbre jusqu'à ce qu'une tempête de novembre ne dépouille les couronnes d'un seul coup.

Le début de la chute des feuilles étant difficile à établir, on ne l'observera pas.

Méthode de la date

♣ *Chute générale des feuilles :* 50 % des feuilles de l'arbre ou du peuplement sont tombées. La chute des feuilles provoquée par la grêle, les tempêtes, la sécheresse ou les parasites sera notée à part.

Méthode d'estimation du pourcentage

♣ Il s'agit d'estimer le pourcentage de la surface des feuilles déjà tombées par rapport à la surface foliaire estivale totale.

Apfelbaum

Merkmale

Der Apfelbaum ist in den gemässigten Klimazonen der wichtigste Obstbaum. Die Urform unserer Kultursorten ist aus dem einheimische Holzapfel *(Malus silvestris)* und asiatische Sorten und Varietäten herausgezüchtet worden. Der Apfelbaum wird ca. 10 m hoch und hat eine breite, dicht belaubte Krone. Die im Alter schuppig abblätternde Borke ist nur schwach und unregelmässig rissig, Die Seitenknospen sind länglich, eiförmig und wie die breit ovalen Blätter meist behaart. Mehrere Blüten stehen am Ende von Kurztrieben in einem doldentraubigen Blütenstand. Die Kronblätter sind weiss, unterseits aber rot überlaufen, wobei die Farbe mit zunehmender Reife mehr und mehr verschwindet. Äpfel werden bei uns seit der Jungsteinzeit gesammelt. Kultursorten gelangten sowohl mit den Germanen, als auch mit den Römern zu uns.

Standort

Der wilde Holzapfel wächst bei uns zerstreut in Auenwäldern, an sonnigen, buschigen Hängen bis in die montane Stufe. Er liebt nährstoffreiche Lehm- und Steinböden in humider Klimalage.

226   MALUS DOMESTICA BORKH.   *mela*

Pommier

Caractéristiques

Le pommier est le principal arbre fruitier des zones tempérées. La forme primitive des variétés que nous cultivons a été développée à partir du pommier sauvage indigène *(Malus sylvestris)* et de variétés asiatiques. Le pommier atteint environ 10 m de haut et a une large couronne touffue. Son écorce qui se desquame avec l'âge n'est que légèrement et irrégulièrement fissurée. Les bourgeons latéraux sont oblongs ovoïdes et généralement velus, tout comme les larges feuilles ovales. Les fleurs sont réunies en ombelle à l'extrémité des rameaux courts. Elles sont munies de pétales blancs teintés de rouge à l'extérieur, couleur qui s'atténue peu à peu. En Europe centrale, on cueille des pommes depuis le néolithique. Les variétés cultivées ont été introduites comme arbres fruitiers par les Germains et les Romains.

Habitat

Le pommier sauvage pousse de manière éparse dans les forêts alluviales ou sur les pentes ensoleillées buissonneuses jusqu'à l'étage montagnard. Il aime les stations humides aux sols limoneux et pierreux riches en éléments nutritifs.

Verbreitung

In ganz Europa kultiviert.

Phänologie

Die Beobachtungen sollen wenn möglich an der auch in höheren Lagen verbreiteten Kultursorte ″Boskop″ gemacht werden. Wenn eine andere Sorte gewählt wird, ist dies klar zu vermerken.

Blüte (Abbildung 26, Seite 123)
Der Apfelbaum blüht kurz nachdem sich die ersten Blätter entfaltet haben. Wie allgemein beim Kernobst werden Blüten sowohl in Endknospen der Kurz- und Langtriebe, als auch in Seitenknospen der Langtriebe angelegt. Im Verlaufe des Austriebs spreizen sich zuerst die Laubblätter ab, wobei die dunkelrosarote, kugelförmig geschlossene Zentralblüte des Blütenstandes, später auch die anderen Blüten, sichtbar werden. Die Blütenkugeln werden langsam grösser und immer weisser. Schliesslich öffnet sich als erstes die Zentralblüte, und die gelben Staubbeutel werden sichtbar. Die Blüte gilt als geöffnet, sobald alle fünf Kronblätter weiter als U-förmig offen sind.

mela **MALUS DOMESTICA BORKH.** 227

Distribution

Le pommier est cultivé dans toute l'Europe.

Phénologie

Les observations se feront si possible sur la variété cultivée « Boskoop », également présente dans les endroits assez élevés. Si une autre variété devait être choisie, cela doit être mentionné clairement.

Floraison (figure 26, page 123)
Le pommier fleurit peu après le déploiement des premières feuilles. Comme chez tous les arbres portant des fruits à pépins, ce sont autant les bourgeons terminaux des rameaux courts et longs que les bourgeons latéraux des rameaux longs qui donnent des fleurs. Les feuilles s'écartent d'abord en faisant apparaître la fleur située au centre de l'inflorescence, rose foncé et fermée comme une boule, puis les autres fleurs. Ces petites sphères s'agrandissent ensuite lentement en blanchissant de plus en plus. Puis finalement la fleur centrale s'ouvre en premier et ses anthères jaunes. La fleur est à considérer comme épanouie dès que l'ouverture de ses cinq pétales dépassent la forme d'un U.

Datumsmethode

* *Beginn der Blüte:* Bei drei Blütenständen des Einzelbaumes, bzw. bei jeweils drei Blütenständen an drei Bäumen des Bestandes, haben sich die ersten Blüten vollständig (d.h. mehr als U-förmig) geöffnet, und die Staubbeutel sind sichtbar.
* *Allgemeine Blüte:* 50% der Blüten am Baum bzw. im Bestand sind offen, d.h. die Kronblätter sind mehr als U-förmig geöffnet und die Staubbeutel sind sichtbar, oder die Blüten sind bereits wieder verwelkt.

228   MALUS DOMESTICA BORKH.   *mela*

Méthode de la date

* *Début de la floraison :* sur l'arbre observé, les premières fleurs de trois inflorescences se sont entièrement ouvertes ; l'ouverture des pétales dépasse la forme d'un U et les anthères apparaissent. Dans un peuplement, cela doit être le cas sur trois arbres.
* *Floraison générale :* 50 % des fleurs de l'arbre ou du peuplement sont ouvertes (l'ouverture des pétales dépasse la forme d'un U et les anthères apparaissent) ou déjà fanées.

Birnbaum

Merkmale

Die europäischen Kultursorten der Birne gehen auf die Holzbirne *(Pyrus pyraster)* und die Schneebirne *(Pyrus nivalis)* zurück. Als freistehender Baum wird die Birne etwa 20 m hoch und hat eine länglich pyramidenförmige Krone. An den steil aufragenden Ästen ist der Birnbaum auch im Winter gut zu erkennen. Die Rinde des Birnbaumes ist längs- und querrissig. Ältere Bäume haben deshalb eine im Vergleich zum Apfelbaum fein und regelmässig würfelförmig geteilte Borke mit dominierenden Längsrissen. Die Seitenknospen sind, ähnlich wie diejenigen von Apfel oder Kirsche, eiförmig, im Gegensatz zu diesen aber scharfspitzig. Die endständigen Knospen sind deutlich grösser. Die Blätter sind lang gestielt, eiförmig und auf der Blattoberfläche auffallend glänzend. Unterseits ist das Blatt zuerst filzig behaart, später kahl. Die bis 9-blütigen Doldentrauben erscheinen am Ende der Kurztriebe. Jede Blüte ist lang gestielt, hat weisse Kronblätter und unterscheidet sich anhand der violetten Staubbeutel deutlich von der Blüte anderer Obstbäume. Die Kultivierung der Birne als wertvolles Kernobst begann im vorderen und mittleren Orient in Persien und Armenien, von wo die Birne zuerst zu den Griechen, später zu den Römern und nach Mitteleuropa gelangte.

pero | **PYRUS COMMUNIS L.** | 229

Poirier

Caractéristiques

Les variétés de poiriers cultivées en Europe remontent au poirier sauvage *(Pyrus pyraster)* et au poirier des neiges *(Pyrus nivalis)*. Lorsqu'il est isolé, le poirier atteint environ 20 m de haut et sa couronne a une forme de pyramide oblongue. Même en hiver, on le reconnaît bien à ses branches raides qui se dressent en flèche. Son écorce est parcourue de fissures longitudinales et transversales. Par rapport aux pommiers, les vieux poiriers ont une écorce plutôt fine qui se craquelle en plaques carrées régulières où dominent les fissures longitudinales. Les bourgeons latéraux sont ovoïdes comme ceux du pommier ou du cerisier, mais, contrairement à ceux-ci, ils sont très aigus. Les bourgeons terminaux sont nettement plus grands. Les feuilles ont un long pétiole, sont ovoïdes et particulièrement luisantes sur le dessus. Sur le dessous, elles sont d'abord tomenteuses, puis deviennent glabres. Les ombelles qui comptent jusqu'à neuf fleurs apparaissent à l'extrémité des rameaux courts. Chaque fleur est munie d'un long pédoncule, de pétales blancs et se distingue nettement des fleurs des autres arbres fruitiers à ses anthères violettes. C'est au Proche et au Moyen-Orient, notamment en Perse et en Arménie, que l'on a commencé à cultiver le poirier pour ses précieux fruits à pépins ; de là, il a atteint d'abord la Grèce, puis Rome et l'Europe centrale.

Standort

Die wildwachsenden Birnbäume sind an sonnenreichen, buschförmig bewachsenen Hängen oder in Auenwäldern zu finden. Sie bevorzugen ein etwas milderes Klima als Apfelbäume. Wegen der frühen Blüte sind sie spätfrostgefährdet.

Verbreitung

In Europa ist die Birne als Kulturpflanze weit verbreitet.

Phänologie

Die Beobachtungen sollen wenn möglich an den beiden verbreiteten Kultursorten «Schweizer Wasserbirne» oder «Gelbmöstler» gemacht werden. Wenn eine andere Sorte gewählt wird, ist dies klar zu vermerken.

230 PYRUS COMMUNIS L.   pero

Habitat

Les poiriers poussant à l'état spontané se rencontrent sur les pentes ensoleillées buissonneuses ou dans les forêts alluviales. Ils préfèrent un climat un peu plus doux que les pommiers. En raison de leur floraison précoce, ils sont menacés par le gel tardif.

Distribution

En Europe, le poirier est une plante cultivée largement répandue.

Phénologie

Les observations se feront si possible sur les deux variétés répandues « Schweizer Wasserbirne » et « Gelbmöstler ». Si une autre variété devait être choisie, cela doit être mentionné clairement.

Blüte (Abbildung 27, Seite 125)

Am zwei- bis mehrjährigen Holz treten die Doldentrauben zusammen mit den Blättern aus den End- und Seitenknospen aus. Dem Blühbeginn geht die Entfaltung der ersten Laubblätter unmittelbar voraus. Schon kurz nach dem Öffnen der Knospen sind die langen Blütenstiele erkennbar, auf denen die fest geschlossenen, weissen, aussen oft noch rosa überzogenen, kugeligen Blütenköpfe sitzen. Mit zunehmender Reife vergrössern sich die Kronblätter und verlieren ihre rosa Farbe. Es ist wie ein langsames Aufblasen, bei dem sich die Kronzipfel bald voneinander lösen und die Blüte sich schliesslich ganz öffnet. Die Blüte gilt als geöffnet, sobald die Kronblätter eine U-förmig Schale bilden.

Datumsmethode

❋ *Beginn der Blüte:* Bei drei Blütenständen des Einzelbaumes, bzw. bei jeweils drei Blütenständen an drei Bäumen des Bestandes, haben sich die ersten Blüten vollständig (d.h. mehr als U-förmig) geöffnet, und die Staubbeutel sind sichtbar.

❋ *Allgemeine Blüte:* 50% der Blüten am Baum bzw. im Bestand sind offen, d.h. die Kronblätter sind mehr als U-förmig geöffnet und die Staubbeutel sind sichtbar, oder die Blüten sind bereits wieder verwelkt.

Floraison (figure 27, page 125)

Sur le bois de deux ans ou plus, les ombelles émergent des bourgeons terminaux et latéraux en même temps que les feuilles. Le déploiement des premières feuilles précède immédiatement le début de la floraison. Peu après le débourrement, on aperçoit déjà les longs pédoncules qui portent à leur extrémité les capitules sphériques encore bien fermés ; ceux-ci sont blancs, souvent nuancés de rose à l'extérieur. Puis les pétales s'agrandissent en perdant peu à peu leur couleur rose. Cela ressemble à un lent gonflement, pendant lequel les différents lobes de la corolle se séparent les uns des autres en permettant finalement à la fleur de s'ouvrir en entier. La fleur est à considérer comme épanouie dès que ses pétales forment une coupe en forme d'un U.

Méthode de la date

❋ *Début de la floraison :* sur l'arbre observé, les premières fleurs de trois inflorescences se sont entièrement ouvertes ; l'ouverture des pétales dépasse la forme d'un U et les anthères apparaissent. Dans un peuplement, cela doit être le cas sur trois arbres.

❋ *Floraison générale :* 50 % des fleurs de l'arbre ou du peuplement sont ouvertes (l'ouverture des pétales dépasse la forme d'un U et les anthères apparaissent) ou déjà fanées.

Kirschbaum

Vogelkirsche, Süsskirsche

Merkmale

Der Kirschbaum wird bis zu 25 m hoch, mit einem geraden, bis zum Wipfel fort-gesetzten Stamm und auffallender, quer zur Stammrichtung bandförmig ab-blätternder, silbriger Rinde. Die Süsskirsche ist die Stammform unserer Kultursorten. Die Knospen sind eiförmig und büschelweise am Ende von Kurztrieben angeordnet. Die Kirsche blüht bevor sich die Laubblätter entfalten. Sowohl die Blüten wie die Blätter sind lang gestielt. Am Blattstiel befinden sich vorne zwei auffällige, rote Drü-sen. Die Früchte der Wildform haben einen Durchmesser von etwa 8 bis 10 mm.

Standort

Der Kirschbaum gedeiht am besten auf frischen, kalkhaltigen Böden, wächst aber auch an mässig sauren bis sauren Standorten. Als Halbschattenpflanze ist er im Mischwald, in Hecken aber auch solitär anzutreffen. Er ist ein Lehmzeiger.

---

232   **PRUNUS AVIUM L.**   *cigliegio selvatico, cigliegio montano*

Cerisier

merisier

Caractéristiques

Le cerisier atteint jusqu'à 25 m de haut ; son tronc droit et continu jusqu'à la cime se caractérise par une écorce argentée se desquamant en lanières horizontales. Le cerisier sauvage constitue l'origine des variétés cultivées en Europe. Ses bourgeons ovoïdes sont disposés en touffes à l'extrémité des rameaux courts. La floraison a lieu avant le déploiement des feuilles. Les fleurs sont portées par un long pédoncule, les feuilles par un long pétiole. Ce dernier est muni à l'avant de deux glandes rouges frappantes. Les fruits du cerisier sauvage mesurent 8 à 10 mm de diamètre.

Habitat

Le cerisier pousse de préférence sur les sols calcaires frais, mais aussi sur ceux modérément acides à acides. C'est une plante de pénombre que l'on rencontre dans les forêts mixtes, les haies, mais aussi en solitaire ; elle indique la présence de limon.

Verbreitung

Verbreitet ist die Kirsche in ganz Europa. In der Schweiz ist sie zur Hauptsache in der collinen und submontanen Stufe bis 800 m ü. M. anzutreffen, kann aber bis 1500 m ü. M. in allen Laubmischwäldern eingesprengt sein.

Phänologie

Die Beobachtungen sollen an der Wildform durchgeführt werden. Wenn eine Kultursorte gewählt wird, ist dies klar zu vermerken.

Blüte (Abbildung 28, Seite 127)
Die Kirsche hat Blüten- und Blattknospen. Die Blütenknospen stehen gedrängt, so dass die Blüten beim Aufblühen in doldenförmigen Büscheln zusammenstehen. Aus jeder Knospe wachsen zwei bis drei Blüten, bei denen sich zuerst die Blütenstiele verlängern. Zusammen mit dem Verlängern der Blütenstiele vergrössern sich auch die weissen Kronblätter, so dass kurz vor dem Aufblühen an jedem Kurztrieb ein Büschel lang gestielter, weisser Blütenköpfe zu sehen ist. Die einzelnen Blüten öffnen sich über ein becherförmiges bis zu einem schalenförmigen Stadium, wobei die Lücken zwischen den Kronblättern mehr und mehr sichtbar werden. Inmitten dieser Blütendolde öffnet sich am Ende des Triebes immer auch eine Blattknospe mit mehreren Blättern.

ciliegio selvatico, ciliegio montano **PRUNUS AVIUM L.** 233

Distribution

Le cerisier est répandu dans toute l'Europe. En Suisse, on le rencontre principalement aux étages collinéen et submontagnard jusqu'à 800 m d'altitude, mais il est aussi dispersé dans toutes les forêts de feuillus mixtes jusqu'à 1500 m.

Phénologie

On effectuera les observations sur la forme spontanée.

Floraison (figure 28, page 127)
Le cerisier développe des bourgeons floraux et des bourgeons foliaires. Les bourgeons floraux étant serrés les uns contre les autres, les fleurs qui s'épanouissent sont réunies en faisceaux ombelliformes. Chaque bourgeon donne naissance à 2 ou 3 fleurs. Leurs pédoncules commencent à s'allonger et leurs pétales blancs à s'agrandir, si bien qu'on peut voir peu avant l'épanouissement une touffe de capitules blancs longuement pédonculés sur chaque rameau court. Les différentes fleurs s'ouvrent en passant du stade de gobelet au stade de coupe ; pendant ce temps, les interstices entre les pétales deviennent de plus en plus apparents. Au milieu de cette ombelle, il y a toujours un bourgeon foliaire contenant plusieurs feuilles qui s'ouvre également à l'extrémité du rameau.

Das Aufblühen erfolgt individuell von Blüte zu Blüte und kann auf der Sonnseite des Triebes mehrere Tage früher erfolgen als auf der Schattseite. Sobald pro Kurztrieb mehrere Blüten offen sind, scheint der Baum aus Distanz betrachtet bereits voller Blüten zu sein. Es ist genau zu kontrollieren, ob tatsächlich die Hälfte der Blüten offen ist.

Datumsmethode

* *Beginn der Blüte:* Bei drei Blütenständen des Einzelbaumes, bzw. bei jeweils drei Blütenständen an drei Bäumen des Bestandes, haben sich die ersten Blüten vollständig (d.h. mehr als U-förmig) geöffnet, und die Staubbeutel sind sichtbar.
* *Allgemeine Blüte:* 50% der Blüten am Baum bzw. im Bestand sind offen, d.h. die Kronblätter sind mehr als U-förmig geöffnet und die Staubbeutel sind sichtbar, oder die Blüten sind bereits wieder verwelkt.

234   PRUNUS AVIUM L.   *ciligiego selvatico, cigliegio montano*

Sur un même rameau, les fleurs s'épanouissent individuellement les unes après les autres, avec plusieurs jours d'intervalle entre celles exposées au soleil et celles situées à l'ombre. De loin, lorsque plusieurs fleurs se sont ouvertes sur chacun des rameaux courts, l'arbre semble être en pleine floraison. Il est donc important de bien contrôler si la moitié des fleurs sont réellement épanouies.

Méthode de la date

* *Début de la floraison :* sur l'arbre observé, les premières fleurs de trois inflorescences se sont entièrement ouvertes ; l'ouverture des pétales dépasse la forme d'un U et les anthères apparaissent. Dans le peuplement, cela doit être le cas sur trois arbres.
* *Floraison générale :* 50 % des fleurs de l'arbre ou du peuplement sont ouvertes (l'ouverture des pétales dépasse la forme d'un U et les anthères apparaissent) ou déjà fanées.

Weinrebe

europäische Weinrebe, Kultur-Weinrebe

Merkmale

Die Weinrebe ist ein Liane, deren Äste mit Hilfe windender Ranken bis 30 Meter hoch klettern können. Das Blatt ist im Umriss rundlich und mehr oder weniger drei bis fünfteilig gelappt. Die Blüten sind unauffällig gelbgrün, mit 4 bis 5 mm langen, verwachsenen Kronblättern. Der Blütenstand ist eine längliche Rispe.
Die europäische Weinrebe ist eine Kulturform, die von südeuropäischen und einheimischen Wildformen abstammt.

Standort

Die Weinrebe bevorzugt warme, frische bis mässig trockene Standorte mit neutralen, nährstoffreichen, aber nicht zu kalkreichen, lockeren Lehm-, Sand- oder Lössböden.

Verbreitung

Die Weinrebe ist in Kultur weltweit verbreitet. In Europa liegen die nördlichsten Anbaugebiete etwa auf dem 51. Breitengrad. In der Schweiz wird sie bis ca. 600 m ü. M. (im Wallis bis über 1000 m!) angebaut und ist am Jurasüdfuss oder an milden Lagen der Alpenrandseen selten auch verwildert.

vigna   **VITIS VINIFERA L.**   235

Vigne

vigne d'Europe

Caractéristiques

La vigne est une liane dont les branches peuvent grimper jusqu'à 30 m de haut grâce à leurs vrilles volubiles. Les feuilles arrondies sont divisées en trois à cinq lobes plus ou moins profonds. Les fleurs d'un vert-jaune discret sont munies de pétales rabougris de 4 ou 5 mm de long et réunies en une panicule oblongue. La vigne est une variété cultivée issue de variétés sauvages d'Europe méridionale et indigènes.

Habitat

La vigne préfère les emplacements chauds, frais à modérément secs ; elle pousse sur des sols argileux, sableux ou des lœss légers, neutres, riches en éléments nutritifs mais ne contenant pas trop de calcaire.

Distribution

La vigne est cultivée dans le monde entier. En Europe, les zones de culture les plus septentrionales se situent à peu près sur le 51e degré de latitude. En Suisse, elle est cultivée jusqu'à environ 600 m d'altitude (et même jusqu'à plus de 1000 m en Valais !) et peut parfois redevenir sauvage le long du pied sud du Jura ou dans certains emplacements doux au bord des lacs subalpins.

Phänologie

Bei der Beobachtung der Weinrebe sollte die Sorte und wenn möglich das vom Winzer hergestellte Produkt angegeben werden.

Blüte (Abbildung 29, Seite 129)
Der junge Blütenstand ist bald nach dem Blattaustrieb zu sehen. Bis zum Beginn der Blüte streckt sich zuerst der Stiel der Gesamttrispe, später verlängern sich auch die Stiele der Teilrispen und Blüten. Beim Aufblühen der ersten Blüten ist die Rispe ca. 5 bis 10 cm lang. Das einzig Auffallende einer offenen Blüte sind die winzigen, nur Staubkorngrösse erreichenden gelben Pollensäcke, die mit haarfeinen Filamenten ein paar Millimeter aus dem Blütenkelch herausschauen. Die Blüten sind nur ein bis zwei Tage offen, verlieren dann die Staubfäden und sehen den noch geschlossenen Blüten wieder sehr ähnlich. Die ersten Blüten öffnen sich im vorderen Drittel der Rispe. Oft sind Nebenrispen vorhanden (sog. Schultern), deren Blüten mehrere Tage später aufblühen als diejenigen der Hauptrispe.
Wegen der kurzen Blühdauer und der Unscheinbarkeit der Blüte ist die Rebe im Frühsommer genau zu beobachten.

Phénologie

On indiquera la variété de la vigne observée et, dans la mesure du possible, le produit fabriqué par le vigneron.

Floraison (figure 29, page 129)
La jeune inflorescence apparaît peu de temps après l'éclosion des feuilles. Jusqu'au début de la floraison, le pédoncule de la panicule s'allonge d'abord, puis ensuite également les pédicelles de chacune des divisions de la panicule et ceux des fleurs. Lorsque les premières fleurs commencent à s'épanouir, la panicule mesure environ 5 à 10 cm de long. La seule chose qui frappe dans une fleur ouverte sont les minuscules anthères jaunes qui atteignent à peine la taille d'un grain de poussière et qui dépassent de quelques millimètres du calice avec leurs filaments fins comme des cheveux. Les fleurs ne restent ouvertes qu'un jour ou deux seulement, puis elles perdent leurs filets, ressemblant à nouveau à des fleurs encore fermées. Les premières fleurs s'épanouissent dans le tiers antérieur de la panicule. En Suisse, la période de floraison principale ne dure que quelques jours. On peut souvent voir des panicules secondaires, dont les fleurs ne s'épanouissent que plusieurs jours après celles de la panicule principale. En raison de la discrétion avec laquelle les fleurs s'ouvrent et se fanent, on observera attentivement la vigne durant sa brève période de floraison.

Datumsmethode
❋ *Allgemeine Blüte:* 50% der Blüten des Weinstocks oder der Rebparzelle sind offen, d.h. die Staubbeutel treten sichtbar aus der Blüte heraus.

Weinlese
Üblicherweise beginnt die Weinlese in der Schweiz 100 bis 110 Tage nach der Blüte. Der Zeitpunkt ist jedoch abhängig von der Reife der Früchte, deren Gesundheit, dem zu erwartenden Wetter und nicht zuletzt vom Produkt, welches der Winzer herstellen will. Regionale Steuerungen der Weinlese durch Rebkomissionen sind heute immer seltener.
Manchmal werden in einer Vorlese kranke und verfaulte Trauben herausgepflückt. Es soll der erste Tag der eigentlichen Lese festhalten werden.

Datumsmethode
❋ *Beginn der Weinlese:* Die Trauben auf der beobachteten Parzelle werden geerntet.

Méthode de la date
❋ *Floraison générale :* 50 % des fleurs du pied de vigne ou de la parcelle sont ouvertes ; les anthères émergent nettement de la fleur.

Vendanges
En Suisse, les vendanges débutent habituellement 100 à 110 jours après la floraison. Leur date dépend cependant de la maturité des fruits, de leur santé, des prévisions du temps, mais aussi du produit auquel est destiné le raisin. Aujourd'hui, les vendanges sont de moins en moins souvent contrôlées par les commissions viticoles régionales.
Parfois, une première récolte permet d'éliminer les raisins malades ou pourris. Il s'agit d'observer le premier jour de la véritable récolte.

Méthode de la date
❋ *Début des vendanges :* le raisin de la parcelle observée est vendangé.

Heuernte

Merkmale

Als Heuernte wird der erste Schnitt der Wiesen im Frühjahr bezeichnet, der für die Winterfütterung des Viehs verwendet wird. Früher waren für die Trocknung des Grases ca. drei Schönwettertage nötig. Der Termin des Schnittes fiel in die Zeit der längsten Tage, beginnend Ende Mai in den Tallagen und endend, je nach Witterung spät im Juli im Gebirge.

Dank den neuen Lager- und Trocknungstechniken (z.b. Siloballen, Belüftungs-anlagen) kann das Heu heute bereits nach einem Schönwettertag eingebracht werden. Die Wiesen werden geschnitten, sobald das Hauptgras zu «schossen» beginnt, d.h. sobald die Blütenstände (Ähren und Rispen) der Gräser sichtbar aus den Blattscheiden heraustreten. Oft dient die Blüte des Löwenzahns als Richtmass für die Schnittreife der Wiese. Es wird dann z.b. drei Wochen nach der Löwenzahnblüte gemäht.

Fenaison

Caractéristiques

Le terme de fenaison désigne la première coupe des prairies au printemps, produisant du fourrage pour l'hiver. Autrefois, il fallait environ trois jours de beau temps pour sécher l'herbe. La date de la fauche tombait à l'époque des jours les plus longs, commençant fin mai dans les vallées et se terminant, selon les conditions météorologiques, tard en juillet en montagne.

Aujourd'hui, grâce aux nouvelles techniques de stockage et de séchage (par exemple ensilage en balles, souffleurs en grange), le foin peut déjà être rentré après un jour de beau temps. Les prairies sont fauchées dès que la graminée principale commence à «monter», c'est-à-dire dès que les inflorescences (épis et panicules) sortent des feuilles terminales. On se réfère souvent à la floraison du pissenlit pour savoir quand la prairie est prête pour la fauche. Les foins commencent alors trois semaines par exemple après la floraison du pissenlit.

Phänologie

Die Heuernte sollte dort beobachtet werden, wo das Heu noch mindestens einen Tag lang im Freien getrocknet wird. Auf Flächen mit ökologischen Sonderfunktionen (ökologische Ausgleichsflächen, Halbtrocken- und Trockenrasen oder Feuchtgebiete) sind in der Regel bestimmten Schnitttermine einzuhalten. Sie eignen sich deshalb nicht zur Beobachtung der Heuernte.

Datumsmethode

❋ *Allgemeine Heuernte:* Die Wiese wird im Frühjahr zum ersten Mal gemäht und das Gras mindestens einen Tag im Freien getrocknet. Es soll der Tag des Schneidens und nicht der Tag des Einbringens notiert werden.

Phénologie

On observera la fenaison aux endroits où le foin est encore séché au moins un jour à l'air libre. Sur les surfaces ayant des fonctions écologiques particulières (surfaces de compensation écologique, pelouses semi-sèches et sèches ou zones humides), il faut en règle générale respecter des dates de fauche précises. Ces surfaces ne se prêtent donc pas à l'observation de la fenaison.

Méthode de la date

❋ *Fenaison générale :* la prairie est fauchée pour la première fois au printemps et le foin est mis à sécher au moins un jour à l'air libre. On relèvera le jour de la coupe et non le jour de l'engrangement.

Buschwindröschen

Busch-Windröschen

Merkmale

Das Buschwindröschen gehört zu den Hahnenfussgewächsen. Aus dem unterirdisch kriechenden Spross treiben die blättertragenden Blühtriebe zu einer Jahreszeit aus, in der die direkte Sonnenstrahlung den Waldboden noch erreicht, d.h. die Waldbäume ihre Blätter noch nicht entfaltet haben. Das Buschwindröschen wird 10-25 cm hoch und bildet grossflächige, lockere Rasen. Im oberen Drittel des Stängels befinden sich drei quirlig angeordnete, gestielte, dreigeteilte Blätter. Die Blüte besteht aus sechs gleichförmigen Perigonblättern. Im Knospenstadium sind sie aussen rötlich-grün überlaufen, beim Aufblühen schliesslich mehr oder weniger rein weiss.

Standort

Das Buschwindröschen ist eine bis 15 cm tief wurzelnde Mullbodenpflanze, die in lichten Laub- und Nadelwäldern und in Bergwiesen wächst.

Verbreitung

Die Verbreitung des Buschwindröschen erstreckt sich nördlich der Alpen vom Atlantik bis Polen und vom Tiefland bis in eine Höhe von 2000 m ü. M.

---

240   ANEMONE NEMOROSA L.   *anemone dei boschi, anemone dei silvio*

Anémone des bois

anémone sylvie

Caractéristiques

L'anémone des bois fait partie des Renonculacées. Les rhizomes souterrains rampants donnent naissance aux bourgeons foliaires à une saison durant laquelle l'insolation atteint encore le sol des forêts, lorsque les arbres forestiers n'ont pas encore déployé leurs feuilles. L'anémone des bois atteint 10 à 25 cm de haut et forme de vastes pelouses lâches. Trois bractées pétiolées tripartites sont disposées en verticille dans le tiers supérieur de la tige. La fleur se compose de six tépales réguliers. Au stade de bouton, ceux-ci sont teintés de vert-rougeâtre à l'extérieur, mais ils blanchissent en s'épanouissant.

Habitat

L'anémone des bois est une plante du mull qui prend racine jusqu'à une profondeur de 15 cm ; elle pousse dans les forêts claires de feuillus ou de conifères ainsi que dans les prairies de montagne.

Distribution

L'anémone des bois est répandue au nord des Alpes de l'Atlantique à la Pologne et des régions basses à une altitude de 2000 m.

Phänologie

Blüte (Abbildung 30, Seite 133)

Die nickende Blütenknospe erscheint zwischen den tief geteilten Blättern und richtet sich an einem ein bis mehrere Zentimeter langen, gebogenen Stiel langsam auf. Mit dem Aufrichten öffnet und vergrössert sich die Blüte. Nachts und bei schlechter Witterung schliesst sie sich wieder und neigt sich zu Boden. Die Blüte gilt als geöffnet, sobald alle Perigonblätter (auch die inneren drei) weiter als U-förmig geöffnet sind. Die Kronblätter einer einmal geöffneten Blüte bleiben, wenn sie sich am Abend wieder schliessen, aufgelockerter zueinander stehen, als diejenigen einer Blüte, die sich noch nie geöffnet hat. Dieser kleine Unterschied hilft, den Anteil sich bereits geöffneter Blüten zu bestimmen, wenn bei ungünstiger Witterung sämtliche Blüten ihre Köpfe hängen lassen.

Beobachtungen zeigen, dass Blüten, die während einer Nacht mit Bodenfrost ihre Köpfe geschlossen haben, sich am nächsten Morgen bis um zehn Uhr noch nicht wieder geöffnet haben, trotz Sonnenschein und Wärme. Es ist also ratsam, die Beobachtungen zum Aufblühen des Buschwindröschen erst am Nachmittag oder gegen Abend zu machen.

Datumsmethode

✴ *Allgemeine Blüte:* 50% der Blüten im Bestand sind offen (d.h. die Kronblätter sind mehr als U-förmig geöffnet und die Staubbeutel sind sichtbar) bzw. bereits wieder verwelkt.

anemone dei boschi, anemone dei silvia **ANEMONE NEMOROSA L.** 241

Phénologie

Floraison (figure 30, page 133)

Le bouton incliné apparaît entre les bractées profondément découpées et se relève lentement sur une tige recourbée longue d'un à plusieurs centimètres. En se redressant, la fleur s'ouvre et s'agrandit. De nuit et par mauvais temps, elle se referme et se penche vers le sol. La fleur est à considérer comme épanouie dès que tous ses tépales (y compris les trois intérieurs) se sont ouverts plus largement qu'un U.

Lorsqu'ils se referment le soir, les tépales d'une fleur qui s'est déjà ouverte une fois restent plus lâches que ceux d'une fleur qui n'a pas encore éclos. Si par mauvais temps toutes les fleurs penchent leur tête, cette petite différence permet de déterminer le pourcentage de celles qui se sont déjà ouvertes.

On a observé que des fleurs qui s'étaient refermées lors d'une nuit de gel au sol ne s'étaient pas rouvertes avant 10 h le lendemain, malgré le soleil et la chaleur. Il est donc recommandé d'observer la floraison de l'anémone des bois dans l'après-midi ou vers le soir.

Méthode de la date

✴ *Floraison générale :* 50 % des fleurs de la population sont ouvertes (l'ouverture des pétales dépasse la forme d'un U et les anthères apparaissent) ou déjà fanées.

Wald-Weidenröschen   schmalblättriges Weidenröschen

Merkmale

Das Wald-Weidenröschen gehört zu den Nachtkerzengewächsen und ist ein typischer Vertreter der im Sommer blühenden Hochstauden. Der gerade Stängel ist 50-150 cm lang, die Blätter wechselständig, lanzettlich und bis zu 2 cm breit. Unterseits sind sie bläulich-grün mit deutlichen Seitennerven. Die Blüten sind purpurrot und wachsen in einer endständigen, von unten nach oben aufblühenden vielblütigen Traube. Die Blüte ist vierzählig, mit vier breit abgerundeten, bis 15 mm langen Kron- und vier schmalen Kelchblättern. Nach der Blüte verlängern sich die langen, schmalen Fruchtschoten und stehen aufrecht von der Blütenachse ab.

Standort

Das Wald-Weidenröschen wächst in Waldlichtungen, an Waldrändern aber auch auf Felsschutt oder an Ufern. Es ist ein Lichtkeimer und vermag mit seinem weit kriechenden, tiefen Wurzelwerk den Boden zu festigen. Gerne besiedelt es frische und nährstoffreiche, humose bis rohe Böden.

---

242   EPILOBIUM ANGUSTIFOLIUM L. *garofanino maggiore*

Épilobe à feuilles étroites

Caractéristiques

L'épilobe à feuilles étroites fait partie des Onagracées et constitue un exemple typique des sous-arbrisseaux qui fleurissent en été. Sa longue tige mesure de 50 à 150 cm, les feuilles alternent, lancéolés jusqu'à 2 cm de large. La surface inférieure est bleu-vert avec des nervures secondaires bien visible. Les fleures sont rouge pourpre et poussent en grappe terminale florissant de bas en haut. La fleur quadripolaire est munie de quatre pétales largement arrondies atteignant 15 mm long et quatre sépales étroites. Après la floraison, les longues gousses étroites se rallongent et se dressent perpendiculairement à l'axe de la fleur.

Habitat

L'épilobe à feuilles étroites pousse dans des clairières, en lisière, mais aussi sur des éboulis et au bord de l'eau. Elle germe à la lumière et parvient à stabiliser le sol avec ses racines rampantes et profondes. Il aime bien coloniser les sols frais et riches en éléments nutritifs, humiques à crus.

Verbreitung

Das Waldweidenröschen ist auf der ganzen Nordhalbkugel verbreitet mit Schwerpunkt in den nördlichen, gemässigten Zonen. Es gedeiht vom Tiefland bis über die Waldgrenze hinaus. In der Schweiz ist die Art häufig und wird als Zierpflanze auch in Gärten angepflanzt.

Phänologie

Blüte (Abbildung 31, Seite 135)
Die Knospen liegen abwärts gekrümmt eng am Stängel an und richten sich bis zum Blühbeginn waagrecht auf. In der sich öffnenden Blüte sind zuerst die acht Staubbeutel sichtbar. Der nach unten gebogene Griffel mit einer auffälligen viergeteilten Narbe wächst erst ein paar Tage später aus. Die Blüte gilt als offen, sobald der Winkel zwischen den sich öffnenden Kronblättern grösser als 90° ist.
Die anfangs zusammengedrängte Blütentraube des Wald-Weidenröschen verlängert sich während dem Aufblühen und der Fruchtreife stark von unten nach oben. Es ist darauf zu achten, dass die «allgemeine Blüte» erst gemeldet wird, wenn die Hälfte der Blüten entweder geöffnet oder schon verblüht ist.
Datumsmethode
* *Allgemeine Blüte:* 50% der Blüten im Bestand sind offen (d.h. die Kronblätter sind soweit geöffnet, dass deren Winkel zueinander grösser ist als 90°) bzw. bereits wieder verwelkt.

garofanino maggiore **EPILOBIUM ANGUSTIFOLIUM L.** 243

Distribution

L'épilobe à feuilles étroites est répandu dans toute l'hémisphère nord, mais particulièrement dans les zones tempérées septentrionales. Il pousse des régions basses jusqu'au-delà de la limite des forêts. En Suisse, l'espèce est fréquente et est cultivée dans les jardins en tant que plante ornementale.

Phénologie

Floraison (figure 31, page 135)
Les boutons recourbés vers le bas sont appliqués la tige et se redressent à l'horizontale jusqu'à la floraison. Dans la fleur en éclosion, les huit anathèmes sont d'abord visibles. Le style et son stigmate frappant quadripolaire ne se développe que quelques jours plus tard. La fleur est considérée comme ouverte lorsque l'angle entre les pétales s'ouvre à plus de 90°. La grappe de l'épilobe à feuilles étroites initialement ramenée se prolonge durant la floraison et la fructification de bas en haut. Il s'agit de s'assurer d'indiquer la «floraison générale» que quand la moitié des fleurs est ouverte ou fanée.
Méthode de la date
* *Floraison générale :* 50 % des fleurs de la population sont ouvertes (les lobes des pétales s'écartent les uns des autres avec un angle de plus de 90°) ou déjà fanées.

Wiesenschaumkraut

Wiesen-Schaumkraut

Merkmale

Das Wiesenschaumkraut blüht als eine der ersten insektenbestäubten Pflanzen in unseren Wirtschaftswiesen. Es wächst in lockeren Gruppen von drei bis ca. zehn Exemplaren, seltener auch alleine. Aus der grundständigen Blattrosette mit gefiederten drei- bis siebenteiligen Blättern entwickelt sich ein 15-60 cm hoher, beblätterter und verzweigter Spross. Die vier freien, hellrosa bis fast weissen Kronblätter verraten die Zugehörigkeit der Pflanze zu den Kohlgewächsen. 20 bis 30 Blüten befinden sich am Ende des Haupttriebes, je ca. zehn am Ende der Nebenäste. Die Kronblätter sind 8 bis 12 mm lang, die Kelchblätter 3 bis 4 mm. Die Früchte sind lange, schmale Schoten.

Standort

Das Wiesenschaumkraut wächst auf nährstoffreichen, feuchten Böden. Häufig ist es in Fett- und Nasswiesen zu finden, kommt aber auch an feuchten Stellen im Wald vor.

---

244   CARDAMINE PRATENSIS L. S. STR.   *cardamina dei prati*

Cardamine des prés

cressonnette des prés

Caractéristiques

La cardamine des prés est l'une des premières plantes pollinisées par les insectes qui fleurit dans nos prairies exploitées. Elle pousse en groupes épars de 3 à 10 individus environ, rarement en solitaire. Une tige rameuse de 15 à 60 cm de haut, aux feuilles peu nombreuses, se développe à partir des feuilles basales ; celles-ci, réunies en rosette, se composent de 3 à 7 paires de folioles. Les quatre pétales non soudés, rose clair à presque blancs, trahissent l'appartenance de cette plante à la famille des Brassicacées (ou Crucifères). 20 à 30 fleurs se trouvent à l'extrémité de la pousse principale, une dizaine à l'extrémité de chaque pousse secondaire. Les pétales mesurent 8 à 12 mm de long, les sépales 3 à 4 mm. Les fruits sont de longues siliques effilées.

Habitat

La cardamine des prés préfère les sols humides riches en éléments nutritifs. Elle pousse souvent dans les prairies grasses et mouillées, mais aussi dans certaines stations humides en forêt.

Verbreitung

Das Areal des Wiesenschaumkrauts umfasst den ganzen nördlichen Teil Eurasiens und erstreckt sich vom Tiefland bis etwa 1400 m ü. M. In der Schweiz ist die Art häufig.

Phänologie

Blüte (Abbildung 32, Seite 137)
Die geschlossenen Blüten stehen anfangs kopfartig dicht beieinander. Die einzelnen Blüten lösen sich von unten nach oben aus dem dichten Knäuel, indem sich sowohl die Blütenstandsachse, als auch die Blütenstiele verlängern. Oft verlängern sich die Blütenstiele dermassen, dass die Blüten zu nicken beginnen und sich erst wieder mit dem Öffnen aufrichten. Die Blüte des Wiesenschaumkrautes gilt als geöffnet, sobald die frei aus dem Kelch herausragenden Kronzipfel in einem Winkel von mehr als 90° zueinander stehen. Bei den äusseren Blüten kann der Öffnungswinkel bis 180° betragen. Die dichter stehenden inneren Blüten öffnen sich jedoch meist weniger weit. An einer Pflanze können sich am Haupttrieb bis 30, an den zwei bis drei Seitentrieben nochmals je fünf bis zehn Blüten öffnen.

Datumsmethode

✿   *Allgemeine Blüte:* 50% der Blüten im Bestand, d.h. durchschnittlich etwa zehn pro Pflanze, sind offen. Offen bedeutet, dass die Zipfel der Kronblätter in einem Winkel von mehr als 90° zueinander stehen oder die Blüten bereits wieder verwelkt sind.

Distribution

L'aire de la cardamine des prés comporte toute la partie septentrionale de l'Eurasie et s'étend des régions basses à 1400 m d'altitude environ. Cette espèce est fréquente en Suisse.

Phénologie

Floraison (figure 32, page 137)
Au départ, les fleurs fermées sont serrées les unes contre les autres. Les différentes fleurs se détachent de bas en haut du glomérule dense, en prolongeant ainsi l'axe de l'inflorescence ainsi que les pédicelles. Souvent, les pédicelles s'allongent tellement que les fleurs commencent à s'incliner et ne se redressent qu'en s'épanouissant. La fleur de la cardamine des prés est à considérer comme épanouie dès que les lobes de sa corolle, qui dépassent du calice, s'écartent les uns des autres avec un angle de plus de 90°. Cet angle peut atteindre 180° chez les fleurs extérieures. En général, les fleurs intérieures, plus denses, restent davantage fermées. La pousse principale d'une plante peut former jusqu'à 30 fleurs, alors que les deux ou trois pousses secondaires en donnent cinq à dix chacune.

Méthode de la date

✿   *Floraison générale :* 50 % des fleurs de la population, soit en moyenne une dizaine par plante, sont ouvertes (les lobes des pétales s'écartent les uns des autres avec un angle de plus de 90°) ou déjà fanées.

Gemeine Margerite

Grosse Margerite, gemeine Wucherblume

Merkmale

Die gemeine Margerite gehört, wie der Löwenzahn oder der Huflattich, zu der Familie der Korbblütler. Auffälliges Beobachtungsmerkmal sind die äusseren, weissen Zungenblüten im Blütenkorb, die inneren, gelben dagegen sind kurz und röhrenförmig. Der Durchmesser des Blütenkorbes beträgt 2 bis 7 cm. Der Stängel ist einfach oder verzweigt und wird bis ca. 80 cm hoch. Die unteren Blätter sind lanzettlich bis oval, mehr oder weniger tief gezähnt und in einen Stiel verschmälert, die oberen sitzen direkt am Stängel.

Die gemeine Margerite gehört botanisch zu einer Gruppe nah verwandter Arten, welche aber auf Grund unterschiedlicher Herkunft und unterschiedlichem Wuchsort zu verschiedenen Zeiten blühen.

246   **LEUCANTHEMUM VULGARE LAM. S.STR**   *margherita comune*

Marguerite vulgaire

marguerite, grande marguerite

Caractéristiques

La marguerite vulgaire appartient à la famille des Astéracées (ou Composées), tout comme le pissenlit ou le pas d'âne. Elle se reconnaît à ses fleurettes blanches ligulées situées sur le pourtour du réceptacle ; les fleurettes intérieures sont jaunes, courtes et tubulaires. Les réceptacles ont 2 à 7 cm de diamètre. Leur tige est simple ou rameuse et atteint environ 80 cm de haut. Les feuilles inférieures sont lancéolées à ovales, plus ou moins profondément dentées et atténuées en pétiole, alors que les feuilles supérieures poussent directement sur la tige.

La marguerite vulgaire appartient d'un point de vue botanique à un groupe proche d'espèces parentes, mais qui fleurissent cependant à des dates différentes selon leur origine et leur habitat.

Wichtige Bestimmungsmerkmale:

	gemeine Margerite *Leucanthemum vulgare* LAM. *s. str*	Frühe Margerite *Leucanthemum praecox* HORVATIC	Berg–Margerite *Leucanthemum adustum* (KOCH) GREMLI
Pflanze	kräftig, 10–80 cm hoch	wie gemeine Margerite	niedrig, kaum über 30 cm hoch
Blätter	mittlere Stängelblätter mit plötzlich verbreitertem, eingeschnitten-gezähntem Grund, sitzend, oft geöhrt	Stängelblätter fiederteilig, mit schmalen, 3–8 mm langen, zerschlitzten Zipfeln, die bei den oberen Blättern den Stängel umfassen	Stängel im oberen Drittel meist blattlos. Obere Blätter mit abgerundetem oder verschmälertem, oft gezähntem, nicht geöhrtem Grunde, sitzend, ± ganzrandig
Früchte	1,7–2,3 mm lang	1,5–2 mm lang	2,5–3,3 mm lang

Principaux caractères d'identification :

	Marguerite vulgaire *Leucanthemum vulgare* LAM. *s. str*	Leucanthème précoce, *Leucanthemum praecox* HORVATIC	Leucanthème brûlé, *Leucanthemum adustum* (KOCH) GREMLI
Plante	vigoureuse, 10 à 80 cm de haut	comme la marguerite	basse, dépassant à peine 30 cm de haut
Feuilles	feuilles caulinaires moyennes sessiles subitement élargies à la base, découpées-dentées, souvent munies d'oreillettes	feuilles caulinaires pennatipartites à lobes étroits de 3 à 8 mm de long, laciniés ; feuilles supérieures embrassant la tige	tige généralement dépourvue de feuilles dans le tiers supérieur. Feuilles supérieures sessiles plus ou moins entières à base arrondie ou atténuée, souvent dentée, non auriculée
Fruits	1.7 à 2.3 mm de long	1.5 à 2 mm de long	2.5 à 3.3 mm de long

Standort

Die gemeine Margerite wächst in Wiesen, Weiden, Brachen und auf rohen Böden mit mittleren Feuchtigkeits- und Nährstoffverhältnissen. Auf kühl-nassen Standorten wächst sie schlecht, und in fetten Wiesen wird sie von üppiger wachsenden Gräsern und Kräutern verdrängt.

Verbreitung

Die gemeine Margerite ist eine Art der gemässigten Zone und in Europa weit verbreitet. Mit der Verminderung der Fläche mässig gedüngter Wiesen und Weiden ist auch ihr Vorkommen und ihre Verbreitung stark zurückgegangen.

248   LEUCANTHEMUM VULGARE LAM. S.STR   margherita comune

Habitat

La marguerite vulgaire pousse dans les prairies, les pâturages et les jachères sur des sols bruts moyennement humides et fertiles. Elle pousse assez mal dans les stations fraîches et humides ; des graminées et plantes herbacées plus luxuriantes les écartent des prairies grasses.

Distribution

La marguerite vulgaire est une espèce de la zone tempérée largement répandue en Europe. Elle devient de plus en plus rare avec la diminution de la surface des prairies et pâturages peu fertilisés.

Phänologie

Es sollen Populationen in Naturwiesen (Dauergrünland, keine Saatmischungen) ausgewählt werden.

Blüte (Abbildung 33, Seite 139)
Die tellerförmigen Blütenkörbe sind früh am Haupt- und an den Seitentrieben sichtbar und werden nur langsam grösser. Beim Aufblühen strecken sich zuerst die weissen, randständigen Zungenblüten und stellen sich senkrecht zum restlichen, noch geschlossenen Köpfchen auf. Sie sind kürzer als einen Zentimeter und schmal lineal. Im weiteren Verlauf werden diese Zungenblüten länger und breiter, und schliesslich öffnet sich der gesamte Blütenkorb. Der Blütenkorb gilt als offen, sobald sich die Zungenblüten maximal entfaltet haben und mehr oder weniger waagrecht abstehen.

Datumsmethode
* *Allgemeine Blüte:* 50% der Blütenköpfe im Bestand sind offen, d.h. die weissen Zungenblüten stehen mit einem Winkel von 90° von der Sprossachse ab, bzw. sind bereits wieder verwelkt.

Phénologie

On choisira des populations dans des prairies naturelles (surfaces vertes permanentes, sans mélange de semences).

Floraison (figure 33, page 139)
Les réceptacles en forme d'assiette apparaissent tôt sur les pousses principales et latérales, mais ils ne s'agrandissent que lentement. A l'époque de la floraison, les fleurettes ligulées blanches du pourtour du capitule commencent d'abord à s'allonger et à se dresser perpendiculairement sur les boutons encore fermés. Elles mesurent moins d'1 cm, sont étroites et linéaires. Puis elles s'allongent et s'élargissent, jusqu'à ce que finalement le réceptacle s'épanouisse en entier. Le capitule est à cosidérer comme ouvert dès que les fleurettes ligulées se sont désployées au maximum et se dressent plus ou moins horizontalement.

Méthode de la date
* *Floraison générale :* 50 % des capitules de la population sont ouverts (les fleurettes ligulées blanches s'écartent perpendiculairement à l'axe de la pousse) ou déjà fanés.

Huflattich

Zytröseli

Merkmale

Der goldgelb blühende Huflattich erscheint im Unterland im Vorfrühling, in höheren Lagen mit der Schneeschmelze. Die Köpfe mit den auffallenden äusseren Strahlenblüten und den inneren Röhrenblüten verraten seine Zugehörigkeit zu der Familie der Korbblütler. Sie stehen einzeln auf zur Blütezeit 5-15 cm langen Stängeln. Diese wachsen nach der Blüte weiter (bis 30 cm hoch) und haben schuppenförmige, oft braune Blätter. Die grundständigen Blätter erscheinen erst nach der Blüte. Ihre Blattspreite ist herzförmig und wird bis 20 cm lang. Sie sind etwas lederig, unten meist stark graufilzig und oben verkahlend.

Standort

Der Huflattich ist ein Rohbodenpionier der an Wegen, Schuttplätzen, auf Sand, Kies und Geröll entlang der Flüsse oder in Kiesgruben und Äckern wächst. Er bevorzugt grund- oder sickerfrische, vorzugsweise kalkhaltige Böden. Der Huflattich ist ein Lehm- aber auch ein Wasserzugszeiger, treibt aus einem kräftigen, kriechenden Rhizom aus und festigt den Boden mit seinen Wurzeln, die bis zu 1 m Tiefe reichen.

| 250 | TUSSILAGO FARFARA L. | *farfaro* |

Pas-d'âne

taconnet

Caractéristiques

Les fleurs jaunes d'or du pas-d'âne apparaissent au début du printemps dans les régions basses, avec la fonte des neiges à plus haute altitude. Les capitules, composés de fleurettes ligulées (demi-fleurons) frappantes sur le pourtour et de fleurettes tubuleuses (fleurons) au centre, trahissent l'appartenance du pas-d'âne à la famille des Astéracées (ou Composées). Les tiges qui atteignent 5 à 15 cm de long à la floraison portent un capitule unique. Elles continuent de s'allonger après la floraison (jusqu'à 30 cm) et sont pourvues de feuilles scaliformes souvent brunes. Les feuilles basales ne se développent qu'après la floraison. Leur limbe cordiforme atteint 20 cm de long. Elles sont un peu coriaces, généralement gris-tomenteux sur le dessous et glabrescentes sur le dessus.

Habitat

Le pas-d'âne est une plante pionnière des sols bruts poussant au bord des chemins et sur les décombres, le long des rivières sur du sable, des graviers ou des blocs, ainsi que dans les gravières et les champs. Il préfère les sols frais et crus, si possible calcaires. Le pas-d'âne est un indicateur de limon, mais aussi de circulation d'eau ; il germe à partir d'un rhizome rampant vigoureux et consolide le sol avec ses racines atteignant jusqu'à 1 m de profondeur.

Verbreitung

Verbreitet ist der Huflattich in ganz Europa. Er wächst vom Tiefland bis in die alpine Zone.

Phänologie

Blüte (Abbildung 34, Seite 141)
Die jungen Triebe des Huflattichs erscheinen gruppenweise und beginnen die Köpfe zu öffnen, sobald die Stängel etwa 5 bis 10 cm hoch sind. Die Blüte gilt als geöffnet, sobald die Strahlblüten im Durchschnitt waagrecht von der Blütenachse abstehen. Die äusseren Strahlblüten zeigen dabei eher nach unten, die mittleren stehen waagrecht ab und die inneren zeigen noch leicht nach oben.

Datumsmethode
❋   *Allgemeine Blüte:* 50% der Blütenköpfe im Bestand sind offen, d.h. die gelben Zungenblüten stehen im Durchschnitt mit einem Winkel von 90° von der Sprossachse ab, bzw. sind bereits wieder verwelkt.

farfaro   **TUSSILAGO FARFARA L.**   251

Distribution

Le pas-d'âne est répandu dans toute l'Europe. Il pousse des régions basses à l'étage alpin.

Phénologie

Floraison (figure 34, page 141)
Les jeunes pousses du pas-d'âne apparaissent en groupes ; les capitules commencent à s'ouvrir dès que les tiges ont 5 à 10 cm de haut. La fleur est à considérer comme épanouie dès que ses fleurettes s'écartent en moyenne perpendiculairement de l'axe de la fleur : les fleurettes extérieures se dirigent plutôt vers le bas, les moyennes s'écartent horizontalement tandis que les fleurettes centrales pointent encore un peu vers le haut.

Méthode de la date
❋   *Floraison générale :* 50 % des capitules de la population sont ouverts (les fleurettes ligulées jaunes s'écartent perpendiculairement à l'axe de la pousse) ou déjà fanés.

Wiesenlöwenzahn

Löwenzahn, gebräuchliches Pfaffenröhrlein,
Säublume, Kuhblume

Merkmale

Die vielen Namen weisen darauf hin, wie auffällig und weit verbreitet der Wiesenlöwenzahn in unserer Gegend ist. Die goldgelben Korbblütler zeigen im Frühling auf
unzähligen Wiesen den ersten Wachstumsschub nach der Winterruhe an.
Vom Wiesenlöwenzahn gibt es viele lokale Rassen, da er sich ungeschlechtlich
fortpflanzen kann. Ausserdem sind auch die nah verwandten Arten oft nur schwer
von ihm zu unterscheiden.

252   TARAXACUM OFFICINALE WEBER *soffione, dente del leone, tarassaco commune*

Pissenlit officinal

dent de lion

Caractéristiques

Les nombreuses dénominations du pissenlit officinal indiquent combien cette plante
est voyante et largement répandue dans nos contrées. Au printemps, ces Astéracées
(ou Composées) jaune d'or annoncent sur d'innombrables prairies la première
poussée après le repos hivernal.
Il existe de nombreuses «races» locales de pissenlit, puisque celui-ci peut se
reproduire de manière asexuée. En outre, il est parfois difficile de le différencier des
espèces voisines.

Wichtige Bestimmungsmerkmale:

	Wiesenlöwenzahn, *Taraxacum officinale* WEBER	andere Löwenzahn Arten, *Taraxacum sp., Leontodon sp.*
Pflanze	kräftig (5-)20-40 cm hoch	niedrig, bis 20 cm hoch
Blätter	schrotsägeförmig mit breiten, dreieckigen Zipfeln. Endzipfel oft auffallend gross	kaum gelappt oder ungeteilt; oder sehr stark zerteilt mit langen, schmalen Zipfeln; Endzipfel oft nicht viel grösser als die seitlichen.
äussere Hüllblätter	zurückgeschlagen	aufrecht oder anliegend
innere Hüllblätter	ohne Schwiele	an der Spitze mit Schwiele (Höcker)
Früchte	grau bis braun, nicht rot, Stiel des Schirmes (Schnabel) 2–4mal so lang wie die Frucht.	rötlich, hell- bis dunkel-(braun)rot, Schnabel bis 1,5mal so lang wie die Frucht.

dente del leone, tarassaco commune **TARAXACUM OFFICINALE WEBER** 253

Principaux caractères d'identification :

	Pissenlit officinal, *Taraxacum officinale* WEBER	Autres espèces de pissenlits, *Taraxacum sp., Leontodon sp.*
Plante	vigoureuse, (5-)20 à 40 cm de haut	basse, jusqu'à 20 cm de haut
Feuilles	en forme de passe-partout avec larges lobes triangulaires. Lobe terminal souvent spécialement grand	un peu lobées ou entières ; ou fortement découpées avec lobes longs et étroits ; lobe terminal souvent à peine plus grand que les latéraux
Bractées involucrales extérieures	réfléchies	verticales ou appliquées
Bractées involucrales intérieures	sans callosités	avec callosités (saillies) à l'extrémité
Fruits	gris à bruns, pas rouges, tige de l'aigrette (bec) 2 à 4 fois plus longue que le fruit	rougeâtres, rouge(-brun) clair à foncé, bec jusqu'à 1.5 fois plus long que le fruit

Standort

Der Wiesenlöwenzahn wächst auf tiefgründigen, nährstoffreichen Böden, kommt aber auch auf Weiden, Schuttplätzen und an Wegrändern vor. In Wirtschaftswiesen (Fettwiesen) tritt er oft massenweise auf.

Verbreitung

Auf der Nordhalbkugel ist die Gattung Taraxacum mit ungefähr 60 Arten weit verbreitet. In der Schweiz wächst der Wiesenlöwenzahn von den Tieflagen bis in die alpine Stufe.

Phänologie

Blüte (Abbildung 35, Seite 143)
Beim Wiesen-Löwenzahn wird, wie bei den andern Korbblütlern dieser Anleitung, der ganze Blütenstand (der Korb) als "Blüte" bezeichnet.
Die Blütenkörbe öffnen sich bei schönem Frühlingswetter innerhalb weniger Stunden. Zuerst lösen sich die Spitzen der inneren Hüllblätter voneinander, und die gelben noch geschlossenen Blüten werden sichtbar. Nun öffnet sich der gesamte Korb, indem die einzelnen Zungenblüten zurückklappen und sich rasch vergrössern. Innerhalb mehrerer Stunden (bei schönem Wetter) ist der ganze Korb rundum offen.

254 TARAXACUM OFFICINALE WEBER soffione, dente del leone, tarassaco commune

Habitat

Le pissenlit officinal pousse sur des sols profonds riches en éléments nutritifs, mais aussi dans des pâturages, sur des décombres et au bord des chemins. Il apparaît souvent en masse dans les prairies grasses.

Distribution

Dans l'hémisphère nord, le genre Taraxacum est largement représenté par une soixantaine d'espèces. En Suisse, le pissenlit officinal pousse des régions basses à l'étage alpin.

Phénologie

Floraison (figure 35, page 143)
Chez le pissenlit officinal, comme chez les autres Astéracées décrites dans ce guide, le terme de « fleur » désigne l'ensemble de l'inflorescence (le réceptacle). Au printemps, par beau temps, les réceptacles s'ouvrent en quelques heures seulement. D'abord, les pointes des bractées involucrales intérieures se détachent les unes des autres en laissant apparaître les fleurs jaunes encore fermées. Puis le réceptacle s'ouvre en entier, les différentes fleurettes ligulées se redressent en s'agrandissant rapidement. Il suffit de quelques heures (par beau temps) pour que le réceptacle soit

Die Hüllblätter sind leicht zurückschlagen, und die äusseren Zungenblüten stehen waagrecht ab. In diesem Zustand gilt die Löwenzahnblüte als geöffnet. Über Nacht und bei schlechtem Wetter schliessen sich die Blütenkörbe wieder.

Bei frisch geöffneten Blüten sind in der Mitte des Kopfes noch geschlossene Zungenblüten zu erkennen. Seit längerer Zeit geöffnete Blütenköpfe dagegen erkennt man an den äusseren, wieder verwelkten Zungenblüten.

Aus einer Löwenzahnpflanze wachsen in drei bis vier Wochen 10 bis 20 Blütenköpfe, von denen jeweils ca. drei bis sieben gleichzeitig geöffnet sind.

Datumsmethode

* *Allgemeine Blüte:* 50% der Blütenköpfe im Bestand, d.h. durchschnittlich etwa sieben pro Pflanze, sind offen. Offen bedeutet, dass die äusseren Zungenblüten im Durchschnitt mit einem Winkel von 90° von der Sprossachse abstehen oder die Blüten bereits wieder verwelkt sind.

entièrement ouvert. Les bractées involucrales sont légèrement réfléchies, les fleurettes ligulées du pourtour de la fleur se dressent à l'horizontale. Lorsqu'elle a atteint cet état, la fleur du pissenlit officinal est considérée comme épanouie. Les réceptacles se referment la nuit et par mauvais temps.

Chez les fleurs fraîchement épanouies, on peut observer des fleurettes ligulées encore fermées au milieu du capitule. Les capitules ouverts depuis un certain temps se reconnaissent à leurs fleurettes ligulées extérieures fanées.

Une seule plante de pissenlit peut donner 10 à 20 capitules en trois ou quatre semaines, dont trois à sept peuvent s'épanouir en même temps.

Méthode de la date

* *Floraison générale :* 50 % des capitules de la population, soit environ sept par plante, sont ouverts (les fleurettes ligulées extérieures s'écartent perpendiculairement à l'axe de la pousse) ou déjà fanés.

Herbstzeitlose

Merkmale

Die zu den Liliengewächsen zählende Herbstzeitlose hat einen speziellen Entwicklungszyklus. Die rosaroten, 5-25 cm langen, weissgestielten Blüten erscheinen erst ab Mitte August. Bis in den Oktober sind blühende Individuen zu beobachten. Bei diesen rosaroten Blütenkelchen handelt es sich nicht um die ganze Blüte, sondern nur um die Spitzen der Kronblätter. Der Rest der Blüte (z.B. der Fruchtknoten) bleibt wie der Rest der Pflanze vorerst unterirdisch. Die Befruchtung erfolgt ebenfalls unterirdisch. Erst im nächsten Frühling treiben die breit-lanzettlichen, glänzenden grünen Blätter mit den befruchteten Samenanlagen in ihrer Mitte aus. Die Früchte sind dreifächerige, grüne, mehrere Zentimeter grosse Kapseln. Die Pflanze ist giftig.

Standort

Die Herbstzeitlose ist verbreitet in Wiesen und Weiden auf nährstoffreichen feuchten bis nassen Böden.

Verbreitung

Die Herbstzeitlose ist vom Tiefland bis in die subalpine Zone vor allem im westlichen und südlichen Gebiet Mitteleuropas verbreitet. In der Schweiz ist sie überall zu

256   COLCHICUM AUTUMNALE L.   *colchico d'autunno*

Colchique d'automne

Caractéristiques

Le colchique d'automne est une Liliacée au cycle vital particulier. Ses fleurs roses longues de 5 à 25 cm, n'apparaissent qu'à partir de la mi-août sur un pédoncule blanc. On peut observer des exemplaires en fleur jusqu'au mois d'octobre. Ces corolles roses ne sont pas les fleurs entières, mais seulement les pointes des pétales. En effet au début, les autres parties de la fleur (l'ovaire par exemple) demeurent sous terre comme le reste de la plante. La fécondation a également lieu sous terre. Ce n'est qu'au printemps suivant que se développent les feuilles vertes largement lancéolées luisantes, qui entourent l'ovule fécondé. Les fruits du colchique d'automne sont des capsules triangulaires vertes de plusieurs centimètres. Cette plante est toxique.

Habitat

Le colchique d'automne est fréquent dans les prairies et pâturages sur des sols humides à mouillés riches en matières minérales.

Distribution

Le colchique d'automne est répandu des régions basses à l'étage subalpin, surtout au sud et à l'ouest de l'Europe centrale. On le rencontre dans toute la Suisse. Dans

finden. In den südlichen Wallisertälern, im Goms und im nordwestlichen Tessin wächst sie zusammen mit *C. alpinum*.

Phänologie

Blüte (Abbildung 36, Seite 145)
Der Blühzeitpunkt der Herbstzeitlose wird durch die Form der Bewirtschaftung beeinflusst. Auf gemähten Wiesen beginnt die Herbstzeitlose im August kurz nach dem Sommerschnitt zu blühen. Auf später geschnittenen Wiesen oder Weiden blüht sie später. Zuerst spriessen die oben noch geschlossenen, hellrosaroten Kronröhren. Langsam verlängern sich sowohl der schmale, untere Teil der Kronröhre, als auch der obere, kelchförmige Teil mit den sechs freien, länglich-ovalen, 4 bis 6 cm langen, sich überlappenden Blattabschnitten. Die Blüte gilt als offen, sobald die Kronzipfel mit mehr als der Hälfte ihrer Länge freistehend sind, d.h. sich da seitlich nicht mehr überlappen.

Datumsmethode
✳ *Allgemeine Blüte:* 50% der Blüten im Bestand sind offen (d.h. die einzelnen Kronzipfel überlappen sich seitlich nur noch um weniger als die Hälfte ihrer Länge) bzw. bereits wieder verwelkt.

colchico d'autunno **COLCHICUM AUTUMNALE L.** 257

les vallées septentrionales du Valais, dans la vallée de Conches ainsi qu'au nord-ouest du Tessin, il côtoie le colchique des Alpes *(Colchicum alpinum)*.

Phénologie

Floraison (figure 36, page 145)
La date de floraison du colchique d'automne est influencée par le type d'exploitation. Sur les prés fauchés, le colchique d'automne commence à fleurir en août, peu après la fauche d'été. Sur les prairies et prés fauchés plus tard, il fleurit plus tard. Les tubes corollaires rose clair, encore fermés en haut, apparaissent d'abord. Puis leur partie inférieure étroite commence à s'allonger lentement, en même temps que leur partie supérieure caliciforme ; celle-ci se compose de six tépales superposés non soudés, obovales-oblongs de 4 à 6 cm de long. La fleur est à considérer comme épanouie dès que les lobes de la corolle sont dégagés sur plus de la moitié de leur longueur et donc qu'ils ne se superposent plus latéralement.

Méthode de la date
✳ *Floraison générale :* 50 % des fleurs de la population sont ouvertes (les lobes de leur corolle ne se superposent plus latéralement que sur moins de la moitié de leur longueur) ou déjà fanées.

Wiesen-Knaulgras   Knäuelgras

Merkmale

Das Wiesen-Knaulgras ist ein Vertreter der grossen und vielgestalteten Pflanzenfamilie der Süssgräser. Dank seinem charakteristischen Blütenstand ist es unter den
vielen Gräsern unserer Wiesen leicht zu erkennen. Die einzelnen Teile des Blütenstandes sind knäuelförmig, da die drei- bis fünfblütigen Ährchen am Ende der
Rispenäste dicht zusammengedrängt sind. Das Gras wächst in Horsten und wird
30–120 cm hoch. Am Grunde sind die Halme blau- bis graugrün und zweischneidig
zusammengedrückt. Die 6 bis 8 mm langen Einzelblüten haben oft violett oder
rötlich überlaufene Spelzen mit einer grannenartigen Spitze. Das Wiesen-Knaulgras
blüht erstmals im Mai-Juni, bildet aber auch später noch Blühtriebe.

Standort

Das Wiesen-Knaulgras ist als düngerliebender Stickstoffzeiger und bodenfestigen-
der Rohbodenpionier eine weit verbreitete Pflanze in Wiesen und Waldlichtungen,
an Wegen, offenen Auenflächen oder Unkrautfluren.

---

258   DACTYLIS GLOMERATA L.   *erba mazzolina comune*

Dactyle aggloméré

Caractéristiques

Le dactyle aggloméré est l'une des espèces représentant la grande famille des
Poacées. Grâce à son inflorescence caractéristique, il est facilement repérable parmi
les nombreuses graminées de nos prairies. Les différentes parties de l'inflorescence
sont groupées en glomérules, puisque les épillets de trois à cinq fleurs s'entassent à
l'extrémité des pédicelles. Cette graminée qui pousse en touffes atteint 30 à 120 cm
de haut. Les chaumes sont glauques à vert-gris et comprimés en deux tranchants à
la base. Les fleurs de 6 à 8 mm de long sont souvent pourvues de glumes plumeux
tirant sur le violet ou le rougeâtre. Le dactyle aggloméré fleurit la première fois en
mai-juin, mais ensuite il continue de former des pousses florissantes.

Habitat

Le dactyle aggloméré est une plante indicatrice d'azote préférant les sols fertilisés
et un pionnier capable de consolider les sols bruts ; il est très fréquent dans les
prairies et les clairières, au bord des chemins, dans les prairies alluviales ouvertes
ainsi que sur les surfaces recouvertes de mauvaises herbes.

Verbreitung

Das Wiesen-Knaulgras ist in Europa weit verbreitet und wächst in der Schweiz fast bis auf 2000 m ü. M.

Phänologie

Da aus Nutzungsgründen Sorten mit unterschiedlichen Blühzeiten gezüchtet werden, sollten nur Exemplare auf Naturwiesen (Dauergrünland, keine Saatmischungen) beobachtet werden.

Blüte (Abbildung 37, Seite 147)
Zu Beginn des Aufblühens lösen sich die Rispenäste des Wiesen-Knaulgrases von der Hauptachse und stehen schliesslich ungefähr senkrecht davon ab. Gleichzeitig lockern und öffnen sich auch die Hüll- und Deckspelzen einzelner Blüten, so dass die Spitzen der gelben oder rosafarbenen Staubbeutel dazwischen sichtbar werden. Die Staubbeutel hängen schliesslich an dünnen Filamenten mehrere Millimeter aus den offenen Blüten heraus.
Der ehemals schlanke, lanzettliche Blütenstand ist nun breit elliptisch bis dreieckig. Die Staubbeutel fallen relativ leicht ab und die Blüten schliessen sich rasch wieder. Noch nicht offene und schon wieder geschlossene Blüten sind sich sehr ähnlich und ohne Untersuchungen mit der Lupe schwer zu unterscheiden. Sobald die ganze Rispe verblüht ist, legen sich auch die Rispenäste wieder eng an die Hauptachse an

erba mazzolina comune **DACTYLIS GLOMERATA L.** 259

Distribution

Le dactyle aggloméré est largement répandu en Europe ; en Suisse, il pousse jusqu'à près de 2000 m d'altitude.

Phénologie

Puisque des variétés ayant des époques de floraison variables ont été développées pour l'agriculture, seules seront observées des plantes poussant dans des prairies naturelles (surfaces vertes permanentes, sans mélange de semences).

Floraison (figure 37, page 147)
Au début de la floraison, les pédicelles du dactyle aggloméré se séparent de l'axe principal et s'en écartent finalement environ à angle droit. Simultanément, les glumes et les glumelles des différentes fleurs s'ouvrent en laissant apparaître les pointes des anthères jaunes ou roses. Les anthères pendent finalement au bout de filaments grêles, à plusieurs millimètres des fleurs ouvertes.
L'inflorescence au départ mince et lancéolée est maintenant largement elliptique à triangulaire. Les anthères en tombent assez facilement et les fleurs se referment aussitôt. Sans loupe, il est difficile de distinguer les fleurs qui ne se sont pas encore ouvertes de celles qui se sont déjà refermées, car elles se ressemblent beaucoup. Dès que la panicule entière est fanée, les pédicelles se rapprochent de l'axe principal et

und der Blütenstand ist wieder schlank, wie vor der Blüte. Die Ährchen haben im Durchschnitt drei bis vier Blüten und jede Blüte drei Staubbeutel.

Die allgemeine Blüte ist erreicht, wenn 50% der Blüten offen oder schon wieder verblüht sind, d.h. wenn durchschnittlich von jedem Ährchen der Rispe zwei Blüten offen und die sechs Staubbeutel sichtbar oder schon abgefallen sind.

Datumsmethode

❋   *Allgemeine Blüte:* 50% der Blüten im Bestand, d.h. durchschnittlich etwa zwei pro Ährchen, sind offen. Offen bedeutet, dass die Staubbeutel (je drei pro Blüte) sichtbar sind oder die Blüten bereits wieder verwelkt sind.

260   DACTYLIS GLOMERATA L.   *Erba mazzolina comune*

l'inflorescence est à nouveau aussi mince qu'avant la floraison. Les épillets ont en moyenne trois ou quattre fleurs et chaque fleur trois anthères.

La floraison générale est atteinte llorsque 50 % des fleurs sont ouvertes ou déjà fanées (deux fleurs ouvertes par épillet et six anthères apparaissent ou déjà tombés).

Méthode de la date

❋   *Floraison générale :* 50 % des fleurs de la population, soit en moyenne deux par épillet, sont ouvertes (trois anthères apparaissent par fleur) ou déjà fanées.

5. Forschung und Anwendung
5.1 Anwendungsbereiche der Phänologie

Phänologische Beobachtungen können in verschiedenen Bereichen wichtige Erkenntnisse liefern.

Biologische Kenngrössen

Die Wachstums- und Entwicklungserscheinungen geben in erster Linie Auskunft über den Zustand der Pflanze. Mit phänologischen Methoden werden diese wahrgenommen und in Zusammenhang mit der Umwelt gebracht. Phänologische Daten werden als Kenngrössen sowohl für den Verlauf des Vegetationszyklus, der Vegetationsperiode, für die Beschreibung von Höhenstufen und Arealcharakterisierungen verwendet, als auch für das bessere Verständnis von Klima-induzierten Veränderungen des Ernährungszyklus oder des Wassertransportes in den Bäumen (BRÜGGER 1998, CHUINE ET AL. 2000, GENSLER 1946, HEGG 1977, JEANNERET ET AL. 1998, MENZEL & FABIAN 1999, THIMONIER ET AL. 2001, SCHEER & GOSSMANN 1992).

Klimaänderungen

Phänologische Beobachtungen über mehrere Jahre hinweg geben Auskunft über die Klimaentwicklung und weisen auf vergangene und zukünftige Vegetationsverän-

5 Recherche et application
5.1 Domaines d'application de la phénologie

Les observations phénologiques peuvent apporter des connaissances importantes dans de nombreux domaines.

Paramètres biologiques

En premier lieu, les phénomènes de croissance et de développement renseignent sur l'état de la plante. Celui-ci est mis en évidence avec des méthodes phénologiques, puis mis en rapport avec l'environnement. Les données phénologiques sont utilisées pour caractériser le déroulement du cycle et de la période de végétation par exemple, ou pour décrire les étages altitudinaux et les milieux ; elles permettent aussi une meilleure compréhension des modifications du cycle nutritif ou de la circulation de l'eau dans les arbres induites par les conditions climatiques (BRÜGGER 1998, CHUINE ET AL. 2000, GENSLER 1946, GEGG 1977, JEANNERET ET AL. 1998, MENZEL & FABIAN 1999, THIMONIER ET AL. 2001, SCHEER & GOSSMANN 1992).

Changements climatiques

Des observations phénologiques sur plusieurs années fournissent des informations sur l'évolution du climat et mettent en évidence les modifications passées et futures

derungen hin. An verschiedenen Orten gleichzeitig durchgeführt, widerspiegeln sie die klimatischen Unterschiede zwischen Regionen. In den letzten Jahren haben phänologische Beobachtungen im Zusammenhang mit der globalen Klimaänderung und deren lokalen Auswirkungen zunehmend an Bedeutung gewonnen (DEFILA & CLOT 2001, MENZEL 2000).

Phänologische Untersuchungen zeigen, ob und wie schnell sich die Organismen an die neuen Verhältnisse anpassen können und wie Beziehungen in Ökosystemen dabei verändert oder gestört werden. Langfristige phänologische Erhebungen sind für solche Erkenntnisse besonders wertvoll.

Schadstoffe und Waldzustand

Die Waldschadensforschung der letzten zwanzig Jahren zeigt, dass sich die Umweltbelastung durch Schadstoffe in der Entwicklung von Pflanzen äussern kann. So vergilben die Blätter junger Buchen unter Experimentalbedingungen bei hoher Ozonbelastung früher als bei niedriger Belastung. Zwischen dem phänologischen Verhalten (z.B. Herbstverfärbung oder Nadelaustrieb) und der Kronenverlichtung der Bäume wurden verschiedentlich Zusammenhänge aufgezeigt. Phänologische Beobachtungen sind deshalb eine Grundlage für die Überwachung des Waldzustandes und das vertiefte Verständnis der Prozesse im Waldökosystem (BRAUN ET AL. 1999, BRÜGGER 1998, CUFAR ET AL. 1996, INNES ET AL. 2001).

de la végétation. Menées à différents endroits en même temps, elles reflètent les différences de climat entre les régions. Ces dernières années, avec le changement climatique global et ses répercussions au niveau local, les observations phénologiques ont gagné en importance (DEFILA & CLOT 2001, MENZEL 2000).

Des recherches en phénologie montrent si les organismes peuvent s'adapter aux nouvelles conditions et, le cas échéant, à quel rythme. Les relevés phénologiques à long terme se révèlent particulièrement précieux pour étudier comment les processus d'adaptation modifient ou détruisent les interrelations au sein des écosystèmes.

Pollution de l'environnement et état des forêts

Des recherches attestent que la pollution de l'environnement peut s'exprimer entre autres dans le développement des végétaux. Ainsi, des expériences ont démontré que les feuilles de jeunes hêtres jaunissent plus tôt lorsque la charge en ozone augmente. Il a également été prouvé que la défoliation des arbres pouvait être liée à leur comportement phénologique (coloration des feuilles en automne ou éclosion des aiguilles par exemple). Les observations phénologiques permettent donc de surveiller l'état des forêts et de mieux comprendre les processus qui entrent en jeu dans l'écosystème forestier (BRAUN ET AL. 1999, BRÜGGER 1998, CUFAR ET AL. 1996, INNES ET AL. 2001).

Schädlingsprognosen

Die Auswirkungen von Schädlingen auf Pflanzen sind unter anderem von der aktuellen phänologischen Entwicklung der betroffenen Pflanzen abhängig. Für die Beurteilung und Interpretation, aber auch für die Voraussage von Schäden liefern phänologische Beobachtungen wichtige Informationen.

Phänologie und Frostwarnungen

Je nach Stand der Vegetationsentwicklung sind die Pflanzen unterschiedlich frostempfindlich. So kann zum Beispiel eine geschlossene Blüte noch Temperaturen von einigen Graden unter Null ertragen, ohne dass es zu Frostschäden kommt. Eine völlig geöffnete Blüte hingegen erfriert bereits bei Temperaturen, die leicht unter Null Grad sinken. Deshalb wird in den wichtigsten Reb- und Obstanbaugebieten der Schweiz der Entwicklungsstand der Blüten an Kulturpflanzen wie Kirsch-, Birn-, oder Apfelbäumen sowie auch an Reben, wöchentlich beobachtet. Aufgrund einer artenspezifischen Grafik, die die Temperaturlimiten für Frostschäden in Abhängigkeit von der Blütenentwicklung aufzeigt, können Frostwarnungen erstellt werden, die sich auf den jeweiligen Stand der Vegetationsentwicklung von verschiedenen Kulturen beziehen.

Prévisions des parasites

Les dégâts causés par les parasites dépendent entre autres de l'état de développement phénologique de la plante attaquée. Les observations phénologiques livrent d'importantes informations pour évaluer et interpréter les dégâts, mais aussi pour les prévenir.

Phénologie et avis de gel

Selon leur état de développement, les plantes sont plus ou moins sensibles au gel. Ainsi, par exemple, une fleur fermée peut encore supporter des températures de quelques degrés en dessous de 0°C sans subir de dommages. Par contre, une fleur entièrement épanouie gèle déjà à des températures légèrement inférieures à 0°C. C'est pour cela que, dans les principales régions de cultures fruitières ou viticoles de Suisse, on observe chaque semaine l'état de développement des fleurs de plantes cultivées comme le cerisier, le poirier, le pommier ou la vigne. Pour chaque espèce, un graphique mettant en relation les températures limites pour les dégâts dus au gel et le développement des fleurs permet d'établir des avis de gel qui se rapportent à l'état de développement de diverses cultures.

Pollenvorhersagen

Die Freisetzung der Pollen ist im Prinzip eine zusätzliche phänologische Phase. Windbestäubte Pflanzen verbreiten ihre Pollen in sehr grossen Mengen. Ein Teil der Bevölkerung ist auf bestimmte Pollenarten wie Hasel-, Birken- oder Gräserpollen allergisch. Deshalb sind für Aerzte und Allergiker Pollenbulletins und Pollenvorhersagen eine grosse Hilfe.

Förderung des Umweltbewusstseins

Phänologische Beobachtungen ermöglichen uns, den Verlauf der Jahreszeiten bewusst zu erleben. Unser Auge für die Natur wird geschärft, und der Einfluss verschiedener Umweltfaktoren auf die Pflanzen, allen voran der Witterung, kann auf einfache Art nachvollzogen werden. Da die Beobachtungen relativ einfach durchführbar sind, eignen sie sich für Schulen oder Jugend- und Erwachsenenarbeit im Rahmen der Umwelterziehung (Beaubien 2003).

264

Prévisions polliniques

La libération du pollen constitue en principe une phase phénologique supplémentaire. Les plantes pollinisées par le vent dispersent de très grandes quantités de pollen. Une partie de la population est allergique à certains types de pollens, notamment à ceux du noisetier, du bouleau ou des graminées. Les bulletins et les prévisions polliniques sont donc très utiles aux médecins et aux personnes souffrant d'allergies.

Encouragement de la conscience environnementale

Les observations phénologiques nous permettent d'être conscients du cours des saisons et aiguisent notre perception de la nature. De façon simple, elles nous aident à comprendre l'influence que divers facteurs environnementaux, comme les conditions météorologiques, exercent sur les plantes. Puisqu'il n'est pas trop difficile de les effectuer, les observations entrent très bien dans le cadre de l'éducation à l'environnement dans les écoles et dans le cadre du travail avec des jeunes ou des adultes (Beaubien 2003).

5.2 Weitere phänologische Methoden
5.2.1 Codierung der Entwicklungsstadien

Versuchsanstalten der Land- und Forstwirtschaft teilen den Entwicklungszyklus der Pflanzen von der Keimung bis zum Absterben in phänologische Entwicklungsstadien ein. Das gleiche Stadium erhält bei verschiedenen Pflanzenarten denselben Code, so dass diese miteinander verglichen werden können.

Die länger andauernden, deutlich voneinander abgrenzbaren phänologischen Prozesse werden Makrostadien (z.B. Blattentwicklung, Blütenentwicklung, Fuchtreife), die kurzen, für die jeweilige Pflanzenart charakteristischen Entwicklungsschritte Mikrostadien genannt. Die Einteilung ist hierarchisch.

In verschiedenen Ländern Europas werden zur Zeit die phänologischen Beobachtungsnetze dem sogenannten BBCH-Code (Biologische Bundesanstalt für Land- und Forstwirtschaft, Bundessortenamt und chemische Industrie) angeglichen. Dieser mehrsprachige Code ist ein Gemeinschaftswerk der Biologischen Bundesanstalt für Land- und Forstwirtschaft, des Bundessortenamtes, des Industrieverbandes Agrar und des Instituts für Gemüse und Zierpflanzenbau in Deutschland (Meier 2000).

5.2 Autres méthodes phénologiques
5.2.1 Codage des stades de développement

Les stations d'essais agricoles et sylvicoles décomposent le cycle de développement des végétaux en stades phénologiques, de leur germination à leur mort. Afin qu'on puisse les comparer, on attribue le même code au même stade chez toutes les plantes.

Les processus phénologiques qui durent le plus longtemps et qui se délimitent facilement sont appelées « macrostades » (déploiement des feuilles, floraison, maturation des fruits par exemple) ; les phases plus courtes, caractéristiques de chaque espèce, sont les « microstades ». Cette classification est hiérarchique.

Divers pays d'Europe sont actuellement en train d'aligner leurs réseaux d'observations phénologiques sur le code multilingue « BBCH » (Biologische Bundesanstalt für Land- und Forstwirtschaft, Bundessortenamt und chemische Industrie), qui a été établi conjointement par le Centre fédéral de recherches biologiques pour l'agriculture et les forêts, l'Office fédéral des variétés, l'Association d'industrie agronomique et l'Institut de culture maraîchère et de floriculture en Allemagne (Meier 2000).

5.2.2 Quantitative Schätzungen der Entwicklungsstadien

An einzelnen Pflanzen oder Pflanzenteilen wird der Anteil bestimmter Entwicklungsstadien abgeschätzt. Im folgenden Beispiel (Abb. 38) werden bei der Blattentfaltung der Buche drei Entwicklungsstadien (E1 bis E3) unterschieden. Bei jeder Begehung wird abgeschätzt, wie viele Knospen das Stadium 1, 2 oder 3 erreicht haben. Mit diesen Daten lässt sich die phänologische Entwicklung einzelner Pflanzen in bestimmten Zeiträumen darstellen (aus BRÜGGER 1998). Ist der Verlauf der Entwicklung bekannt, kann er z. B. mit dem Verlauf des Wettergeschehens verknüpft werden, so dass die für die phänologische Entwicklung der Pflanze relevanten Wetterereignisse besimmt werden können.

Abbildung 38:
Verlauf der drei Entwicklungsstadien E1, E2 und E3 der Blattentfaltung und Zeitpunkt des Eintrittes der Phänophase «allg. Blattentfaltung» bei einer Buche im Schweizerischen Mittelland. E1: Erstes Blattgrün zwischen den Knospenschuppen sichtbar. E2: Blattspitzen aufspreizend, Blattgrund noch nicht sichtbar. E3: Ganze Blattfläche und der Blattstiel sichtbar. Die Phänophase «allg. Blattentfaltung» ist in dieser Abbildung als E350 bezeichnet.

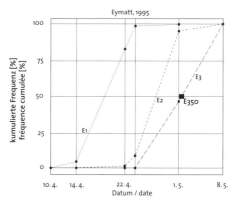

Figure 38 :
Déroulement des trois stades de développement E1, E2 et E3 du déploiement des feuilles d'un hêtre du Plateau suisse et date d'apparition de la phénophase «déploiement général des feuilles». E1 : l'extrémité verte de la jeune feuille est juste visible entre les écailles. E2 : l'extrémité de la jeune feuille se déploie, mais la base est encore invisible. E3 : le limbe entier de la feuille et le pétiole sont visibles. La phénophase «déploiement général des feuilles» est désignée ici par le code E350.

5.2.2 Estimations quantitatives des stades de développement

Le pourcentage de certains stades de développement est estimé sur des plantes ou des parties de plantes. Dans l'exemple qui suit (figure 38), le déploiement des feuilles de hêtre est subdivisé en trois stades de développement (E1 à E3). On peut estimer lors de chaque visite combien de bourgeons ont atteint le stade 1, 2 ou 3. Ces données permettent de représenter le développement phénologique de différents végétaux à certaines périodes (p. ex. figure 38, extraite de BRÜGGER 1997). Lorsqu'on connaît l'évolution de ce développement, on peut lier ces informations aux conditions météorologiques, puis en déduire les événements météorologiques ayant déterminé le développement phénologique de la plante.

5.2.3 Relative Phänologie

Während Beobachtungsfahrten oder -gängen entlang ausgewählter Routen werden phänologische Entwicklungsstadien bestimmter Pflanzen notiert. Durch mehrmaliges Wiederholen dieser Fahrten in verschiedenen Jahreszeiten kann die Entwicklung der Vegetation kartiert werden.

Da bei dieser Methode die Verhältnisse der Vegetationsentwicklung von Ort zu Ort zum Ausdruck kommen, nennt man sie relative Phänologie. Lokalklima und Standortsunterschiede können gut erfasst werden. Ein Beispiel dafür ist die Wärmegliederungskarte der Schweiz (SCHREIBER 1977).

5.2.4 Phänologie mittels Fernerkundung

Fernerkundungssatelliten bilden in immer besserer Qualität und höherem Auflösungsvermögen die Erdoberfläche ab. Mit Satelliten, die täglich neue Daten liefern, werden mittels abgeleiteter Indexwerte weltweit auch der Zustand und die Veränderungen der Vegetationsdecke erfasst (SCHEER & GOSSMANN 1992). Häufig verwendete Indices sind z.B. der NDVI *(Normalised Different Vegetation Index)*, ein Wert für die Begrünung der Erdoberfläche, oder der LAI *(Leaf Area Index)*, der die Blattfläche der Vegetation repräsentiert. Auf Grund der ausgewerteten NDVI-Daten aus den Jahren 1982-1999 wissen wir, dass sich die Vegetationsperiode in den mittleren Breiten Eurasiens verlängert hat. Die Aussagen der NDVI-Werte stehen in Einklang mit

267

5.2.3 Phénologie relative

Les observations itinérantes effectuées en voiture ou à pied le long de routes choisies permettent de relever les stades de développement de certaines plantes. En revisitant les mêmes parcours à différentes saisons, on peut cartographier le développement de la végétation.

Cette méthode est appelée phénologie relative, car elle met en évidence les conditions dans lesquelles la végétation se développe d'un endroit à l'autre. Elle fait bien ressortir le climat local et les différences entre les stations. Un exemple en est la carte des niveaux thermiques de Suisse (SCHREIBER 1977).

5.2.4 Phénologie et télédétection

Les satellites de télédétection balaient la surface de la Terre avec une qualité et une résolution qui ne cessent de s'améliorer. Chaque jour, ils livrent de nouvelles données qui permettent d'évaluer au moyen d'indices l'état de la couverture végétale dans le monde et de saisir les modifications qu'elle subit (SCHEER & GOSSMANN 1997). Par exemple, on utilise souvent le NDVI *(Normalised Different Vegetation Index)* pour représenter le développement de la végétation de la surface terrestre ou le LAI *(Leaf Area Index)* pour la surface foliaire de la végétation. La mise en valeur des données du NDVI pour la période 1982-1999 montre que la période de végétation s'est allongée dans les latitudes moyennes d'Eurasie. Les conclusions tirées des valeurs du NDVI

vielen punktuellen phänologischen Beobachtungen: Im Frühling treiben viele Bäume früher aus, im Herbst verspätet sich an manchen Orten die Blattverfärbung. Die heutigen Satelliten, die täglich neue Daten übermitteln, haben noch eine zu grobe Auflösung, um auf der Ebene von Arten Aussagen machen zu können. Die Methode ist jedoch für die Zukunft vielversprechend (SCHWARTZ 1998).

5.3 Darstellung phänologischer Daten
5.3.1 Phaseneintritte

Die mit der Datumsmethode (absolute Phänologie) erhobenen Phaseneintritte mehrerer Jahre werden häufig in Form von Boxplots dargestellt (Abb. 39). Dieser Darstellung können z. B. der mittlere Wert (Median), der Bereich mit 50% der Werte oder der frühste bzw. späteste Eintrittstermin entnommen werden.

Abbildung 39:
Darstellung der Verteilung der Phaseneintritte:
A) in einer Klasse und der Extremwerte
B) in drei Klassen

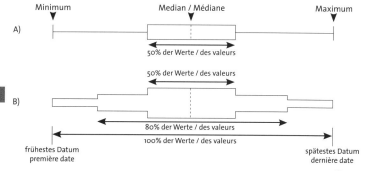

Figure 39:
Représentation de la distribution des dates d'apparition:
A) en une classe avec valeurs extremes
B) en trois classes

concordent avec de nombreuses observations phénologiques ponctuelles : au printemps, les bourgeons d'un grand nombre d'arbres éclosent plus tôt, alors qu'en automne la coloration des feuilles est retardée à maints endroits. La résolution des satellites actuels, qui livrent quotidiennement de nouvelles données, est encore trop grossière pour qu'on puisse en tirer des conclusions au niveau des espèces. Cette méthode reste pourtant très prometteuse (SCHWARTZ 1998).

5.3 Représentation des données phénologiques
5.3.1 Apparition des phases

Les apparitions des phases de plusieurs années relevées au moyen de la méthode de la date (phénologie absolue) sont souvent représentées sous la forme de graphiques (figure 39). On peut en tirer la médiane (valeur moyenne), le domaine contenant 50 % des valeurs ainsi que la date d'apparition la plus précoce ou la plus tardive (valeurs extrêmes).

Eine Übersicht der Daten kann erreicht werden, indem die Eintritte einer bestimmten Phänophase an verschiedenen Stationen (Abb. 40) oder verschiedene Phänophasen an einer Station (Phänologischer Kalender, Abb. 41) zusammengestellt werden. Das Beispiel in Abbildung 40 zeigt, dass an tiefer gelegenen Stationen die Phase eher früher eintritt als an höher gelegenen. Dies ist typisch für Frühlingsphasen. Herbstphasen, insbesondere die Blattverfärbung, sind dagegen weniger von der Höhe über Meer abhängig. Weitere Phasen sind im Bericht «Phänologische Beobachtungen des Bernischen Forstdienstes von 1869 bis 1882» (VASSELLA 1997) enthalten.

Abbildung 40:
Eintritt der «allgemeinen Belaubung» der Buche an Stationen
des historischen Netzes des Kantons Bern von 1869 bis 1882.

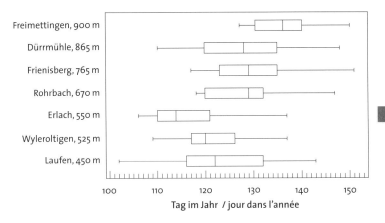

269

Figure 40 :
Date d'apparition de la phénophase « feuillaison générale » du hêtre
aux stations du réseau historique du canton de Berne de 1869 à 1882

Par un graphique on peut démontrer la succesion d'une phase sur plusieurs station (figure 40 ou de différentes phases d'une station (calendrier phénologique, figure 41). L'exemple de la figure 40 montre que cette phase apparaît généralement plus tôt à basse altitude que dans les stations plus élevées. Ce décalage est typique des phases printanières. En effet, les phases d'automne, en particulier la coloration des feuilles, sont moins tributaires de l'altitude.
Le rapport « Observations phénologiques du service forestier du canton de Berne de 1869 à 1882 » (VASSELLA 1997, en allemand) décrit d'autres phases.

Mit einem phänologischen Kalender (Abb. 41) wird der zeitliche Ablauf der Eintritts-termine verschiedener Phänophasen an einem bestimmten Ort oder in einer Region dargestellt. Phänologische Kalender ausgewählter Stationen des Netzes von MeteoSchweiz wurden im Sammelwerk «Klimatologie der Schweiz» publiziert (DEFILA 1992).

Abbildung 41:
Phänologischer Kalender der Station Liestal. 350 m ü. M. Beobachtungsdauer 1951-2000

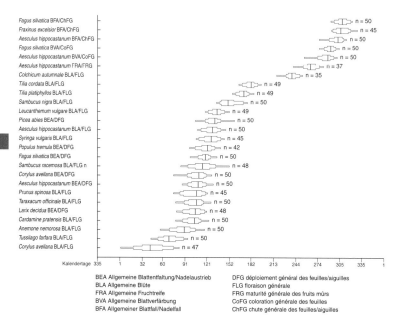

Phänologischer Kalender
Calendrier phénologique

Station: Liestal 350 m/M   (Beobachtungsdauer = durée d'observation: 1951 – 2000)

BEA Allgemeine Blattentfaltung/Nadelaustrieb
BLA Allgemeine Blüte
FRA Allgemeine Fruchtreife
BVA Allgemeine Blattverfärbung
BFA Allgemeiner Blattfall/Nadelfall

DFG déploiement général des feuilles/aiguilles
FLG floraison générale
FRG maturité générale des fruits mûrs
CoFG coloration générale des feuilles
ChFG chute générale des feuilles/aiguilles

Figure 41:
Calendrier phénologique de la station de Liestal, à 350 m d'altitude, de 1951 à 2000

Un calendrier phénologique (figure 41) représente la succession des dates d'appari-tion de différentes phases d'une station ou d'une région. Pour un choix de stations du réseau de MétéoSuisse, des calendriers phénologiques sont publiés dans l'ou-vrage collectif «Climatologie de la Suisse» (DEFILA 1992).

5.3.2 Karten und Profile

Phänologische Erhebungen räumlich darzustellen entspricht einem grossen Bedürfnis, stellt aber eine Herausforderung dar. Der Einfluss des Geländes ist so bedeutsam, dass sich solche Darstellungsarten aufdrängen. Im regionalen Zusammenhang sind dominierende Geländeparameter die Meereshöhe, die Exposition und die Hangneigung, für ein grösseres Gebiet kommen aber auch geographische Breiten- und Längenlage sowie andere Faktoren dazu wie etwa die Entfernung vom Meer.

In einem ersten Schritt müssen die Abhängigkeiten zwischen phänologischen Daten und den Geländeparametern definiert werden. Ein einfacher Weg führt über eine Regressionsrechnung, deren Ergebnisse die Grundlage für die Extrapolation der punktuellen Beobachtungen phänologischer Stationen im Raum bildet. Weitergehende Untersuchungen bedingen komplexe Modellierungen und die Verwendung eines Geographischen Informations-Systems (GIS).

Die Darstellung von phänologischen Profilen umfasst nur zwei Dimensionen, sie ist aber sehr geeignet, den Einfluss der Meereshöhen und anderer topographischer Elemente darzustellen (siehe die Profile durch den Faltenjura von Abb. 42). Ein weiterer Schritt stellt die phänologische Karte dar, die Auskunft über die räumlichen Verhältnisse einer Region, eines Landes oder eines Kontinentes vermittelt (Volz 1978, Primault 1984, Jeanneret 1991, Defila 1992).

5.3.2 Cartes et coupes

La représentation spatiale des données phénologiques répond à un grand besoin, mais constitue un défi considérable. Le relief joue un rôle si important que de tels modes de représentation s'imposent. Les paramètres topographiques qui dominent au niveau régional sont l'altitude, l'exposition et l'inclinaison de la pente ; à plus petite échelle, il faut également tenir compte des cordonnées géographiques (longitude et latitude) ainsi que d'autres facteurs comme la continentalité.

Les correspondances entre les données phénologiques et les paramètres topographiques doivent être définies dans une première étape. Cela peut se faire simplement par un calcul de la régression ; les résultats obtenus constituent la base pour l'extrapolation dans l'espace des observations ponctuelles des stations phénologiques. Des études plus approfondies nécessitent des modélisations complexes ainsi que l'utilisation d'un système d'information géographique (SIG).

Même si les coupes phénologiques sont des représentations à deux dimensions seulement, elles conviennent parfaitement pour représenter l'influence de l'altitude et d'autres paramètres topographiques (voir les coupes au travers du Jura plissé de la figure 42). L'étape suivante est la carte phénologique, qui donne des informations sur les données spatiales d'une région, d'un pays ou d'un continent (Volz 1978, Primault 1984, Jeanneret 1991, Defila 1992).

Abbildung 42:
Profile der Allgemeinen Blüte Löwenzahn (Taraxacum officinale Weber).
Die Löwenzahn-Blüte kündigt den Frühling an. Sie beginnt
im Verlaufe des Aprils in tieferen Lagen am Jurasüdfuss.
Ende April im Delsberger Becken (Verspätung von zehn Tagen auf 400 m Meereshöhe).
In dieser Jahreszeit ist der Norden benachteiligt, in der Höhe ist die Verspätung
noch grösser (fast einen Monat auf 1000 m Meereshöhe). Nach JEANNERET 1991.

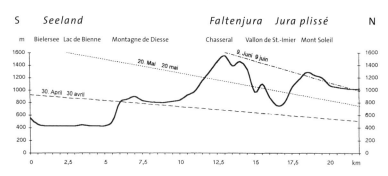

272

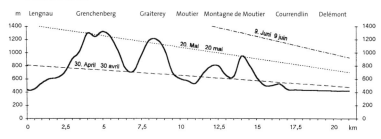

Figure 42 :
Coupes de la floraison générale du pissenlit officinal (Taraxacum officinale Weber).
La floraison du pissenlit annonce l'arrivée du printemps. Elle débute au cours du mois d'avril
à basse altitude le long du pied sud du Jura, à la fin avril dans le bassin de Delémont (retard de
10 jours à 400 m d'altitude). À cette saison, le nord est défavorisé, le retard s'accentuant encore
avec l'altitude (presque un mois à 1000 m d'altitude). Extrait de JEANNERET 1991.

5.4 Phänologie kontinental und global

Im Gegensatz zu Metorologie und Klimatologie verfügt die Phänologie noch über wenig internationale Strukturen, da das Interesse an Beobachtungen bisher lokal und regional verankert war. Die Ausweitung von Beobachtungsgebieten stösst an Grenzen infolge der Verbreitung der beobachteten Arten. Die Standardisierung der Methoden und Phänophasen ist ein wichtiges Ziel internationaler Netzwerke. Das Europäische Phänologie-Netzwerk *(European Phenology Network EPN)* führt Interessenten unterschiedlicher Fachrichtungen zusammen, die an einer Vereinheitlichung der Erhebungen arbeiten (VAN VLIET ET AL 2002).

In gleicher Richtung, aber weltweit, zielt die weniger weit gediehene Zusammenarbeit im globalen Phänologie-Monitoring *(Global Phenological Monitoring GPM)* (SCHWARTZ 1998).

5.4 Phénologie au niveau continental et global

Contrairement à la météorologie et à la climatologie, la phénologie ne dispose encore que de peu de structures internationales, puisque jusqu'ici l'intérêt pour les observations se limitait au niveau local et régional. La distribution des espèces observées pose des limites à l'extension des périmètres d'observation. La standardisation des méthodes et des phases phénologiques est un but important des réseaux internationaux. Le Réseau européen de phénologie *(European Phenology Network EPN)* rapproche les personnes intéressées de toutes les disciplines qui travaillent à standardiser les méthodes d'observation (VAN VLIET ET AL. 2002).

La Surveillance phénologique globale *(Global Phenological Monitoring GPM)* est une coopération moins avancée qui vise le même objectif, mais à l'échelle de la planète (SCHWARTZ 1998).

Bibliographie
Verwendete und weiterführende Literatur
Litérautre utilisée et recommandée

AMANN, G., 1988 (15. Auflage): *Bäume und Sträucher des Waldes*. Taschenbildbuch. Neumann-Neudamm, Melsungen: 232 p.

BAUMGARTNER, A., 1986: *Phänologie und internationale phänologische Gärten (Einführungsvortrag)*. Arboreta Phaenologica 31 (Sonderheft zum internationalen Phänologie-Symposium Wien): 1-6

BBA, 1997 (2. Aufl.): *Kompendium der phänologischen Entwicklungsstadien mono- und dikotyler Pflanzen. Erweiterte BBCH-Skala*. Allcom Allschwil: 138 p.

BEAUBIEN, E., 2003: *Phenology in primary and secondary education*. In: SCHWARTZ, M. (editor): Phenology: An Integrative Environmental Science. Kluwer: in Vorbereitung = en préparation

BINZ, A.; AESCHIMANN, D., 1994 (2e édition): *Flore de la Suisse et des territoires limitrophes: le nouveau Binz*. Griffon Neuchâel: 603 p.

BINZ, A.; HEITZ, C., 1990 (19. Auflage): *Schul- und Exkursionsflora für die Schweiz*. Schwabe Basel: 659 p.

BRÄNDLE, U., 1996: *Die häufigsten Waldbäume der Schweiz. Ergebnisse aus dem Landesforstinventar 1983-85: Verbreitung, Standort und Häufigkeit von 30 Baumarten*. Berichte der Eidgen. Forschungsanstalt für Wald, Schnee und Landschaft, WSL, Nr. 342, Birmensdorf: 278 p.

BRAUN, S.; RIHM, B.; SCHINDLER, CH.; FLÜCKIGER W., 1999: *Growth of mature beech in relation to ozone and nitrogen deposition*: An epidemiological approach. Water, Air and Soil Pollution 116: 357-364

BRÜGGER, R., 1997: *Phänologie von Buche und Fichte: Beobachtungsmethode und Vergleich mit dem Temperaturverlauf und der Kronenverlichtung*. In 'Phänologie von Waldbäumen: historische und aktuelle Beobachtungen'. Umwelt-Materialien Nr. 73, BUWAL Bern, 77-149

BRÜGGER, R., 1998: *Die phänologische Entwicklung von Buche und Fichte. Beobachtung, Variabilität, Darstellung und deren Nachvollzug in einem Modell*. Geographica Bernensia G49 Bern: 186 p

CHUINE, I.; CAMBON, G.; COMTOIS, P., 2000: *Scaling phenology from the local to the regional level: advances from species-specific phenological models*. Global Change Biol. 6: 943-952

CUFAR, K.; ROBIC, D.; TORELLI, N.; KERMAVNAR, A., 1996: *Die Phänologie von unterschiedlich geschädigten Weisstannen (Abies alba Mill.) in Slovenien*. Schweiz. Z. Forstwesen 147(2): 99-108

DEFILA, C., 1988: *Phänologische Beobachtungen und Anwendungsmöglichkeiten für die Pollenprognose*. SWISS MED, 10(5): 21-25

DEFILA, C., 1991: *Pflanzenphänologie der Schweiz*. Diss. Uni Zürich. in: Veröffentlichungen der Schweiz. Meteorologischen Anstalt, Nr. 50; 235 p.

DEFILA, C, 1992: *Pflanzenphänologische Kalender ausgewählter Stationen in der Schweiz 1951-1990* = *Calendriers phytophénologiques d'un choix de statiions en Suisse*. Klimatologie der Schweiz, Heft 30/L, Beihefte zu den Annalen der Schweizerischen Meteorologischen Anstalt Zürich = Climatologie de la Suisse, Fascicule 30/L: Annales de l'Institut suisse de météorologie Zurich: 223 p.

DEFILA, C., 1999: *Phänologische Beobachtungen in der Schweiz im Jahre 1998*. Schweiz. Z. Forstwes 150 (1999) 4: 148-150

DEFILA, C.; CLOT, B., 2001: *Phytophenological trends in Switzerland*. Int. J. Biometeorol 45: 203-207

274

ELLENBERG, H. 1996 (5. Auflage): *Vegetation Mitteleuropas mit den Alpen in ökologischer Sicht, dynamischer und historischer Sicht.* Ulmer Stuttgart: 1095 p.

FRANKE, W., 1997 (6. Auflage): *Nutzpflanzenkunde.* Thieme Stuttgart: 509 p.

GENSLER, G. A., 1946: *Der Begriff der Vegetationszeit.* Diss. Samedan und St. Moritz: 145 p.

GODET, J.-D., 1983: *Knospen und Zweige der einheimischen Baum- und Straucharten.* Arboris, Bern: 64 p.

GODET, J.-D., 1986: *Bäume und Sträucher. Einheimische und eingeführte Baum- und Staucharten.* Arboris, Hinterkappelen-Bern: 216 p.

GODET, J.-D., 1989: *Guide des bourgeons de nos arbres, arbustes, arbrisseaux: guide d'identification de 150 espèces.* Delachaux et Niestlé Neuchâtel: 429 p.

GODET, J.-D., 1994: *Arbres et arbustes.* Delachaux et Niestlé Lausanne: 127 p.

HEGG, O., 1977: *Mikroklimatische Wirkung der Besonnung auf die phänologische Entwicklung und auf die Vegetation in der alpinen Stufe der Alpen.* Cramer, Vaduz. Bericht der internat. Symposien der Internat. Vereinigung für Vegetationskunde: 249-270

HEGI, G., 1975-1998 (3. Auflage).: *Illustrierte Flora Mitteleropas.* Parey Berlin: 5 Bände

HESS, H.; LANDOLT, E.; HIRZEL, R.; 1976: *Flora der Schweiz und angrenzender Gebiete.* Birkhäuser, Basel: 3 Bände

INNES, J.L.; KARNOSKY, D. 2001: *Environmental stress factors affecting forest sustainability.* In: RAISON J., BROWN, A. FLINN, D. (eds.) Indicators for Sustainable Forest Management. CABI Publ., Wallingford: 215-230

JEANNERET, F., 1991: *Les mésoclimats du Jura central: une coupe phénologique = Die Mesoklimate des zentralen Juras: Ein phänologischer Querschnitt.* Bulletin de la Société Neuchâteloise de géographie No. 35, Neuchâtel. Jb Geogr. Ges. Bern 54: 57-70

JEANNERET, F., 1991: *Une coupe phénologique à travers le Jura suisse.* Publ. de l'Ass. int. de Climatologie 4, Fribourg: 307-314

JEANNERET, F., 1996: *From spatial sensing to environmental monitoring – a mesoclimatic network through Switzerland.* Proc. 14th Intern. Congress of Biometeorology Ljubljana 2: 201-207

JEANNERET, F., 1996: *Phänologie in einem Querschnitt durch Jura, Mittelland und Alpen. Ein Beitrag zu Umweltmonitoring und Gebirgsklimatologie.* Jb Geogr. Ges. Bern 59: 195-203

JEANNERET, F., 1997: *Internationale Phänologie-Bibliographie = Bibliographie internationale de phénologie = International Bibliography of Phenology.* Geographica Bernensia P32 Bern: 68 p.

JEANNERET, F.; BRÜGGER, R.; VASSELLA, A., 1998: *La phénologie forestière: les variations climatiques et l'état des arbres.* Bulletin de la Société Neuchâteloise de géographie No. 41, Neuchâtel: 55-70

KELLER, W., WOHLGEMUTH, T., KUHN, N., SCHÜTZ, M., WILDI, O., 1998: *Waldgesellschaften der Schweiz auf floristischer Grundlage.* Mitt. Eidgenöss. Forsch.anst. Wald Schnee Landsch. 73, 2: 91-357

KOCH, E. 1990: *Anleitung für den phänologischen Beobachter.* Zentralanstalt für Meteorologie und Geodynamik in Wien, Österreich (ZAMG) 36 p.

KRAMER, K., 1996: *Phenology and Growth of European Trees in Relation to Climate-Change.* Thesis Landbouw Universiteit Wageningen. Den Haag, 210 p.

LAUBER, K.; WAGNER, G., 1993 (3. Auflage): *Flora des Kantons Bern.* Haupt Bern: 958 p.

LAUBER, K.; WAGNER, G., 2001 (3. Aufl.): *Flora Helvetica = Flora der Schweiz = Flore de la Suisse = Flora della Svizzera.* Haupt Bern: 1615 p.

LEIBUNDGUT, H., 1991(2. Auflage): *Unsere Waldbäume: Eigenschaften und Leben.* Haupt, Bern: 172 p.

MATILE, P., 1992: *Vom Ergrünen und Vergilben der Blätter.* Veröffentlichungen der Naturforschenden Gesellschaft in Zürich, Jahrgang 136, Nr. 5

MEIER, U. (Hrsg.), 2000: *Growth stages for mono- and dicotyledonous plants = Entwicklungsstadien mono- und dikotyler Pflanzen = Estadios de las plantas mono- y dicotiledoneas = Stades des espèces mono- et dicotylédones cultivées = BBCH-Monography.* Federal Biological Research Centre for Agriculture and Forestry = Biologische Bundesanstalt für Land- und Forstwirtschaft = Centro Federal de Investigaciones Biológicas para Agricultura y Silvicultura = Centre Fédéral de Recherches Biologiques pour l'Agriculture et les Forêts

MENZEL, A, 2000: *Trends in phenological phases in Europe between 1951 and 1996.* Int. J. Biometeor. 44 (2): 76-81

MENZEL, A.; FABIAN, P., 1999: *Growing season extended in Europe.* Nature 397: 659

MONARD, A., 1989: *Le Petit Botaniste Romand.* Département de l'instruction publique du Canton de Neuchâtel: 135 p.

OBERDORFER, E., 2001 (8. Auflage): *Pflanzensoziologische Exkursionsflora.* Ulmer, Stuttgart: 1051 p.

PFISTER, C., 1999: *Wetternachhersage – 500 Jahre Klimavariationen und Naturkatastrophen.* Haupt Bern: 304 p.

PRIMAULT, B., 1964: *Météorologie agricole et phénologie.* 100 Jahre Meteorologie in der Schweiz, Meteorologische Zentralanstalt Zürich: 70-72

PRIMAULT, B., 1971: *Comparaison des méthodes climatiques et phénologique pour la détermination des vocations culturales d'un lieu donné.* Verhandlungen der Schweiz. Naturforschenden Gesellschaft, 151: 134-135

PRIMAULT, B., 1977: *De deux particularités phénologiques.* Arbeitsbericht der Schweiz. Meteorologischen Anstalt, Nr. 75: 13 +6 p.

PRIMAULT, B., 1984: *Phänologie – Frühling, Frühsommer. Sommer, Herbst. = Printemps, début de l'été. Eté, automne.* In: KIRCHHOFER, W. ET AL. Klimaatlas der Schweiz = Atlas climatologique de la Suisse. Bundesamt für Landestopographie Wabern: tab. 13.1 + 13.2.

PRIMAULT, B.; SCHWEIZER, S.; KUHN, W.; AMBROSETTI, F., 1971 (3e éd.): *Atlas phénologique = Phänologischer Atlas = Atlante fenologico.* Institut suisse de météorologie, Zurich: 78 p.

PROFESSUR FÜR WALDBAU UND PROFESSUR FÜR FORSTSCHUTZ & DENDROLOGIE DER ETH ZÜRICH, 1995: *Mitteleuropäische Waldbaumarten. Artbeschreibung und Ökologie unter besonderer Berücksichtigung der Schweiz.* Unveröffentlicht

SCHEER, M.; GOSSMANN, H., 1992: *Die Simulation der Wuchsklimakarte nach Ellenberg aus Satellitenbildern.* Ein EDV-Konzept zur Verbindung der Fernerkundung mit klassischen landschaftsökologische Aufnahmeverfahren .Freiburger Geographische Hefte 38, Freiburg i. Br.: 163 p. + 2 Karten

SCHNELLE, F., 1955: *Pflanzenphänologie.* Probleme der Bioklimatologie, 3. Band, Akademische Verlagsgesellschaft, Leipzig

SCHREIBER, K. F. ET AL. 1977: *Wärmegliederung der Schweiz = Niveaux thermiques de la Suisse.* Grundlagen für die Raumplanung, Eidg. Justiz- und Polizeidepartement = Bases pour l'aménagement du territoire, Département fédéral de justice et police, Bern: 64 + 69 p

SCHRETZENMAYR, M., 1990 (2. Auflage): *Heimische Bäume und Sträucher Mitteleuropas.* Urania Leipzig: 223 p.

SCHWARTZ, M. D., 2003: (editor): *Phenology: An Integrative Environmental Science.* Kluwer New York: in Vorbereitung = en préparation

SCHWARTZ, M. D. 1998: *Green wave phenology.* Nature, Vol. 394: 839-840

THIMONIER; A.; SCHMITT, M.; CHERUBINI, P.; KRÄUCHI, N., 2001: *Monitoring the Swiss Forests – building a research platfom.* In: Andofillo, T.; Carraro (ed): Monitoraggio ambientale metodologie ed applicazioni. Atti del XXXVIII Corso di Cultura in Ecologia: 121-132

UNECE, 1999: *Convention on long-Range Transboundary Air Pollution, 1999: Manual on methods and criteria for harmonized sampling, assessment, monitoring and analysis of the effects of air pollution on forests. Part IX: Phenological Observations.* United Nations Economic Commission for Europe: 11 p.

VASSELLA, A., 1997: *Phänologische Beobachtungen des Bernischen Forstdienstes von 1869 bis 1882: Witterungseinflüsse und Vergleich mit heutigen Beobachtungen.* In 'Phänologie von Waldbäumen: historische und aktuelle Beobachtungen'. Umwelt-Materialien Nr. 73, BUWAL, 9-75

VASSELLA, A., 1998: *Die Jahreszeiten im Klimawandel.* Wald + Holz Solothurn 79(2): 3 p.

VASSELLA, A.; BRÜGGER, R., 2002: *Sind unsere Wälder länger grün?* Wald + Holz 83(4): 28-31

VLIET A. VAN ET AL. 2002: *The European Phenology Network.* International Journal of Bioclimatology. In Vorbereitung = en préparation

VOLZ, R., 1978: *Phänologische Karten von Frühling, Sommer und Herbst als Hilfsmittel für eine klimatische Gliederung des Kantons Bern.* Jahrbuch der Geographischen Gesellschaft von Bern, Band 52/1975-76: 23-58

WELTEN, M.; SUTTER, R., 1982: *Verbreitungsatlas der Farn- und Blütenpflanzen der Schweiz.* Birkhäuser, Basel: 2 Bände

Internetadressen

Eine Liste aktueller Links auf phänologische Internetadressen finden sich unter:

http://sinus.unibe.ch/phaeno/

(Gruppe PHENOTOP am Geographischen Institut der Universität Bern GIUB).

Adresses internet

Une liste régulièrement mise à jour des adresses internet phénologiques se trouve sous :

http://sinus.unibe.ch/phaeno/

(groupe PHENOTOP à l'Institut de géographie de l'Université de Berne IGUB).

Begriffe und Abkürzungen

BBCH - Code
> *Einheitliche, mehrsprachige Codierung der phänologischen Entwicklungsstadien (Biologische Bundesanstalt für Land- und Forstwirtschaft, Bundessortenamt und chemische Industrie).*

Beobachtungsgebiet
> *Ein geographisch einheitlicher Raum mit verschiedenen Standorten für die Beobachtung der verschiedenen Pflanzen.*

Bestand
> *Eine Gruppe von Pflanzen derselben Art (Reinbestand oder Mischbestand mit anderen Pflanzenarten).*

BUWAL
> *Bundesamt für Umwelt, Wald und Landschaft. Umweltfachstelle des Bundes und gehört zum Eidg. Departement für Umwelt, Verkehr, Energie und Kommunikation (UVEK). Fachgebiet Wald und Holz.*

Cupula
> *Harte Fruchthülle bei der Buche.*

Eintrittstag (einer Phänophase)
> *Der Tag an dem die Phänophase eintritt.*

Entwicklungsstadium
> *Siehe phänologisches Entwicklungsstadum.*

EPN
> *European Phenology Network. Europäisches Phänologie-Netz, das Forschende aus unterschiedlichen Fachgebieten zusammenbringt (z.B. aus der Biologie, Klimatologie, Medizin, Pädagogik, Agronomie, Geographie).*

Glossaire et sigles

Capitule
> *Inflorescence plus ou moins plane à fleurs serrées sur un réceptacle commun.*

Code BBCH
> *Code mulitlingue, uniforme des stades de développement phénologiques (Biologische Bundesanstalt für Land- und Forstwirtschaft, Bundessortenamt und chemische Industrie).*

Cupule
> *Involucre fructifère du hêtre.*

EPN
> *European Phenology Network. Réseau européen de phénologie rassemblant des chercheurs de plusieurs disciplines (biologistes, climatologues, médecins, pédagogues, agronomes, géographes, etc.)*

Feuille pennée
> *Feuille composée dont les folioles sont disposées de chaque côté du pétiole comme les barbes d'une plume.*

GLOBE
> *Global Learning and Observations to Benefit the Environment. Programme international mettant en relation la recherche et la formation dans le domaine de l'environnement. Des enseignants et leurs élèves collaborent avec des scientifiques pour mieux comprendre, en observant à long terme certains paramètres environnementaux, les interactions entre le climat, l'eau, le sol et la biologie.*

Glomérule
> *Inflorescence dont les fleurs sont réunies en têtes serrées.*

Getrennt-geschlechtige Blüten
> *Blüten, mit nur einem Geschlecht: Männliche Blüten mit Staubbeutel, weibliche Blüten mit Fruchtknoten.*

GLOBE
> *Global Learning and Observations to Benefit the Environment. Ein weltweites Programm, das Forschung und Bildung im Bereich Umwelt miteinander verknüpft. Schülerinnen und Schüler, Lehrerinnen und Lehrer sowie Wissenschaftlerinnen und Wissenschaftler arbeiten gemeinsam daran, durch langfristige Beobachtung umweltrelevanter Parameter ein tieferes Verständnis über das Zusammenwirken der einzelnen Umweltkompartimente Klima, Gewässer, Boden und Biologie zu erreichen.*

GPM
> *Global Phenological Monitoring. Initiative der Internationalen Gesellschaft für Bioklimatologie (ISB) zur globalen Vernetzung von Phänologen und Programm insbesondere zum Studium des Einflusses des globalen Klimawandels auf Mensch und Natur und der Stimulation des öffentlichen Interesses an der Phänologie.*

Hochblätter
> *Einfache, oft schuppenförmige Blätter, unterhalb einer Einzelblüte oder im Bereich des Blütenstandes.*

Hüllblätter
> *Meist zahlreich beieinanderstehende Hochblätter, welche als Hüllkelch einen Blütenstand umschliessen.*

ICP-Forests
> *International Co-operative Programme on Assessment and Monitoring of Air Pollution Effects on Forests operating under UN/ECE. Europäische Waldzustandserhebung. Es werden u.a. auch phänologische Beobachtungen gemacht.*

GPM
> *Global Phenological Monitoring. Sur initiative de la Société internationale de bioclimatologie (ISB), mise en réseau globale de phénologues et de programmes, en particulier en vue d'étudier les influencesdes modifications climatiques sur l'homme et la natureet de la stimuler de l'intérêt public.*

Héliophile
> *Qui recherche la lumière, le soleil.*

ICP-Forests
> *International Co-operative Programme on Assessment and Monitoring of Air Pollution Effects on Forests. Programme européen de relevé de l'état des forêts effectuant entre autres des observations phénologiques.*

IPG
> *International Phenological Gardens. Jardins phénologiques internationaux, réseau d'observations phénologiques regroupant une cinquantaine de jardins en Europe.*

Lobes de la corolle
> *Divisions de la corolle non soudées entre elles.*

MétéoSuisse
> *L'Office fédéral de météorologie et climatologie qui dépend du Département de l'Intérieur. En tant que service national de météorologie, sa mission est de répondre aux besoins de la population, de l'Etat et de l'économie en matière de météorologie et de climatologie.*

OFEFP
> *Office fédéral de l'environnement, des forêts et du paysage est le service fédéral compétent en matière d'environnement. Il est intégré au Département fédéral de l'environnement, des transports, de l'énergie et de la communication (DETEC) ; thème forêts et bois .*

Oreillette
> *Prolongement foliacé à la base du limbe.*

IPG

> *Internationale Phänologische Gärten. Ein phänologisches Beobachtungsnetz in Europa mit etwa 50 Gärten.*

Kronzipfel

> *Nicht verwachsene Teile von ansonsten verwachsenen Kronblättern.*

Kurztrieb

> *Seitentrieb von Gehölzen mit gestauchter Längsachse (kurzen Internodien) und meist beschränkter Lebensdauer.*

Langtrieb

> *End- oder Seitentrieb von Gehölzen mit einem normalen Längenwachstum.*

MeteoSchweiz

> *Bundesamt für Meteorologie und Klimatologie. Die MeteoSchweiz ist ein nationaler Wetterdienst und erfüllt als solcher meteorologische Aufgaben zum Nutzen von Bevölkerung, Wirtschaft und öffentlichen Institutionen.*

Perigonblätter

> *Blütenblätter (Blütenhülle) derjenigen Blüten, die nicht in Kelch- und Kronblätter ausdifferenziert sind.*

Phänologisches Entwicklungsstadium

> *Entwicklungserscheinung, die an der Pflanze beobachtet werden kann. Es handelt sich dabei in der Regel um Wachstumserscheinungen an Knospen, Blättern, Blüten oder Früchten.*

Phänophase oder phänologische Phase

> *Eine phänologische Phase oder Phänophase ist eine im Jahresverlauf wiederkehrende Erscheinungs- oder Verhaltensform bei Pflanzen und Tieren. Für eine Pflanzenart wird eine phänologische Phase definiert, indem zu einem Entwicklungsstadium die Häufigkeit seines Auftretens festgelegt wird. Beispiel «Allgemeine Blüte des Buschwindröschens»:*

Périmètre d'observation

> *Espace géographiquement homogène comportant plusieurs emplacements d'où observer les plantes.*

Peuplement

> *Groupe de plantes de la même espèce (peuplement pur ou mixte).*

Phénophase ou phase phénologique

> *Une phase phénologique ou une phénophase est un phénomène de croissance et de développement annuel de plantes ou d'animaux. Pour une espèce végétale, une phase phénologique sera définie en fixant un stade de développement et la fréquence de son apparition. Par exemple, la « floraison générale de l'anémone des bois » est atteinte lorsque pour 50% d'un nombre d'individus, les fleurs dépassent la forme d'un U.*

Programme «Phénologie forestière» ♠

> *Programme de surveillance phénologique en milieu forestier. Il s'occupe spécifiquement des observations en forêt, de préférence sur des arbres isolés.*

Programme «Phénologie générale» ✳

> *Programme d'observations phénologiques de MétéoSuisse, visant à montrer comment les changements environnementaux (par exemple le réchauffement climatique) influencent le développement de la végétation. Il s'occupe d'espèces végétales sauvages ou cultivées depuis longtemps en Suisse.*

Programme de surveillance phénologique en milieu forestier

> *Premier programme d'observations phénologiques en milieu forestier, initié en 1998 à la demande de la Direction fédérale des forêts. Coordonné par MétéoSuisse depuis 2001 (voir Programme «Phénologie forestière»).*

Rameau court

> *Petite branche secondaire des plantes ligneuses munie d'un axe longitudinal réprimé (entre-nœuds courts) et généralement d'une durée de vie limitée.*

Sind bei einer bestimmten Zahl von Individuen 50% der Blüten U-förmig geöffnet, so ist die phänologische Phase eingetroffen.

PMW

Phänologisches Monitoringprogramm im Wald. Initialprogramm für phänologische Beobachtungen im Wald. Es wurde im Auftrag der Eidgenössichen Forstdirektion 1998 gestartet. Seit 2001 wird es unter dem Begriff «Waldphänologie» von der MeteoSchweiz koordiniert.

Programm «Allgemeine Phänologie» ✸

Phänologisches Beobachtungsprogramm von der MeteoSchweiz.

Programm «Waldphänologie» ♠

Fortsetzung des Programms «Phänologisches Monitoring im Wald» (PMW). Seit 2001 ebenfalls von der MeteoSchweiz koordiniert.

Standort

In der Pflanzenökologie Gesamtheit der am Wuchsort einer Pflanze auf sie einwirkenden Umweltfaktoren.

Vegetationsruhe

Entwicklungs- und Wachstumspause der Pflanze auf Grund äusserer Lebensumstände, wie z.B. Trockenheit oder Kälte.

WSL

Eidg. Forschungsanstalt für Wald, Schnee und Landschaft. Ein Institut des ETH-Bereiches zur Erforschung von Nutzung, Gestaltung und Schutz terrestrischer Lebensräume sowie dem Umgang mit Naturgefahren.

Zungenblüten

Die zu einer langen Zunge verwachsenen Kronblätter von Korbblütlern. Sie haben in der Regel eine auffallende Farbe.

281

Rameau long

Branche terminale ou secondaire des plantes ligneuses à la croissance longitudinale normale.

Repos de la végétation

Pause dans la croissance et le développement des végétaux due à des conditions extérieures comme la sécheresse ou le froid.

Stade de développement phénologique

Phénomène de développement pouvant être observé sur une plante, ayant généralement trait à la croissance des bourgeons, feuilles, fleurs ou fruits.

Station

Ensemble des facteurs environnementaux qui agissent sur une plante à l'endroit où elle pousse.

WSL

Institut de recherches sur la forêt, la neige et le paysage. Un Institut du domaine des EPF qui consacre ses efforts à la recherche sur l'utilisation, la gestion et la protection des paysages et la gestion des risques naturels.

Index der Pflanzenarten und der Phänophasen
Index des espèces végétales et des phases phénologiques

AP	Programm Allgemeine Phänologie ✽	PG Programme Phénologie générale ✽
WP	Programm Waldphänologie ♠	PF Programme Phénologie forestière ♠
BEB	Beginn Blattentfaltung/Nadelaustrieb	DFD début du déploiement des feuilles/aiguilles
BEA	Allgemeine Blattentfaltung/Nadelaustrieb	DFG déploiement général des feuilles/aiguilles
BLB	Beginn der Blüte	FLD début de la floraison
BLA	Allgemeine Blüte	FLG floraison générale
FRB	Beginn der Fruchtreife	FRD début de la maturité des fruits
FRA	Allgemeine Fruchtreife	FRG maturité générale des fruits mûrs
BVB	Beginn der Blattverfärbung	CoFD début de la coloration des feuilles
BVA	Allgemeine Blattverfärbung	CoFG coloration générale des feuilles
BFA	Allgemeiner Blattfall/Nadelfall	ChFG chute générale des feuilles/aiguilles

Gesamtliste (lateinische Namen)
Liste synoptique (noms latins)

Gattung / Genre	Art / Espèce	BEB / DFD	BEA / DFG	BLB / FLD	BLA / FLG	FRB / FRD	FRA / FRG	BVB / CoFD	BVA / CoFG	BFA / ChFG
Waldbäume, Sträucher / Arbres forestiers et arbustes										
Abies	*alba*	–/♠	–/♠							
Picea	*abies*	–/♠	✽/♠							
Larix	*decidua*	–/♠	✽/♠					–/♠	✽/♠	✽/–
Castanea	*sativa*		✽/–	✽/–			✽/–		✽/–	✽/–
Fagus	*silvatica*	–/♠	✽/♠					–/♠	✽/♠	✽/–
Quercus	*robur*	–/♠	–/♠					–/♠	–/♠	
Betula	*pendula*		✽/–	✽/–	✽/–				✽/–	✽/–
Corylus	*avellana*		✽/–	✽/♠	✽/♠					
Sorbus	*aucuparia*	–/♠	✽/♠	✽/♠	✽/♠	–/♠	✽/♠	–/♠	✽/♠	✽/–
Robinia	*pseudoacacia*		✽/–	✽/–	✽/–					✽/–
Acer	*pseudoplatanus*	–/♠	✽/♠					–/♠	✽/♠	
Aesculus	*hippocastanum*		✽/–	✽/–	✽/–				✽/–	✽/–
Tilia	*platiphyllos*		✽/–	✽/–	✽/–				✽/–	
Tilia	*cordata*		✽/–	✽/–	✽/–				✽/–	
Sambucus	*nigra*			✽/–	✽/–		✽/–			
Sambucus	*racemosa*			✽/–	✽/–		✽/–			
Fraxinus	*excelsior*	–/♠	–/♠	–/♠	–/♠					–/♠
Kulturpflanzen / Plantes cultivées										
Malus	*domestica*			✽/–	✽/–					
Pyrus	*communis*			✽/–	✽/–					
Prunus	*avium*			✽/–	✽/–					
Vitis	*vinifera*				✽/–		✽/–			
Heuernte	fenaison				✽/–					
Kräuter / Plantes herbacées										
Anemone	*nemorosa*				✽/–					
Epilobium	*angustifolium*				✽/–					
Cardamine	*pratensis*				✽/–					
Leucanthemum	*vulgare*				✽/–					
Tussilago	*farfara*				✽/–					
Taraxacum	*officinale*				✽/–					
Colchicum	*autumnale*				✽/–					
Dactylis	*glomerata*				✽/–					

Programm Allgemeine Phänologie (deutsche Namen) ✳

Art	BEA	BLB	BLA	FRA	BVA	BFA
Waldbäume, Sträucher						
Bergahorn	X				X	
Buche	X				X	X
Edelkastanie	X	X	X	X	X	X
Fichte	X					
Hängebirke	X	X	X		X	X
Hasel	X	X	X			
Lärche	X				X	X
Robinie	X	X	X			X
Rosskastanie	X	X	X		X	X
Roter Holunder		X	X	X		
Schwarzer Holunder		X	X	X		
Sommerlinde	X	X	X		X	
Vogelbeere	X	X	X	X	X	X
Winterlinde	X	X	X		X	
Kulturpflanzen						
Apfelbaum		X	X			
Birnbaum		X	X			
Kirschbaum		X	X			
Weinrebe			X	X		
Heuernte			X			
Kräuter						
Buschwindröschen			X			
Gemeine Margerite			X			
Herbstzeitlose			X			
Huflattich			X			
Wald-Weidenröschen			X			
Wiesen-Knaulgras			X			
Wiesenlöwenzahn			X			
Wiesenschaumkraut			X			

Programme Phénologie générale (noms français) ✹

Espèce	DFG	FLD	FLG	FRG	CoFG	ChFG
Arbres forestiers et arbustes						
Bouleau pendant	X	X	X		X	X
Châtaigner	X	X	X	X	X	X
Épicéa	X					
Érable de montagne	X				X	
Hêtre	X				X	X
Marronier d'Inde	X	X	X		X	X
Mélèze	X				X	X
Noisetier	X	X	X			
Robinier	X	X	X			X
Sorbier des oiseleurs	X	X	X	X	X	X
Sureau rouge		X	X	X		
Sureau noir		X	X	X		
Tilleul à grandes feuilles	X	X	X		X	
Tilleul à petites feuilles	X	X	X		X	
Plantes cultivées						
Cerisier		X	X			
Poirier		X	X			
Pommier		X	X			
Vigne			X	X		
Fenaison			X			
Plantes herbacées						
Anémone des bois			X			
Cardamine des prés			X			
Colchique d'automne			X			
Dactyle aggloméré			X			
Epilobe à feuilles étroites			X			
Marguerite vulgaire			X			
Pas-d'âne			X			
Pissenlit officinal			X			

Programm Waldphänologie (deutsche Namen) ♠

Art	BEB	BEA	BLB	BLA	FRB	FRA	BVB	BVA	BFA
Waldbäume, Sträucher									
Bergahorn	X	X					X	X	
Buche	X	X					X	X	
Esche	X	X	X	X					X
Fichte	X	X							
Hasel			X	X					
Lärche	X	X					X	X	
Stieleiche	X	X					X	X	
Vogelbeere	X	X	X	X	X	X	X	X	
Weisstanne	X	X							

BEB Beginn Blattentfaltung/Nadelaustrieb
BEA Allgemeine Blattentfaltung/Nadelaustrieb
BLB Beginn der Blüte
BLA Allgemeine Blüte
FRB Beginn der Fruchtreife
FRA Allgemeine Fruchtreife
BVB Beginn der Blattverfärbung
BVA Allgemeine Blattverfärbung
BFA Allgemeiner Blattfall/Nadelfall

Progamme Phénologie forestière (noms français) ♠

Espèce	DFD	DFG	FLD	FLG	FRD	FRG	CoFD	CoFG	ChFG
Arbres forestiers et arbustes									
Chêne pédonculé	X	X					X	X	
Épicéa	X	X							
Érable de montagne	X	X					X	X	
Frêne	X	X	X	X					X
Hêtre	X	X					X	X	
Mélèze	X	X					X	X	
Noisetier			X	X					
Sapin	X	X							
Sorbier des oiseleurs	X	X	X	X	X	X	X	X	

DFD début du déploiement des feuilles/aiguilles
DFG déploiement général des feuilles/aiguilles
FLD début de la floraison
FLG floraison générale
FRD début de la maturité des fruits
FRG maturité générale des fruits mûrs
CoFD début de la coloration des feuilles
CoFG coloration générale des feuilles
ChFG chute générale des feuilles/aiguilles

Codierung der Phänophasen gemäss BBCH-Code
Code des phénophases selon BBCH

Gattung Genre	Art Espèce	BEB DFD	BEA DFG	BLB FLD	BLA FLG	FRB FRD	FRA FRG	BVB CoFD	BVA CoFG	BFA ChFG
Waldbäume, Sträucher / Arbres forestiers et arbustes										
Abies	alba	10	-13*5							
Picea	abies	10	-13*5							
Larix	decidua	10	-13*2					92	94*2	95
Castanea	sativa		13*2	60*3	65*3		87*6		94*2	95
Fagus	silvatica	11	13*2						94*2	95
Quercus	robur	11	13*2					92	94*2	
Betula	pendula		13*2	60*3	65*3				94*2	95
Corylus	avellana		13*2	60*3	65*3					
Sorbus	aucuparia	11	13*2	60	65	86*2	87*6	92	94*2	95
Robinia	pseudoacacia		13*2	60	65					95
Acer	pseudoplatanus	11	13*2					92	94*2	
Aesculus	hippocastanum		13*2	60	65				94*2	95
Tilia	platiphyllos		13*2	60	65				94*2	
Tilia	cordata		13*2	60	65				94*2	
Sambucus	nigra			60	65		87*6			
Sambucus	racemosa			60	65		87*6			
Fraxinus	excelsior	11	13*2	60	65					95
Kulturpflanzen / Plantes cultivées										
Malus	domestica			60	65					
Pyrus	communis			60	65					
Prunus	avium			60	65					
Vitis	vinifera				65		*4			
Heuernte	fenaison				*4					
Kräuter / Plantes herbacées										
Anemone	nemorosa				65					
Epilobium	angustifolium				65					
Cardamine	pratensis				65					
Leucanthemum	vulgare				65					
Tussilago	farfara				65					
Taraxacum	officinale				65					
Colchicum	autumnale				65					
Dactylis	glomerata				65					

286

*2: Die Referenznummern BBCH13 (zwei- und mehrjährige Pflanzen), BBCH86 und BBCH94 wurden speziell für den Bezug zu den Phänophasen definiert. Für BBCH86 gilt: Die ersten Früchte sind reif, entweder noch an der Pflanze, oder bereits abgefallen. Reif bedeutet; sie haben ihre endgültige Färbung und Festigkeit angenommen. Dies in Anlehnung an die BBCH-Skalen für Obst und in Übereinstimmung mit der allgemeinen BBCH-Skala.
Les numéros BBCH 13 (plantes bi- et pluri-annuelles), BBCH86 et BBCH94 ont été définis spéciale-ment en vue des phénophases. Pour BBCH86, les premiers fruits sont murs, soit sur la plante ou déjà tombés. La maturité signifie l'obtention de la couleur et la fermeté définitive, d'après les codes BBCH pour les arbres fruitiers et conformément au concept général.

- Die Nadeln sind u.U. weniger entwickelt als die Blätter des entsprechenden BBCH-Mikrostadiums. Les aiguilles sont parfois moins développées que les feuilles du microstade BBCH équivalent

*3: Die Phänophase bezieht sich ausschliesslich auf die männlichen Blüten. Der BBCH-Code ist dementsprechend zu verwenden.
La phénophase se rapporte uniquement aux fleurs masculines. Le code BBCH s'applique en conséquences.

*4: Es gibt keinen entsprechenden BBCH-Code.
Il n'existe pas de code BBCH équivalent.

*5: Betrifft nur die neu austreibenden Knospen
Ne concerne que les nouveaux bourgeons.

*6: Für BBCH87 gilt: 50% der Früchte sind reif, entsprechend BBCH86.
Pour BBCH87, 50 % des fruits sont murs, conformément à BBCH86.

Beobachtungsformulare und Bezugsquellen

Beobachtungsformulare

MeteoSchweiz gibt folgende Formulare für phänologische Beobachtungen heraus:
- **«Allgemeine Phänologie»** ✹
- **«Waldphänologie» Datumsmethode** ♠
- **«Waldphänologie» Prozent-Schätzmethode** ♠

Bestellung von Beobachtungsformularen, Auskünfte über die Beobachtungstätigkeiten im Netz «Allgemeine Phänologie» und «Waldphänologie» bei:

MeteoSchweiz, Bio- und Umweltmeteorologie
Postfach 514, CH-8044 Zürich
Tel. 01 256 91 11, Fax 01 256 92 78,   EMAIL: biomet@meteoschweiz.ch

Anleitung

Die vorliegende Anleitung
Pflanzen im Wandel der Jahreszeiten – Anleitung für phänologische Beobachtungen
(ISBN 3-906151-62-X)
ist erhältlich über den Buchhandel oder den Verlag:

GEOGRAPHICA BERNENSIA
Hallerstrasse 12, CH-3012 Bern
Tel. 031 361 88 16, FAX 031 631 85 11, EMAIL gb@giub.unibe.ch

287

Formulaires d'observation et distribution

Formulaires d'observation

MétéoSuisse édite les formulaires pour observations phénologiques suivants :
- **« Phénologie générale »** ✹
- **« Phénologie forestière » méthode de la date** ♠
- **« Phénologie forestière » méthode d'estimation du pourcentage** ♠

Commandes de formulaires et informations concernant les activités d'observation des réseaux « Phénologie générale » et « Phénologie forestière » à l'adresse suivante :

MétéoSuisse, Biométéorologie et météorologie de l'environnement
Case postale 514, CH-8044 Zurich
Tél. 01 256 91 11, Fax 01 256 92 78, EMAIL biomet@meteoschweiz.ch

Guide

Ce guide
Les plantes au cours des saisons – Guide pour observations phénologiques
(ISBN 3-906151-62-X)
peut être commandé auprès des librairies ou des éditions :

GEOGRAPHICA BERNENSIA
Hallerstrasse 12, CH-3012 Berne
Tél. 031 361 88 16, FAX 031 631 85 11, EMAIL gb@giub.unibe.ch

GEOGRAPHICA BERNENSIA

Verlag des Geographischen Institutes der Universität Bern

Hallerstrasse 12
CH – 3012 Bern
e-mail: gb@giub.unibe.ch
http://www.giub.unibe.ch/library/GB/

Tel. +41 31 631 88 16
FAX +41 31 631 85 11

BRÜGGER, Robert (1998)

Die phänologische Entwicklung von Buche und Fichte. Beobachtung, Variabilität, Darstellung und deren Nachvollzug in einem Modell. Bern. Geographica Bernensia G 49.   ISBN 3-906151-10-7

186 Seiten, 32 Tabellen, 42 Abbildungen, Anhang.   CHF. 32.– + Versandkosten

Einfache, adäquate Beobachtungsmethoden sollen zum besseren Verständnis der ökologischen Prozesse im Wald beitragen. Phänologische Beobachtungen sind zur Ergänzung der Baumcharakterisierung und zur Beurteilung witterungsbedingter Einflüsse gut geeignet. Es wird eine Methode vorgestellt, mit welcher der Entwicklungsprozess eines Baumes während des Frühjahres und des Herbstes genau verfolgt werden kann. Seit 1990 werden auf acht Standorten im Kanton Bern 34 Buchen und 67 Fichten beobachtet. Die Prozesse werden mit einem "Phänologischen Entwicklungsindex" (PEI) beschrieben. Untersucht wurde ausserdem die Variation der phänologischen Entwicklung an den einzelnen Standorten sowie deren Veränderung auf Grund jährlich unterschiedlicher Temperaturverhältnisse.

JEANNERET, François (1997)

Internationale Phänologie Bibliographie = Bibliographie internationale de phénologie = International bibliography of phenology. Bern. Geographica Bernensia P 32 ISBN 3-906151-04-2

80 Seiten = pages
mit Diskette = avec disquette = incl. floppy disk DD
(ASCII + dBase for DOS/WINDOWS)

CHF 18.– + Versandkosten = + port

CHF 25.– + Versandkosten = + port

Die Phänologie befasst sich mit der Entwicklung von Pflanzen und Tieren in Abhängigkeit der Witterung. Dieses interdisziplinären Fachgebiet interessiert Forscherinnen und Forscher aus verschiedenen Gebieten, insbesondere Botanik, Zoologie, Ornithologie, Entomologie, Klimatologie, Geographie, Geschichte, aber auch Agronomie, Forst- und Umweltwissenschaften, sowie Medizin. Die Publikationen sind deshalb weit verstreut und oft schlecht zugänglich. Die in drei Sprachen eingeleitete Bibliographie – die auch mit Diskette erhältlich ist – umfasst einen wesentlichen Teil der internationalen Literatur zur Pflanzenphänologie, thematisch und räumlich aufgeschlüsselt.

La phénologie étudie l'évolution de plantes et d'animaux en fonction des conditions météorologiques. Ce domaine interdisciplinaire intéresse en particulier les chercheuses et chercheurs de domaines aussi variés que la botanique, la zoologie, l'ornithologie, l'entomologie, la climatologie, la géographie l'histoire, mais aussi l'agronomie, les sciences forestières, les sciences de l'environnement et la médecine. Les publications sont donc dispersées et souvent mal accessibles. Cette bibliographie introduite en trois langues – disponible aussi avec disquette – comporte une partie importante de la littérature internationale, répertoriée selon les thèmes et les régions.

Phenology deals with the evolution of plants and animals in relation to weather. This interdisciplinary domain interests principally scholars in botany, zoology, ornithology, entomology, geography and history, but also in agronomy, forestry, environmental and medical sciences. Publications in phenology are therefore widely dispersed and often not easily accessible. This bibliography – also available with floppy disk – begins with an introduction in three languages and contains an important part of the international literature, with references to topics and regions.